0 Kilometer 50
0 Meilen 25
MOLOKA'I UND LĀNA'I
Seiten 80-91
MAUI
Seiten 92-109
BIG ISLAND
Seiten 110-129
MOLOKA'I
LĀNA'I
Kahului
MAUI
KAHO'OLAWE
Kailua-Kona
BIG ISLAND
Hilo

VIS à VIS

HAWAI'I

VIS à VIS

HAWAI'I

Hauptautoren:
BONNIE FRIEDMAN UND PAUL WOOD

DK

DORLING KINDERSLEY
www.dk.com

EIN DORLING KINDERSLEY BUCH

www.dk.com

TEXTE
Gerald Carr, Bonnie Friedman, Rita Goldman, Clemence McLaren, Melissa Miller, Alex Salkever, Stephen Self, Greg Ward, Paul Wood

FOTOGRAFIEN
Rob Reichenfeld, Mike Severns

ILLUSTRATIONEN
Robert Ashby, Richard Bonson, Gary Cross, Chris Forsey, Stephen Gyapay, Claire Littlejohn, Chris Orr & Associates, Robbie Polley, Mike Taylor, John Woodcock

KARTOGRAFIE
Dorling Kindersley Ltd.

REDAKTION UND GESTALTUNG
Dorling Kindersley Ltd.

•

Titel der englischen Originalausgabe:
Eyewitness Travel Guide *Hawaii*
Zuerst erschienen 1998 in Großbritannien
bei Dorling Kindersley Ltd., London
A Penguin Company

•

Für die deutsche Ausgabe:

Aktualisierte Neuauflage 2006/2007

ÜBERSETZUNG Jürgen G. Scheunemann, Berlin
REDAKTIONSLEITUNG Dr. Jörg Theilacker, Dorling Kindersley Verlag
REDAKTION Linde Wiesner, Pullach;
Birgit Walter, Dorling Kindersley Verlag
SATZ UND PRODUKTION Dorling Kindersley Verlag, München
LITHOGRAFIE Colourscan, Singapur
DRUCK L. Rex Printing Co., Ltd., Hongkong, China

ISBN-13: 978-3-8310-0875-9
ISBN-10: 3-8310-0875-2

2 3 4 5 6 7 10 09 08 07 06

Dieser Reiseführer wird regelmäßig aktualisiert. Angaben wie Telefonnummern, Öffnungszeiten, Adressen, Preise und Fahrpläne können sich jedoch ändern. Der Verlag kann für fehlerhafte oder veraltete Angaben nicht haftbar gemacht werden.
Für Hinweise, Verbesserungsvorschläge und Korrekturen ist der Verlag dankbar. Bitte richten Sie Ihr Schreiben an:

Dorling Kindersley Verlag GmbH
Redaktion Reiseführer
Gautinger Str. 6
D-82319 Starnberg

◁ **Das schöne Mākaha Valley an O'ahus abgelegener Wai'anae-Küste**

Waikīkī Beach und Diamond Head

INHALT

Ali'iōlani Hale, das Justizgebäude in Honolulu

Aus den Federn Tausender Vögel hergestelltes Cape

Tänzer im Polynesischen Kulturzentrum in Lā'ie, O'ahu

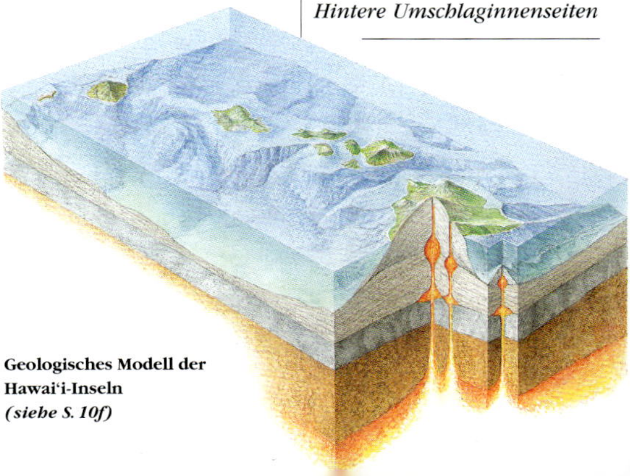

Geologisches Modell der Hawai'i-Inseln *(siehe S. 10f)*

Die stark zerklüftete Nā-Pali-Küste im Norden von Kaua'i

***'ilima*, ein Verwandter des Hibiskus und O'ahus offizielle Blume**

Hawai'i stellt sich vor

Hawai'i auf der Karte

HAWAI'I IST EIN ENTLEGENER ARCHIPEL mitten im Pazifik und der 50. US-Bundesstaat. Die acht Hauptinseln haben eine Gesamtfläche von 16 650 Quadratkilometern. Die meisten Besucher landen in Honolulu, der Hauptstadt des Staates, und bereisen die anderen Inseln per Flugzeug.

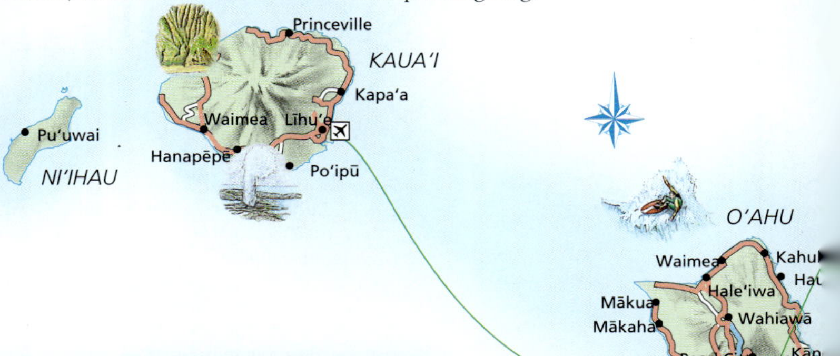

Satellitetenaufnahme der Hawai'i-Inseln
Dieses Bild zeigt von Norden nach Süden die lang gestreckte Kette der Hawai'i-Inseln mit Kaua'i und dem winzigen Ni'ihau unten rechts.

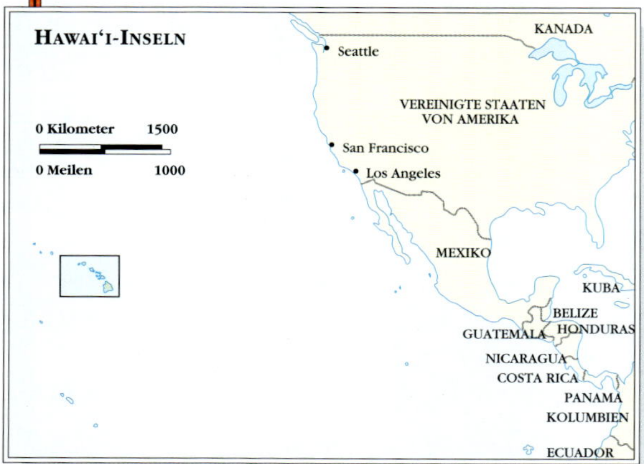

Isolierte Inselgruppe
Hawai'i, der abgelegenste Archipel der Welt, ist 4000 Kilometer von der nächsten Landmasse, der US-Westküste, entfernt. Hawai'i wurde 1959 der 50. Bundesstaat der USA. Über eine Million Menschen leben hier, fast 75 Prozent davon auf O'ahu.

Luftaufnahme von Waikīkī, O'ahu
Dieses Foto zeigt den Südosten von O'ahu mit dem berühmten Waikīkī-Strand am östlichen Ende von Honolulu. Waikīkī ist ein dicht bebautes Viertel mit Hoteltürmen, Restaurants, Klubs und vielen Läden zwischen dem blauen Meer, dem Ala Wai Canal und dem Krater Diamond Head.

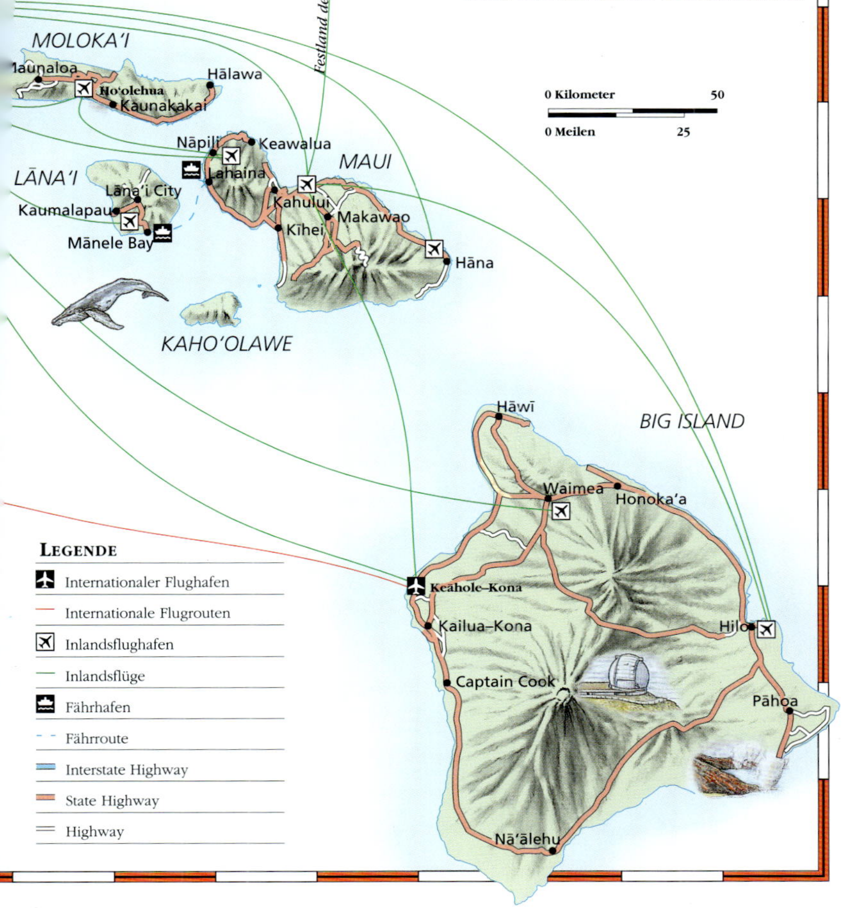

Entstehung der Hawai'i-Inseln

Die Hawai'i-Inseln bilden die Spitzen einer fast 5000 Kilometer langen Vulkankette, die von Big Island bis zum Aleutengraben im Nordpazifik reicht. Die meisten Inseln sind heute von Korallenriffen gesäumte Eilande, waren vor Urzeiten aber riesige Schildvulkane. Der älteste, nördlichste Vulkan verschwindet allmählich im Aleutengraben; der jüngste, der Kīlauea auf Big Island, wirft Basaltlava aus und formt so neues Land. Dieser Kreislauf aus Zerstörung und Schöpfung, vorangetrieben durch die Pazifische Platte, die sich wie ein Förderband über einem Magmaherd bewegt, dauert seit 70 Millionen Jahren an.

Moloka'is Steilfelsen (siehe S. 86f) *formen die Rückwand von Erdrutschnarben, die sich bildeten, als die Hälfte des Wailau-Schildvulkans ins Meer rutschte. Die Meereserosion hält die Kliffe steil, indem sie diese am Fuß unterhöhlt.*

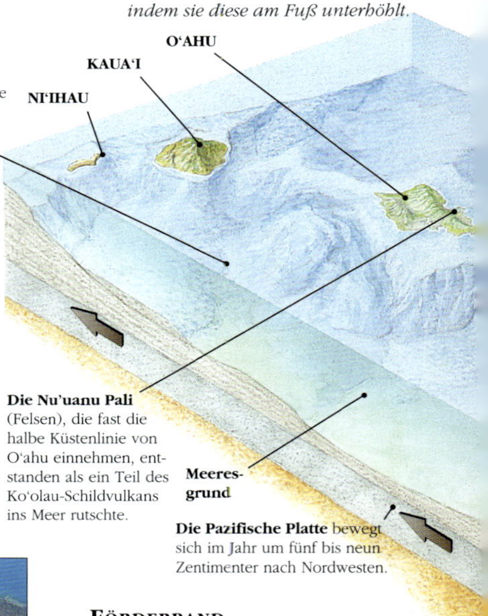

Der wellenförmige Meeresboden entstand durch Ablagerungen riesiger Erdrutsche. Aufgrund ihrer großen Tiefe lässt sich das genaue Entstehungsalter nicht ermitteln.

Die Nu'uanu Pali (Felsen), die fast die halbe Küstenlinie von O'ahu einnehmen, entstanden als ein Teil des Ko'olau-Schildvulkans ins Meer rutschte.

Meeresgrund

Die Pazifische Platte bewegt sich im Jahr um fünf bis neun Zentimenter nach Nordwesten.

Kaua'is *Waimea Canyon* (siehe S. 144f) *zieht sich durch den Wai'ale'ale-Schildvulkan, dessen erkaltete Lavaströme sichtbar sind. Große Canyons wie dieser sind typisch für die Vulkane Hawai'is in einem späten Erosionsstadium.*

FÖRDERBAND

Die Pazifische Platte, die riesige Platte der Erdkruste unter dem Pazifik, bewegt sich über einem festen Magmaherd, der Hitze und Basaltmagma an die Oberfläche bringt. Mauna Loa, Kīlauea und der junge Unterwasservulkan Lō'ihi liegen direkt über diesem Magmaherd: Da sich die Platte nach Nordwesten bewegt, werden die Vulkane allmählich vom Magmaherd weggeschoben, neue Vulkane entstehen.

O'ahus Hanauma Bay (siehe S. 76) *ist einer von mehreren Vulkankratern, die eine durch einen rund 10 000 Jahre zurückliegenden Ausbruch entstandene Reihe aus Kegeln, Kratern und Schlosen bilden. Die Aschekegel wuchsen, als Magma und Meer aufeinander trafen: Die Form der Bucht deutet darauf hin, dass die Kraterwand nie vollständig entstehen konnte.*

Mauis Haleakalā (siehe S. 106f) *befindet sich in einem Erosionsendstadium. Er ist der einzige Schildvulkan Hawai'is außerhalb von Big Island. Die letzte Eruption fand 1790 statt. Neue Kegel entstehen in und um den Krater – eine Erosionsdepression, die sich in der Übergangszone von zwei Tälern bildete.*

VULKANZYKLUS

Aus ortsfesten Magmakammern (Hot spots) gelangt Material aus dem Erdinneren an die Oberfläche und bildet Vulkane. Mit Entfernen von der Magmaquelle (Pazifische Platte) unterliegen Vulkane der Abtragung. Dabei geraten sie unter Meeresniveau.

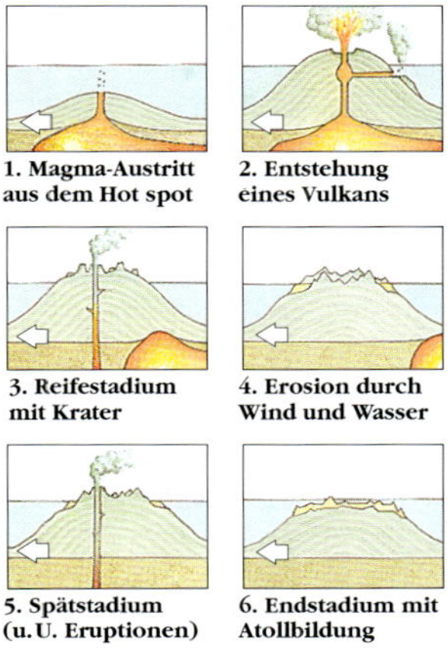

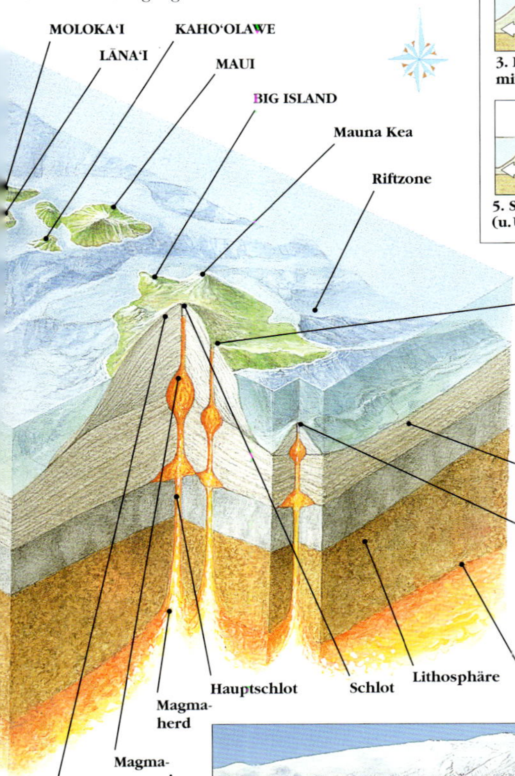

Kīlauea, ein wachsener Vulkan, spaltete sich vielleicht vor 200 000 Jahren vom Mauna Loa ab. Seit 1983 bricht er kontinuierlich aus *(siehe S. 128f)*. Seine Lavaströme haben seitdem an der Küste rund fünf Quadratkilometer neues Land im Meer geformt.

Lō'ihi, Hawai'is jüngster Schildvulkan, lauert 1,6 Kilometer unter der Meeresoberfläche und wird erst in 100 000 bis 200 000 Jahren auftauchen. Er weist alle Merkmale hawai'ianischer Schildvulkane auf, aber keiner seiner Ausbrüche erreichte den Meeresspiegel.

Mauna Loa *(siehe S. 122)* nimmt über die Hälfte der Gesamtgröße von Big Island ein.

Mauna Kea *(Foto) und Mauna Loa auf Big Island, zwei Schildvulkane, sind an ihrer Basis am Meeresgrund kaum zu unterscheiden. Der ältere Mauna Kea* (siehe S. 122) *hat die Schildbildung beendet und wirkt mit seinen kleinen Kegeln rauer. Der massigere Mauna Loa hat sogar den Meeresgrund hinabgedrückt. Gemeinsam bilden sie die größte Vulkanformation der Erde.*

Flora der Hawai‘i-Inseln

BEVOR DIE ERSTEN MENSCHEN Hawai‘i besiedelten, hatte die isolierte Lage der Inseln mitten im Pazifik jede Kolonisierung mit Pflanzen aus dem Rest der Welt verhindert. In prähistorischen Zeiten gelang es nur 300 blühenden Pflanzenarten, die Inseln durch Wind, Vögel oder Meeresströmungen zu erreichen. Aufgrund dieser Isolation entstand nur eine begrenzte Flora. So wuchsen auf Hawai‘i nur drei einheimische Orchideenarten, obwohl es weltweit 20 000 gibt! Einige Pflanzen konnten sich dank der neuen Lebensräume zu neuen Formen entwickeln. Dornen und andere Verteidigungsmechanismen verloren die hawai‘ianischen Pflanzen allmählich, da diese ohne natürliche Feinde nutzlos waren. Das Ergebnis ist eine weltweit einzigartige Flora: 89 Prozent der blühenden Pflanzen sind endemisch und nur auf Hawai‘i zu finden.

Koa *ist einer der bedeutendsten Waldbäume Hawai‘is und kann über 35 Meter hoch werden. Die Hawai‘ianer bauten aus den riesigen Stämmen ihre hochseetauglichen Kanus.*

‘Ōhi‘a lehua, *der wohl häufigste Baum auf Hawai‘i, wächst sowohl in Ebenen auf Meeresniveau wie auch in Höhen von 2200 Metern. Kaum ein anderer Baum zeigt so viele Formen – von wenigen Zentimeter großen Sträuchern bis zu 24 Meter hohen Exemplaren im Wald. Epiphyten und ein Baumfarn sind auch typisch für die feuchten* ‘Ōhi‘a lehua-*Wälder.*

Gräser wachsen in fast allen Vegetationszonen, manchmal als vorherrschende Pflanze. Im trockenen Flachland bot *Pili*-Gras den ersten Hawai‘ianern Material für die Dächer *(siehe S. 57)*. Rund 150 einheimische und eingeführte Grasarten wachsen auf Hawai‘i.

Iliau, **ein Verwandter des Silberschwerts**

Aus Polynesien eingeführte Palmen

Aus Brasilien eingeführte Bougainvillea

Pōhuehue, **eine typische Strandpflanze**

Hibiskus *wächst auf Hawai‘i als* koki‘o, *eine der sieben einheimischen und Hunderten von Zierarten und Hybriden Hawai‘is.*

Naupaka *ist ein Strauch, der die Dünen festigt und auffallende »Halbblüten« hat. Meereströme haben den Samen im Pazifik verstreut: Wissenschaftler glauben, dass zwei getrennte Gruppen die acht einheimischen Arten im Hochland hervorgebracht haben.*

‘Ākala, *hawai‘ianische Himbeeren, haben ihre Dornen, den bewährten Verteidigungsmechanismus ihrer kontinentalen Vorfahren, verloren.*

***Das Silberschwert**, āhinahina (siehe S. 107), wächst weltweit nur auf Maui und Big Island in alpinen Wüstenregionen ab 3650 Meter. Die Pflanze und das Sumpfgrünschwert sowie 25 andere Sträucher, Bäume und eine Liane entwickelten sich aus einem einzigen importierten Vorfahren.*

VEGETATIONSZONEN

***Alpine Vegetation** mit karger Strauchlandschaft, vor allem Silberschwert und kūpaoa, wächst zwischen 3000 und 3400 Metern. Hier gibt es auch Nachtfrost.*

***Subalpine Vegetation** gedeiht in kühlen, trockenen Gebieten zwischen 1700 und 3000 Metern. Sie umfasst Gras- oder Buschland sowie abgestorbene Bäume.*

***Bergtrockengebiete** zwischen 500 und 2700 Meter zeichnen sich durch windabgewandte Hänge und Grasland bis hin zu Wäldern mit dichtem Baumbestand bis zu 20 Metern aus.*

***In Bergfeuchtgebieten** in 1200 bis 2200 Metern Höhe findet man dank des hohen Niederschlags Riedgras, Buschzonen, Sümpfe und Wälder mit Bäumen bis zu einer Höhe von 40 Metern.*

***In Fachland- und Küstengebieten** unterhalb von 1500 Metern wächst trockene, halbtrockene und feuchtre Kräuter-, Gras-, Strauch- und Baumvegetation.*

TYPISCHE INSEL

Dieses Inselmodell zeigt die Vielfalt der hawai'ianischen Pflanzenwelt: An der Küste wachsen Sträucher und eingeführte Palmen, machen aber landeinwärts bei steigenden Niederschlägen Sträuchern und Bäumen von höherem Wuchs Platz. Sumpfvegetation entwickelt sich in flachen, feuchten Gebieten. In Höhen über 1850 Metern (sowie an windabgewandten Hängen darunter) bewirkt der geringe Niederschlag meist eine nur spärliche, niedrige Vegetation.

***Das Grünschwert**, ein enger Verwandter des Silberschwerts, wächst in hoch gelegenen Sumpfgebieten auf West Maui und in mittleren Höhen im Osten Mauis.*

***Tropische Pflanzen** aus aller Welt wachsen auf Hawai'i. Zu dieser Anpflanzung auf O'ahu gehören riesige Aronstabgewächse und Bananen. Fremde Pflanzen gefährden einheimische, verdrängen sie und verhindern so ihre Ausbreitung.*

Stimmen Hawai'is

David Malo

DAS ALTE HAWAI'I brachte eine reichhaltige, mündlich überlieferte Literatur und Mythen hervor. Ein Alphabet mit zwölf Buchstaben, das kleinste der Welt, wurde im frühen 19. Jahrhundert von den Missionaren entwickelt. Bedeutende literarische Besucher schrieben Berichte über die Inseln und vollendeten auf Hawai'i so manches große Werk. Heute schreibt eine neue Generation Hawai'ianer moderne einheimische Literatur voller Respekt vor alten Mythen und Gesängen.

Mündliche Überlieferung

DIE MÜNDLICHEN Überlieferungen des alten Hawai'i spielten im Inselleben eine wichtige Rolle: Literatur und Geschichten wurden im Sprechgesang zu Musik und Tanz weitererzählt. Es gab *oli* (Sprechgesänge), *mo'olelo* (Geschichten und Erzählungen), *mele* (Lieder) und *'ōlelo no'eau* (Sprichwörter). Die *hāhuna* (Priester) komponierten und rezitierten Poesie, um Geschichte, Genealogien und traditionelles Kunsthandwerk zu vermitteln. *Haku mele* (Komponisten) schufen Verse für spezielle Anlässe wie die Geburt eines *ali'i* (königlichen) Kindes.

Bild von Kū (19.Jh.)

Die *Haku mele* nutzten die Tatsache, dass viele Wörter ähnlich klingen – das war kein Zufall: Passte der Name eines Meerestieres zu einem geografischen Merkmal, wurde das Phänomen als *kino*, Manifestation gleicher geistiger Kraft, betrachtet. Das berühmteste Sprechlied, *kumulipo*, erzählt, wie sich das Leben und die Inseln aus eigener Kraft entwickelten. Die Vorfahren der Menschen waren der männliche *wākea* (Himmel) und die weibliche *papa* (Erde). Hawai'ianer verehrten vier Hauptgötter: Kāne (Licht, Leben, Wasser), Lono (Fruchtbarkeit des Landes), Kū (Krieg, Mut) und Kanaloa (Meer). Jeder hatte verschiedene Erscheinungsformen, alle mit Namen; ihre Taten waren in der Natur sichtbar.

Pele, die hitzige Vulkangöttin, die aus *kahiki* (Tahiti, oder einfach »entfernte« Heimat) kam, suchte einen trockenen Platz für ihr ewiges Feuer. Nach der geologischen Evolution der Inseln residierte sie zuerst auf Kaua'i und auf O'ahu, bevor sie sich für einige Zeit in Mauis Haleakalā-Krater aufhielt. Heute lebt sie in der Kīlauea-Caldera *(siehe S. 128f)* auf Big Island.

Mythen erzählen von Peles Clan, vor allem von ihrer eifersüchtigen Beziehung zur jüngsten Schwester, Hi'iaka, der ersten Tänzerin des *hula*. Peles Gegner ist oft der sich stets verwandelnde Kamapua'a, eine brutale Manifestation von Lono. Er repräsentiert die Produktivität der Berge und Felder, seine Absicht ist es, die zerstörende Lavagöttin zu zähmen. Ein Schlackekegel in der Nähe von Hāna auf Maui heißt Ka Iwi o Pele, Peles Knochen *(siehe S. 109)*, da sich die beiden dort zum Kampf trafen. Andere Mythen erzählen von Maui, dem Prometheus Hawai'is, der den Menschen das Feuer brachte und die Inseln aus dem Meer fischte.

Der Halbgott Maui fischt die Hawai'i-Inseln aus dem Meer

Erste Aufzeichnungen

DIE ERSTEN schriftlichen Quellen über Hawai'i findet man in den Log- und Tagebüchern der Besucher aus dem Westen. Thomas Manby schrieb 1791 freimütig über die Liebeleien zwischen Seeleuten und Hawai'ianerinnen und zeichnete voller Humor Kamehamehas I. erste Begegnung mit einer Kuh auf.

Die ersten Missionare lieferten zurückhaltendere Berichte. Reverend Hiram Bingham, Vorstand der ersten Mission von 1820, gab mit *Missionaries versus Man-*

KA LAMA HAWAII.

HE ZEBU

Ausgabe der *Ka Lama Hawaii* von 1843

of-Warsmen ein Schema vor. 14 Jahre nach ihrer Ankunft hatten die Missionare ein hawai'ianisches Alphabet geschaffen, die Bibel übersetzt, eine Druckerpresse eingeführt und die erste Zeitung in hawai'ianischer Sprache veröffentlicht, *Ka Lama Hawaii*.

Die mündliche Überlieferung wurde in dieser Zeit unterdrückt, ging aber nie verloren. Traditionelle Lieder *(Mele)* wurden zu Hymnen *(Hīmeni)*, die eingeführte Gitarre und *'ukulele* führten zur »hawai'ianischen« Musik. Mit König Kalākaua (1874–91) begann eine Renaissance hawai'ianischer Kultur. Gleichzeitig schrieben Gelehrte wie Samuel M. Kamakau and David Malo wertvolle Berichte über das Leben im exotischen Hawai'i.

Porträt Robert Louis Stevensons von Girolamo Piero Nerli (1892)

Literarische Besucher

Im Eröffnungskapitel von Herman Melvilles *Moby Dick* sagt Ishmael: »Ich segle gern in verbotenen Meeren und lande an barbarischen Küsten.« Dieser Drang war ein Wunsch vieler Schriftsteller. Gerade im 19. Jahrhundert war die Sehnsucht nach der Südsee groß. 1843 verbrachte Melville vier Monate auf Hawai'i; er arbeitete in Honolulu in einer Kegelbahn und sammelte Strandgut in Lahaina.

Jack und Charmian London am Waikīkī Beach, 1915

Der 31 Jahre alte Mark Twain folgte Melville 1866 als Korrespondent für die *Sacramento Union*. Auf seiner Reise schrieb er eine Reihe von *Letters from the Sandwich Islands* und baute später Hawai'i-Kapitel in sein Buch *Roughing It* ein. Über Hawai'i schrieb er: »Kein anderes Land vermochte mich wie dieses ein halbes Leben lang, ob ich schlief oder wachte, so liebevoll und flehentlich zu verfolgen.«

1889 dinierte der schottische Schriftsteller Robert Louis Stevenson mit König David Kalākaua. Der tuberkulöse Autor der *Schatzinsel* bereiste die Südsee ab 1888 bis zu seinem Tod 1894. In Hawai'i schloss er Freundschaft mit der Königsfamilie und besuchte die Leprakolonie auf Kalaupapa *(siehe S. 86f)*. Der fieberkranke Stevenson vollendete während des fünfmonatigen Besuchs *The Master of Ballantrae*, konzipierte den Roman *The Wrecker*, schrieb eine *The Eight Islands* genannte Skizzensammlung über die Inseln. Zwei seiner besten Geschichten, »The Bottle Imp« und »The Isle of Voices«, entstanden ebenfalls auf Hawai'i.

Jack London kam im Jahr 1907 auf seiner Yacht *Snark* nach Honolulu – es wurde seine zweite Heimat, in der er einige seiner berühmtesten Werke wie *The Call of the Wild* und *White Fang* verfasste. Er war der erste Literat, der sich ein *Kama'āina* (Landeskind) nannte. Seine Bände mit Inselgeschichten wie *On The Makaloa Mat* und *The House of Pride* prangerten Rassismus und den grausamen staatlichen Umgang mit Leprakranken an.

Aloha Calls

Der Tourismus im 20. Jahrhundert schuf einen neuen Mythos, der die Inseln als Paradies darstellte, bewohnt von fröhlichen, *'ukulele* spielenden Eingeborenen. Eine Woge des Interesses führte 1916 zu Songs wie »Oh, How She Could Yacki Hacki Wicki Wacki Woo« (»So ist die Liebe in Honolulu«). Eine zweite Welle in den 1930er Jahren bescherte Hollywood Waikīkī-Fantasien wie den Film *Honolulu* (1936), in dem *hula* wie eine Art Stepptanz daherkam.

Heute schaffen Schriftsteller wie Oswald A. Bushnell und Milton Murayama eine neue Form wertvoller einheimischer Literatur. Unterstützt von Intellektuellen, schreiben viele heute in Pidgin, der Mischsprache, die auf den Plantagen zur besseren Verständigung unterschiedlicher Ethnien entstand. Geschichten von Lois-Ann Yamanaka beispielsweise werden international gerühmt.

***Wild Meat and the Bully Burgers*, Roman von Lois-Ann Yamanaka**

Hula und hawai'ianische Musik

Traditionelle *'Ulī'ulī*-Rassel

DER URSPRUNG DES HULA LIEGT wohl in einem religiösen Ritual, das die Götter und Häuptlinge ehrte und die Oberschicht unterhielt. Der traditionelle *hula kāhiko* wurde nur mit Gesang *(oli)* oder Liedern *(mele)*, von Schlaginstrumenten begleitet, inszeniert. Im frühen 19. Jahrhundert versuchten Missionare, den *hula* abzuschaffen, drängten ihn aber nur in den Untergrund. König Kalākaua unterstützte die Neugeburt des *hula* Ende des 19. Jahrhunderts und beflügelte den modernen *hula 'auwana*. Dieser war von westlicher Musik und Mode beeinflusst; seitdem tragen Frauen dabei bodenlange Kleider *(holokū)*. Die 1930er Jahre läuteten die Ära des »Sweet Leilani« ein, als Tänzer in Zellophanröcken und mit Blumen-*lei* Kreuzfahrtpassagiere grüßten. Heute genießt der *hula* hohes Ansehen.

Dieser Stich (19. Jh.) *ist die europäische Interpretation einer Einheimischen mit traditionellen Tatoos, die in einem* Kapa-*Rock* hula noho *(Sitz-*hula*) tanzt.*

***Der früheste* hula** *war reine Männersache (Dokumente darüber gibt es allerdings keine). In den letzten Jahren gab es eine große Wiederbelebung des Männer-*hula.

Knielange *Ti*-Blätterröcke werden beim *hula kāhiko* getragen. Die flachen Blätter rascheln beim Tanzen.

Die *'ulī'ulī* ist ein kleiner, mit Samen gefüllter Flaschenkürbis. Häufig ist sie mit Federn dekoriert.

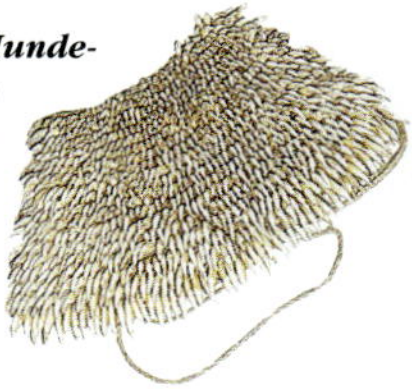

Beinschmuck aus Hundezähnen, Kūpe'e niho 'ilio, *wurde nur von männlichen Tänzern getragen. Von jedem Hund nahm man nur vier Zähne. Für manche Ornamente benötigte man 3000 Hunde.*

***Das* ipu heke** *ist ein Schlaginstrument aus zwei Flaschenkürbissen. Es ist das wichtigste Instrument beim* hula kāhiko. *Der* kumu *(Lehrer) trägt einen Umhang aus getrocknetem* Ti-*Blatt, ursprünglich ein Regenschutz.*

Die* Pahu-*Trommel *aus Kokospalme wird mit Haihaut bespannt und mit den Händen gespielt.* Pahus *werden oft mit der kleineren* pūniu, *einer aus Kokosnuss hergestellten Trommel, am Oberschenkel festgebunden und mit einer geflochtenen Peitschenschnur gespielt.*

Hula und Musik

Merrie Monarch Festival *(S. 25)*
Moloka'i Ka Hula Piko *(S. 22)*
Nā Mele O Maui *(S. 24)*
Polynesian Cultural Center *(S. 78)*
Prince Lot Hula Festival *(S. 23)*
Waikīkī Shell *(S. 180)*

***Diese Gruppe von* kūpuna** *(geachtete Älteste), in* mu'umu'u *gekleidet, singt und spielt Instrumente, die den* Hula 'auwana *typischerweise begleiten –* 'ukulele, *Gitarre und Bass.* Ipu heke *und* 'ulī'ulī *(vorne) werden beim* Hula kāhiko *benutzt.*

***Pū'ili* werden aus** Bambus hergestellt: Ein Ende ist ein Handgriff, das andere in schmale Fransen geschnitten, die ein Rasselgeräusch erzeugen.

***Die* 'ukulele**, *eines der vielen von Einwanderen mitgebrachten Instrumente, in diesem Fall aus Portugal, ist fester Bestandteil hawai'ianischer Musik.*

Blumen-*lei* werden beim *Hula kāhiko* nicht getragen, stattdessen Farnfußringe und Armreifen.

Keali'i Reichel *ist ein bekannter Sänger,* Hula-*Tänzer, Komponist und Lehrer, der sich für Hawai'is Kultur stark macht.*

Hula Kāhiko

Diese alte Form des *hula* wird hier in zeitgenössischer Variante gezeigt. Die *Ti*-Blattröcke, *pū'ili* und *'ulī'ulī* sind traditionell, die Blumen-*lei* und bunten Oberteile dagegen modern. Diesen »kombinierten Stil« kann man heute auf allen Inseln sehen.

Wiedergeburt des Hula und Hawai'is Musik

Heute wird *hula kāhiko* von hunderten Studenten mit den Gesängen und Instrumenten ihrer Vorfahren studiert. Der *hula 'auwana* ist sogar beliebter als zu Zeiten König Kalākauas. Der *hula* ist untrennbar mit hawai'ianischer Musik verbunden. Diese Musik, eine Begleitung traditioneller Tänzer, ist musikalische Poesie und Gesang. Den wachsenden Einfluss westlicher Musik integrierte der *hula* in seinem *'Auwana*-Stil. Im frühen 19. Jahrhundert brachten die Missionare ernste Hymnen nach Hawai'i, und der Seehandel brachte Musiker aus Europa und Asien mit ihrer weltlichen Musik auf die Inseln. Zwischen 1900 und der hawai'ianischen Renaissance der 1970er Jahre gab es eine Explosion von *hapa haole* – hawai'ianischer Musik, die vom Ragtime, Tin Pan Alley und sogar von Film- und Fernsehmusik beeinflusst war. Die von Einwanderern eingeführten Instrumente – *'ukulele*, hawai'ianische Gitarre, Bass, Klavier – wurden integriert. Heute erlebt die traditionelle Musik Hawai'is ein begeistertes Revival.

Ein Kind tanzt *hula kāhiko*

Traditionelles Kunsthandwerk

WAS MAN HEUTE als Kunstgewerbe betrachtet – geflochtene Körbe, Feder-*lei* (Kränze), *Poi*-(Taropaste-)Stampfer, Holzschalen –, war im alten Hawai'i Alltagswerkzeug. Alles wurde aus vorhandenem Material wie Kokusnuss, Federn des *Mamo*-Vogels, Steinen und *Koa*-Holz hergestellt. Vieles wird heute noch auf traditionelle Weise produziert. Selbst die alte, fast verlorene Kunst des Stampfens und Bedruckens von *kapa* (Rindentuch) erlebt eine neue Blüte. Häufig zieht man traditionelle Werkzeuge den modernen vor, doch wurden z. B. spitze Gräser zum Binden von *lei* durch Metallnadeln ersetzt. Nicht alle Künste sind einheimisch. Das Steppen, eine von Missionaren eingeführte Kunst, wird noch heute von Generation zu Generation weitergegeben *(siehe S. 56)*. Alte wie moderne Kunst sind zeitaufwändig und erfordern Geduld und Geschick – beides haben die Hawai'ianer ganz sicher.

***Das Netz** war im alten Hawai'i das effektivste Mittel zum Fischen. Es wurde mit einer Maschendrahtnadel und mit Schnur aus dem* Olonā-*Strauch hergestellt.*

***Diese Holzschalen**, verbunden durch eine federgekrönte menschliche Figur, verwendete wohl ein* ali'i *Häuptling) für* poi *(Taropaste) oder* 'awa *(zeremonielles Getränk).*

DAS STARBUCK CAPE

Dieses großartige *'ahu'ula* (Cape) mit seinem einzigartigen geometrischen Muster wurde im 19. Jahrhundert aus den schönsten Federn tausender Vögel hergestellt. Käpitän Starbuck erhielt es vermutlich von Kamehameha II., der 1824 mit seiner Frau auf dem Schiff des Kapitäns nach London segelte.

Federn, nach Größe angeordnet und an den Kielen zusammengebunden und mit *Olonā*-Garn am Netz befestigt.

Dekoratives *Kapa*-Tuch

KAPA-TUCH

Gewänder *('a'ahu)* wurden im alten Hawai'i aus *kapa* (Rindentuch) hergestellt. Den besten Stoff gab der *wauke* (ein Maulbeerbaum) her. Mit der Hilfe von Bambuswerkzeugen und von Farbstoffen einheimischer Pflanzen in jedem erdenklichen Ton wurden Muster auf den Stoff gedruckt. Heute wird *kapa* noch für gewisse Zermonien verwendet und für seine Vielfalt von Strukturen und Designs geschätzt.

***Der pe'ahi** genannte Fächer (spätes 18. Jh.) aus Kokosnussblättern, Menschenhaar, Tauwerk und Farbstoffen wurde in dieser Form wohl nur von den* ali'i *(Häuptlingen) verwendet.*

***In Kürbisflaschen** mit röhrenformigem Hals speicherte man Trinkwasser. Die dunklen Muster auf den Flaschen sollen von Farben stammen, die aus gepressten Blättern, Rinde oder schwarzem Schlamm hergestellt wurden. Flaschenkürbisse verschiedener Form und Größe dienten auch als Schlaginstrumente* (siehe S. 16f).

Zweifädige Schnur aus der Rinde des *Olonā*-Strauchs, verwendet für das Grundnetz und die Verschlüsse.

Die unregelmäßigen schwarzen Muster sind aus den Federn des *'Ō'ō*-Vogels hergestellt.

Der rote Grund besteht aus seltenen *I'iwi*-Vogelfedern.

Vom *'Ō'ō*-Vogel stammten die hellen, gelben Federn.

Hawai'ianische Lei

Lei sind aus Blumen, Blättern, Muscheln, Elfenbein oder Federn hergestellte, um den Hals getragene Kränze. Die Bandbreite reicht von einfachen Kordeln aus Plumaria-Blüten bis zu den aus einheimischen Blättern und Pflanzen geflochtenen Girlanden. *Lei* waren stets Symbole der Zuneigung und werden am Lei Day von jedermann mit Stolz getragen *(siehe S. 22)*.

Eine Frau mit einem bunten *lei*

***Mit Steinstampfern** wurde Taro* (siehe S. 109) *zu* poi *(Paste) gemahlen. Diese schwere Arbeit wurde von Männern verrichtet, die an einem mit Wasser befeuchteten Holzbrett saßen und den gekochten Taro zerstampften.*

Traditionelles Flechten

Flechten und Weben waren im alten Hawai'i sehr wichtige Methoden zur Herstellung von Teppichen, Schlafmatten, Kissen, Körben und Fächern aus *lauhala*, den großen Blättern *(lau)* des Schraubenbaums *(hala)*. Daneben wurden Riedgras, u. a. das feine *makaloa*, und bestimmte Arten von Palmen verwendet. Die schönsten Schlafmatten aus *makaloa* wurden auf Ni'ihau hergestellt. Bei der Vorbereitung der Blätter für das Flechten war wegen der scharfen Ränder und Dornen Vorsicht geboten. Heute werden Kokospalmwedel überwiegend zu Hüten und Körben verwebt. Allgemein gilt: Je enger gewebt ein Artikel ist, desto wertvoller ist er auch.

Hut aus Kokoswedeln

Scharfe, steife Blätter eignen sich zum Flechten

Surfen auf Hawai'i

Hale'iwa, O'ahus Surferstadt

Surfen hat in der Geschichte Hawai'is von jeher eine besondere Bedeutung. Die Ursprünge sind unklar, doch *he'e nalu* (Wellenreiten) wird hier seit Jahrhunderten praktiziert. Im alten Hawai'i durften nur Häuptlinge den Sport ausüben. Auch Kamehameha der Große war ein eifriger Wellenreiter. Im 19. Jahrhundert von den Missionaren unterdrückt, erlebte der Sport Anfang des 20. Jahrhunderts eine Renaissance, als Waikīkī zum internationalen Surfstrand aufstieg. Heute zählt Hawai'i zu den beliebtesten und besten »Surf Spots« der Welt.

***Hawai'ianische Surfer** auf einem Bild aus dem 19. Jahrhundert. Damals schaute das ganze Dorf vom Strand aus den Surfern zu.*

***Duke Kahanamoku**, der Vater des modernen Surfsports* (siehe S. 53)*, mit Surf-Freunden vor dem Moana Hotel (um 1915). Das Ausnahmetalent wurde Anfang des 20. Jahrhunderts zum Inbegriff des unbeschwerten Strandlebens.*

In der Oberfläche der Welle versteckt sich die meiste Energie, kurz bevor sie bricht.

Gebeugte Knie und ausgestreckte Arme kontrollieren Gleichgewicht und Geschwindigkeit.

Banzai Pipeline
Imposante Welle vor O'ahu. Der Surfer ist in einer Wasserröhre eingeschlossen. Hält er in dieser Röhre nicht exakt seine Position, wird er über den Wellenkamm geschleudert.

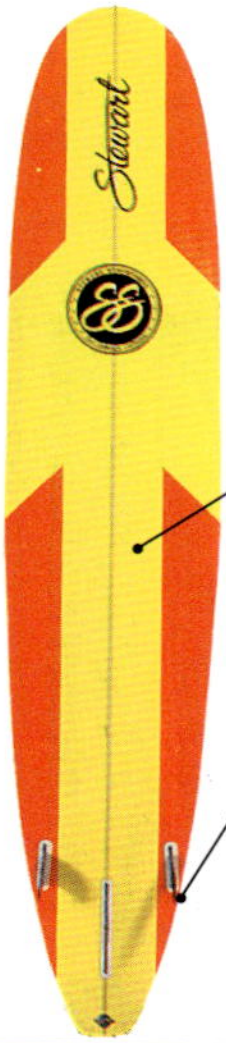

***Moderne Surfbretter** werden aus leichtem Fiberglas hergestellt. Ihre Länge beträgt zwei bis vier Meter. Die meisten Boards haben drei an der Unterseite angebrachte Flossen, längere Bretter manchmal nur eine.*

Lange, breite Bretter eigenen sich für sanfte Wellen, wie man sie in Waikīkī findet, schmale Boards für die steilen, sehr großen Wellen in Waimea Bay.

Flossen verschiedener Form und Größe sorgen für größtmögliche Stabilität und Wendigkeit. Bei großen Wellen sollen die Flossen hinten, bei kleinen vorne sein.

Kurze Bretter sind die wendigsten Surfboards für Profis in steilen, kleinen bis mittelgroßen Wellen. Auf ihnen zu stehen ist schwieriger als auf langen Brettern.

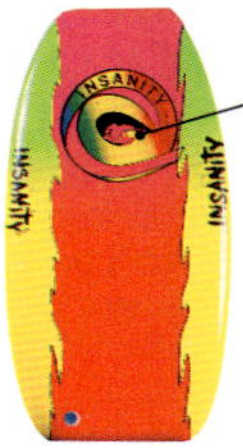

Bodyboards sind kleine, mit Fiberglas überzogene leichte Bretter für steile Wellen. Flach auf dem Brett liegend, wedelt der Surfer mit Flossen, um die Welle im richtigen Moment mitzunehmen.

Am North Shore auf O'ahu *sind die Wellen von Oktober bis April, wenn die Stürme über den Nordpazifik fegen, sehr hoch. Die Waimea Bay war schon immer für die größten Wellen bekannt, auf denen Surfen möglich ist.*

In den 1960er Jahren *kamen waghalsige Surfer wie der Amerikaner Mike Doyle, hier mit Duke Kahanamoku, und bezwangen die Wellen am North Shore von O'ahu, dem späteren Surferparadies schlechthin.*

Die Welle bricht direkt hinter dem Surfer und erzeugt eine Wand aus Sprühregen und Schaum.

Zu jüngsten Entwicklungen *im Surfsport gehören Fußriemen für Luftakrobatik, exotische Brettformen und Jetski-Surfen.*

Triple Crown of Surfing

Jedes Jahr ab Mitte November verwandelt sich O'ahus Nordküste für drei Wochen in ein Surf-Dorado. In dieser Zeit findet die Triple Crown of Surfing, die berühmteste Serie von Surfwettbewerben, an der Banzai Pipeline sowie am Sunset Beach nahe Waimea und am Ali'i Beach Park in Hale'iwa *(siehe S. 78)* statt. Riesige Wellen und spektakuläre Ritte sorgen dabei für einzigartige Spannung. Die Wettbewerbe locken Surfer aus aller Welt an. Oft finden hier auch Weltmeisterschaften statt. Glanzpunkt ist das Pipe Masters an der Banzai Pipeline – der begehrteste Titel im Surfen. Die Live-Kommentare machen die Ereignisse auch für ein Publikum verständlich, das zum ersten Mal beim Surfen zuschaut. Da es kaum Essensangebote gibt, sollte man am besten ein Picknick einpacken.

Sieger der berühmten Triple Crown, die auf Wellen ab sechs Meter am North Shore ausgetragen wird

DAS JAHR IN HAWAI'I

ENTGEGEN DER weit verbreiteten Meinung gibt es auch auf Hawai'i Jahreszeiten, Sommer und Winter. Für die Insulaner beginnt der Sommer, wenn sich die Mangobäume unter ihren Früchten beugen und der betörende Duft von weißem Ingwer in der Luft liegt. Plötzliche Regenfälle oder Stürme und die riesigen Wellen, von den Surfern sehnsüchtig erwartet, kündigen den Winter an. Einwohner der kühleren, höheren Lagen auf Kaua'i, Maui und Big Island verbringen Weihnachten am Kaminfeuer daheim. Von Mai bis Oktober ist es meist heiß und trocken, von November bis April etwas kühler und feuchter. Doch nur an wenigen Tagen scheint an Hawai'is Stränden die Sonne nicht.

Die geschmückte Statue von Köng Kamehameha

SOMMER

IM MAI LASSEN die winterlichen Niederschläge nach, der Sommer hält mit einer Fülle blühender, duftender Blumen und vielen Festivals auf allen Inseln Einzug. Mit bunten Blumengirlanden geschmückt, feiern Jung und Alt den **Lei Day**. Der älteste gesetzliche Feiertag Hawai'is, der **King Kamehameha Day**, entstand 1872 zu Ehren des großen Königs, der Hawai'i vereinte *(siehe S. 29)*. Den ganzen Sommer über gibt es Kultur-, Musik- und Gourmetfestivals, daneben Sportwettkämpfe, Outrigger-Kanuwettrennen bis hin zum mörderischen **Ironman Triathlon**. Mit dem größten Fest des Jahres, den ausgelassenen, fröhlichen **Aloha Week Festivals**, geht der Sommer schließlich zu Ende.

MAI

Lei Day *(1. Mai)*, alle Inseln. Jeder ist mit hawai'ianischen Blumengirlanden geschmückt. Auf O'ahu und Kaua'i gibt es Wettbewerbe im *Lei*-Flechten.
Moloka'i Ka Hula Piko *(3. Sa)*, Pāpōhaku Beach County Park *(siehe S. 89)*, Moloka'i. Mit Musik, Tanz, Kunst und Essen feiert man die Entstehung des *hula*.
International Festival of Canoes *(Mitte Mai)*, Lahaina, Maui. Künstler schnitzen aus Baumstämmen Kanus und lassen sie zu Wasser.
Memorial Day *(letzter Mo)*, alle Inseln. Der nationale US-Feiertag ehrt die Gefallenen der Kriege.

JUNI

Dolphin Days Summer Festival ist ein Wochenende mit Essen und Trinken, Golf und Unterhaltung im Hilton Waikoloa Village Resort *(siehe S. 160)* auf Big Island.
King Kamehameha Day *(Tage rund um den 11. Juni)*, alle Inseln. An dem gesetzlichen Feiertag ehren Paraden, *hula*, Gesang und Kunsthandwerk den legendären König. Die größte Feier steigt im Neal Blaisdell Center in Honolulu *(siehe S. 183)*.
Hawaiian Slack Key Guitar Festival *(Juni bis Juli)*, Maui, O'ahu, Big Island. Die besten Gitarristen Hawai'is wetteifern im Fingerpicking auf der Hawai'igitarre.
O-Bon Festivals *(Ende Juni bis Ende Aug)*, alle Inseln. Japanische Bon-Tänzer ehren in den buddhistischen Tempeln aller Inseln die Vorfahren. Schöne Laternen-Zeremonien gibt es in Lahaina, Maui, *(Juli)* und auf dem Ala Wai Canal *(Aug)* in Honolulu.

Tänzer beim buddhistischen O-Bon-Festival in Honolulu

JULI

Pu'uhonua O Hōnaunau Cultural Festival *(letztes Wochenende vor 1. Juli)*, Pu'uhonua O Hōnaunau National Historical Park *(siehe S. 116f)*, Big Island. Hier werden der kӧngliche Hof und traditionelles Kunsthandwerk inszeniert.
Makawao Rodeo *(Wochenende vor 4. Juli)*, Makawao *(siehe S. 105)*, Maui. Dies ist Hawai'is größtes Rodeo, bei dem die *paniolo*, die ha-

Beim jährlichen Makawao Rodeo ist das Stierreiten besonders beliebt

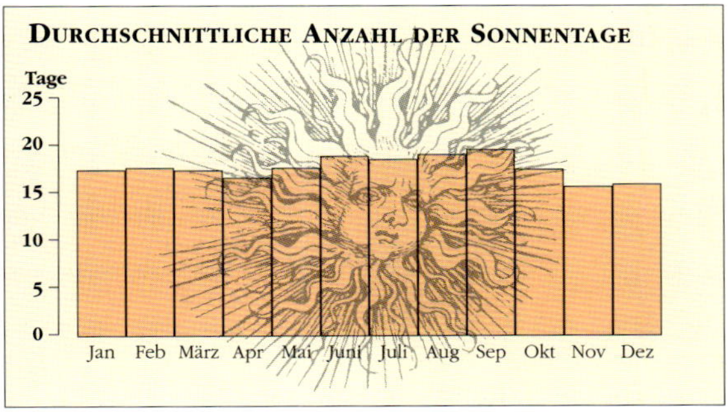

Sonnenschein
Hawai'i hat nur wenige Tage ohne Sonnenschein. An den südwestlichen Küsten ist es noch sonniger als an den nordöstlichen. Bis auf höhere Lagen, wo es neblig werden kann, strahlt der Himmel bei warmen Temperaturen meist in herrlichem Blau. Das Schaubild zeigt die durchschnittliche Zahl der Tage mit wenig oder keinen Wolken.

wai'ianischen Cowboys, *(siehe S. 121),* antreten.
Parker Ranch Rodeo *(letztes Wochenende vor 4. Juli)*, Waimea *(siehe S. 120)*, Big Island.
Prince Lot Hula Festival *(3. Sa)*, Moanalua Gardens, O'ahu. Örtliche *hālau hula* (*Hula*-Schulen) ehren Prinz Lot (Kamehameha V.) mit modernen und alten Tänzen.
Kōloa Plantation Days *(Ende Juli)*, Kōloa, Kaua'i. Die Feier erinnert an die erste Zuckerplantage Hawai'is.

Traditionelle Kostüme und Festwagen der Aloha-Week-Parade

AUGUST

Hawaiian International Billfish Tournament *(Ende Juli bis Anfang Aug oder 1. Hälfte Aug)*, Kailua-Kona *(siehe S. 114)*, Big Island. Der weltweit wichtigste Marlin-Angelwettbewerb. Zu dem angesehenen Sportevent pilgern Angler und Anhänger des Hochseeangelns aus aller Welt.

SEPTEMBER

Aloha Week *(Mitte Sep bis Ende Okt)*, alle Inseln. Dutzende Musik- und Tanzveranstaltungen, Kunsthandwerksmärkte und -vorführungen, Blumenparaden, leckere Speisen und ein »königlicher Ball« gehören zum größten jährlichen Festival Hawai'is. Es beginnt auf O'ahu und setzt sich für je eine Woche auf den Hauptinseln fort.
A Taste of Lahaina *(Wochenende vor 15. Sep)*, Lahaina *(siehe S. 96ff)*, Maui. Hawai'is größtes Gourmetfestival zieht mit dem Besten der frischen Inselküche rund 30 000 Menschen an.
Nā Wahine O Ke Kai *(Ende Sep)*, Hale O Lono, Moloka'i. Das bedeutendste Outrigger-Kanu-Wettrennen für Frauen hat O'ahu zum Ziel.

OKTOBER

Princess Ka'iulani Keiki Hula Festival *(Datum variiert)*, Princess Ka'iluani Hotel, O'ahu. Über 200 Kinder im Alter von fünf bis zwölf Jahren lokaler *Hula*-Schulen zeigen hier ihre Tanzkünste.
Ironman Triathlon *(Sa vor Vollmond)*, Kailua-Kona *(siehe S. 114)*, Big Island. Für die 1250 Teilnehmer ist der legendäre Ironman die wohl größte körperliche Herausforderung der Welt: 3,8 Kilometer Schwimmen, danach eine 180 Kilometer lange Radstrecke und am Ende ein 42 Kilometer langer Marathon.
Nā Moloka'i Hoe *(Mitte Okt)*, Hale O Lono, Moloka'i. Über 50 Männerteams aus aller Welttreten im Outrigger-Kanu-Wettrennen nach O'ahu an, dem weltweit wichtigsten Wettkampf dieser Sportart.
Aloha Classic Windsurfing Championships *(Ende Okt bis Anfang Nov)*, Ho'okipa Beach *(siehe S. 108)*, Maui. Hier treten die besten Windsurfer aus aller Welt an einem der spektakulärsten Inselstrände gegeneinander an.
Halloween Mardi Gras of the Pacific *(31. Okt)*, Lahaina *(siehe S. 96ff)*, Maui. Für die ausgelassene, karnevalsähnliche Feier werden sogar die Straßen gesperrt.

Start des Ironman-Triathlon in Kailua-Kona

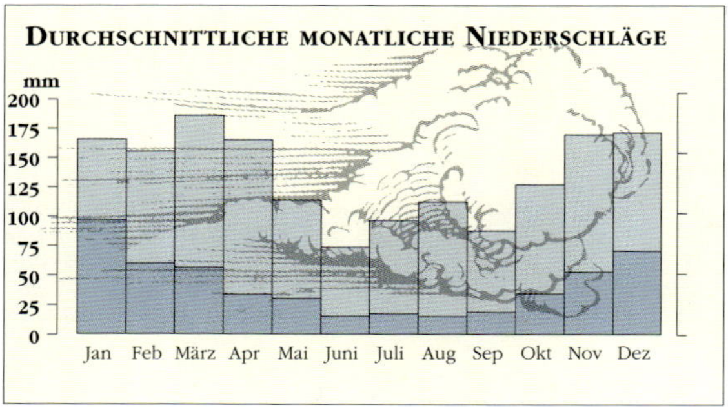

Niederschläge
Das zweigliedrige Diagramm zeigt Mittelwerte für Niederschläge auf ganz Hawai'i. Die dunkelblauen Säulen stehen für die geschützten Küsten im Windschatten, die hellblauen Felder zeigen den höheren Niederschlag auf der Windseite. Von November bis April fällt am meisten Regen; im Sommer von Mai bis Oktober am wenigsten.

WINTER

IM ALTEN HAWAI'I war der Winter die Zeit von Lono, dem Gott des Ackerbaus und Friedens *(siehe S. 14)*. Lono beeinflusste das Wetter je nach Lust und (schlechter) Laune. Traditionell wurden bei Winterbeginn Kriege beendet, die Menschen ruhten sich von den Mühen des Jahres aus.

November, Dezember und Januar sind die unberechenbarsten Monate: Allerdings sind die hawai'ianischen Winter sehr mild, es gibt viele Sport- und Kulturereignisse. Bei der **Triple Crown of Surfing** zeigen Top-Surfer Mut und Können, während beim **Mauna Kea Ski Meet and Hawai'i Ski Cup** Skifahrer antreten. Der Winter endet mit dem berühmten **Merrie Monarch Festival** des *hula*.

NOVEMBER

Kona Coffee Cultural Festival, Kona *(siehe S. 115)*, Big Island. Mit Paraden, Kunsthandwerk, Gourmetfest und einem Kaffeepflückerwettbewerb zollt der Bezirk Kona der Bohne, die ihn berühmt gemacht hat, Respekt.

Paradewagen, Kona Coffee Cultural Festival

Hawai'i International Film Festival *(Anfang bis Mitte Nov)*, alle Inseln. Filmvorführungen, Workshops und Symposien erst auf O'ahu, dann auf den anderen Inseln. Auf O'ahu ist der Eintritt frei.

Triple Crown of Surfing *(Ende Nov bis Mitte Dez)*, North Shore *(siehe S. 78)*, O'ahu. Der weltweit angesehenste Surfwettbewerb dauert je nach Wellen und Wetterbedingungen bis zu drei Wochen *(siehe S. 21)*.

Thanksgiving Day *(4. Do)*, alle Inseln. Gesetzlicher Feiertag und das amerikanische Familienfest schlechthin.

Mission Houses Museum Annual Christmas Fair *(letztes Wochenende)*, O'ahu. Weihnachtlicher Markt mit Künstlern und Kunsthandwerkern und vielen Ständen unter freiem Himmel.

DEZEMBER

Honolulu City Lights and Festival of Trees *(Anfang Dez bis Anfang Jan)*, Honolulu. Glitzerndes Lichterspektakel und individuelle, von Mitarbeitern der Städte und Landkreise gestaltete Bäume.

Nā Mele O Maui *(erstes Wochenende)*, Kā'anapali *(siehe S. 100)*, Maui. Kulturfest mit Musik, *hula*, Kunst, Kunsthandwerk und Essen – ein Lobgesang auf hawai'ianische Traditionen.

Honolulu Marathon *(zweiter So)*, Honolulu. Einer der beliebtesten Marathons in den USA: 15 000 Teilnehmer laufen die 42 Kilometer vom Aloha Tower zum Kapi'olani Park.

Weihnachten *(25. Dez)*, alle Inseln. Gesetzlicher Feiertag in ganz Amerika.

Hawaii Bowl *(25. Dez)*, Aloha Stadium, O'ahu. Jährliches American-Football-Event mit College-Teams.

Löwentänzer beim Narcissus Festival in Honolulus Chinatown

JANUAR

Narcissus Festival *(Jan–März, 12 Wochen lang)*, alle Inseln. Chinesisches Neujahr mit Löwentänzen, Feuerwerk und traditionellen Speisen, besonders toll in Honolulus Chinatown *(siehe S. 46f)*.

Ka Moloka'i Makahiki *(Ende Jan)*, Kaunakakai *(siehe S. 84)*, Moloka'i. Einwöchiges Kulturfestival, das mit einem Anglerwettbewerb in Auslegerkanus beginnt. Traditionelle hawai'ianische Spiele, Sport, *hula* und Musik.

Hula Bowl *(Ende Jan bis Anfang Feb)*, War Memorial Stadium, Maui. College-Football mit Stars aus ganz Amerika.

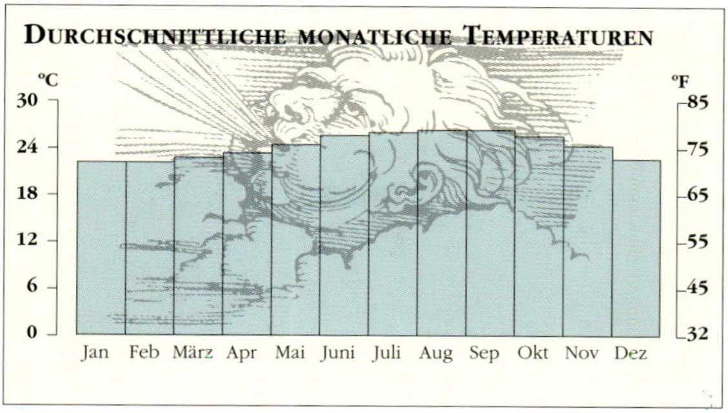

Temperaturen
Hawai'i bietet ganzjährig warme und angenehme Temperaturen mit nur geringen Unterschieden zwischen Sommer und Winter. An den Küsten, vor allem der vom Wind abgewandten Regionen, ist es am wärmsten. In höheren Lagen und Berggebieten kann es manchmal überraschend kühl werden.

Sony Open in Hawai'i *(Mitte Jan)*, Wai'alae Golf and Country Club, O'ahu. Wichtiges Turnier der PGA-Tour.

FEBRUAR

Cherry Blossom Festival *(Ende Jan oder Anfang Feb bis März oder Anfang April)*, O'ahu. Japanisches Fest mit Teezeremonien, Koch- und Blumenbinden-Shows, *Mochi*-Stampfen und traditionellem Taiko-Trommeln.
Panaewa Stampede Bud Light Pro-Am Rodeo *(Mitte Feb)* Equestrian Center, Zoo bei Hilo *(siehe S. 124)*, Big Island. Professionelle und Amateur-Cowboys und -Cowgirls im Wettbewerb.
NFL Pro Bowl *(Anfang Feb)*, Aloha Stadium, O'ahu. NFL-Stars in Nachsaisonspielen. Rechtzeitig Tickets sichern!

Das alljährliche NFL Pro Bowl-Spiel im Aloha Stadium auf O'ahu

MÄRZ

World Championship of Women's Bodyboarding *(Mitte März bis Mitte Apr)*, Banzai Pipeline, North Shore O'ahu. Preiswettkampf mit Profi-Bodyboard-Surferinnen.

***Hula*-Tänzerinnen mit ihren Blumen-*leis* beim Merrie Monarch Festival**

Ocean Arts Fest *(Mitte Feb bis Anfang März)*, Banyan Tree Lahaina *(siehe S. 96ff)*, Maui. Feier zu Ehren der Buckelwale, die den Winter vor Maui verbringen *(siehe S. 101)*.
Prince Kūhiō Day *(26. März)*, alle Inseln. Feiertag im Gedenken an den ersten hawai'ianischen Kongressabgeordneten und beliebten »Volksprinzen«. Offizielle Feierlichkeiten im Federal Building in Honolulu.
Windward Orchid Society Annual Spring Show *(Ende März)*, O'ahu. Orchideenausstellung, alles über Pflanzenpflege und -verkauf.

APRIL

Easter Sunrise Service *(Ostersonntag)*, National Memorial Cemetery of the Pacific *(siehe S. 59)*, Honolulu. Eine stimmungsvolle Zeremonie im Punchbowl-Krater mit Blick auf die Stadt.
Merrie Monarch Festival *(Woche nach Ostersonntag)*, Hilo *(siehe S. 124f)*, Big Island. Einwöches Festival in Hilo zu Ehren von König David Kalākaua. Höhepunkt ist die »Olympiade« des *hula*. Der Andrang ist groß, daher frühzeitig Tickets kaufen.

FEIERTAGE

New Year's Day (1. Jan)
Martin Luther King Day (3. Mo im Jan)
Presidents' Day (3. Mo im Feb)
Prince Kūhiō Day (26. März)
Memorial Day (letzter Mo im Mai)
King Kamehameha Day (11. Juni)
Independence Day (4. Juli)
Admission Day (3. Freitag im Aug)
Labor Day (1. Mo im Sep)
Columbus Day (2. Mo im Okt)
Election Day (1. Di im Nov)
Veterans' Day (11. Nov)
Thanksgiving Day (4. Do im Nov)
Weihnachten (25. Dez)

DIE GESCHICHTE VON HAWAI'I

Die erst zweitausendjährige Geschichte Hawai'is ist eine der kürzesten der Welt. Verschleiert von Legenden, gab es auch in der Vergangenheit Hawai'is Blutvergießen und Heldentum. Hawai'i erlebte mehrere Invasionen und Einwandererwellen, heute lebt hier eine der ethnisch vielfältigsten Gesellschaften.

Alte Felszeichnung, Big Island

Die hawai'ianische Inselgruppe entstand über 4000 Kilometer von der nächsten Landmasse entfernt durch Vulkaneruptionen im Pazifik. Das Leben auf dem isolierten Archipel konnte sich nur durch vom Wind getragene Sporen und Samen sowie im Meer treibende Früchte und durch von Stürmen hierher verschlagene Vögel entwickeln. Selbst Meereslebewesen verirrten sich kaum nach Hawai'i, weil die Strömung das Plankton von den Inseln wegtrieb. Das unberührte Ökosystem der Inseln bestand aus tausenden einzigartiger Spezies.

Die Polynesier, deren Kultur sich in den Inselgruppen von Samoa und Tonga etwa 2000 bis 1500 v. Chr. entwickelt hatte, besaßen eine hervorragende Seefahrttechnik: Sie reisten mit ihren Doppelrumpfkanus mit bis zu 100 Passagieren, Pflanzen (Taro, Kokosnüsse, Süßkartoffeln, Bananen) sowie Haustieren (Schweine, Hunde und Hühner) über den Pazifik. Sie besiedelten Tahiti und die Marquesas-Inseln im 1. Jahrhundert n. Chr. Um 300 n. Chr. wagten die Marqueser die 5000 Kilometer weite Pazifiküberquerung nach Hawai'i: Dieses Datum nehmen Archäologen aufgrund von Ausgrabungen in Waimānalo (O'ahu), im Hālawa Valley (Moloka'i) sowie in Ka Lae (Big Island) an. Auch die alten, mündlich überlieferten Gesänge Hawai'is führen die Ahnenreihen bis ins 1. Jahrhundert zurück.

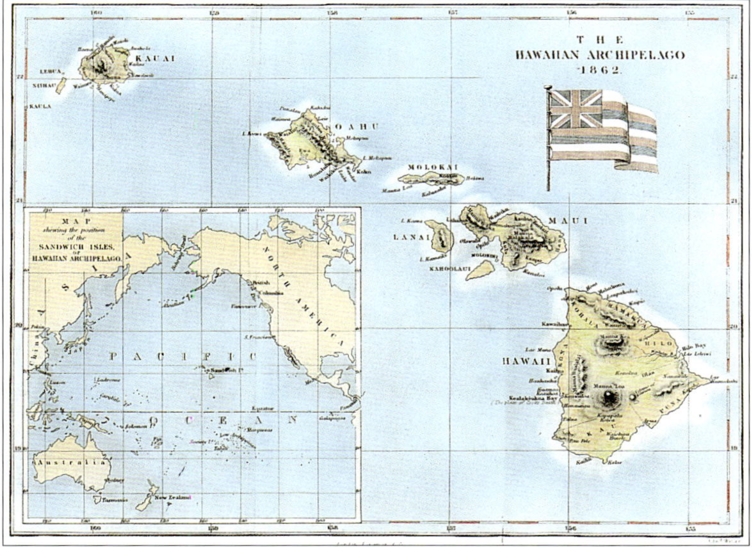

Diese Karte von 1862 zeigt die hawai'ianischen Inseln und ihre Lage mitten im Pazifik

◁ **Die ersten Hawai'ianer lagern vor einem strohgedeckten *bale* (Haus)**

Kānaka Maoli (»Wahre Menschen«)

Die frühen Hawai'ianer begründeten eine hochentwickelte, spirituelle Kultur. Die hervorragenden Bauern und Steinmetze veränderten als erste Menschen die Millionen von Jahren unberührte Natur. Sie teilten das Land in tortenstückähnliche *ahupua'a* auf, jeweils von den Bergspitzen bis zum Meer, damit jeder Bezirk Zugriff auf alle Inselressourcen hatte. Die Ur-Hawai'ianer bauten riesige *heiau* (Tempel) und einige der größten Bewässerungsanlagen im Pazifikraum.

Hawai'ianische Männer tanzen vor einer Menge

Zentrum des Lebens war die *'ohana* (Großfamilie) mit 250 bis 300 Mitgliedern. Jeder war wichtig – von *keiki* (Kindern) bis zu *kupuna* (Großeltern) –, immer geleitet von Werten wie *aloha 'āina* (die Liebe zum Land), *laulima* (Zusammenarbeit) und *pa'ahana* (Arbeit).

Die Invasion der Ali'i

Im 12. und 13. Jahrhundert erlebte Hawai'i neue, aber blutige polynesische Siedlerwellen aus Tahiti. Die Neuankömmlinge schufen ein rigides Klassensystem mit sich selbst als *ali'i* (Adelige), die das Leben der *maka'āinana* (Gemeine) durch ein *Kapu*-System beherrschten. *Kapu* (vom tahitianischen Ausdruck »Tabu«) bezeichnete jede verbotene Handlung, die sich gegen die Verteilung von *mana* (übernatürliche Macht) richtete: Frauen durften nicht mehr mit Männern essen, Gemeine die Kleidung oder den Schatten der Adeligen nicht berühren. Die Strafen für Regelverstöße waren hart; die *ali'i* weihten die Tempel als *luakini heiau* und brachten Menschenopfer dar.

Traditionelle Kleidung der *ali'i* (13. Jh.)

Die Hauptfigur dieser Umwälzung war der tahitianische Priester Pā'ao. Er begründete eine Linie von *kuhina nui* (Hohepriester) und brachte einen Häuptling Pili (wohl aus Samoa) zur Festigung seiner Macht mit. Doch diese Reisen endeten aus unbekannten Gründen im 14. Jahrhundert.

Erste Kontakte

Die »Entdeckung« Hawai'is 1778 wird dem britischen Kapitän und Entdecker James Cook zugeschrieben. Allerdings gibt es Hinweise, dass spanische Schiffe ihm um 200 Jahre zuvorgekommen waren. Mitte des 16. Jahrhunderts überquerten spanische Galeonen auf Fahrten zwischen den Kolonien in Mexiko und neuen Siedlungen auf den Philippinen den Pazifik regelmäßig. 1542 traf eine Flotte unter dem Befehl von Ruy Lopes de Villalobos, geführt vom portugiesischen Navigator Joao Gaetano, auf die Inselgruppe und nannte sie Isla de Mesa. Aus Furcht, die Briten könnten hiervon erfahren, durften

Zeitskala

300 Marqueser entdecken und besiedeln Hawai'i-Inseln

Hawai'ianische Steinfigur

1250 Ankunft des haitischen Priesters Pā'ao, der in den Tempeln Menschen opferte

Hawai'ianisches hale (Haus)

300 | 600 | 900 | 1200 | 1500

Frühes Reisekanu (ca. 300 n. Chr.)

1100–1300 Invasion der Tahitianer

1542 Spanische Expedition unter Joao Gaetano entdeckt Hawai'i und hält dies geheim

die Inseln nicht ins Logbuch eingetragen werden. Doch 1742 kaperte das britische Schiff *Centurion* eine spanische Galeone im Pazifik – mit einer Karte der Isla de Mesa an Bord. James Cook muss eine Kopie davon erhalten haben.

Der Kampf in der Kealakekua Bay, Big Island, 1779

Der Zeitpunkt seiner Ankunft 1778 in der Kealakekua Bay auf Big Island ist einer der skurrilsten Zufälle der Geschichte: Seine Schiffe *Resolution* und *Discovery* erschienen genau zum Höhepunkt der *Makahiki*-Feiern zu Ehren des hawai'ianischen Gottes des Ackerbaus, Lono. Die britischen Schiffe erinnerten an die hawai'ianische Prophezeiung, derzufolge Lono auf einer schwimmenden Insel zurückkehren würde. Zur Überraschung von Cook begrüßten ihn die Hawai'ianer voller Ehrerbietung.

Dabei blieb es bis zu seiner Abreise im Februar 1779 auch, als er wegen eines gebrochenen Mastes in die Kealakekua Bay zurückkehren musste. Doch die Hawai'ianer hatten erkannt, dass die *haole* (Weißgesichter) keine Götter waren. Einige Scharmützel und die Ermordung eines Häuptlings eskalierten bei einem Streit um ein gestohlenes Boot – Cook wurde am Strand erstochen.

Kamehameha der Große herrschte 1795–1819

Andere Entdecker folgten, darunter der Franzose La Pérouse, der 1786 als erster Weißer Maui erreichte. Vier Jahre später ließ der Amerikaner Simon Metcalf im »Olowalu-Massaker« Dutzende Insulaner auf Maui abschlachten. 1792 brachte der britische Kapitän George Vancouver Rinder, Ziegen und Schafe nach Hawai'i. Nur eine Generation nach der »Entdeckung« hatten diese Haustiere weite Teile der Wälder kahl gefressen, eingeschleppte Krankheiten rafften Tausende Hawai'ianer dahin.

Kamehameha der Grosse

Kamehameha, ein ehrgeiziger Häuptling aus Kohala (Big Island), war direkt mit dem mächtigen Häuptling Pili 500 Jahre vor seiner Zeit verwandt. Kamehameha war ein erfahrener Krieger und cleverer Taktiker, dem es gelang, die jahrhundertealten Konflikte zwischen den Inseln zu beenden und alle Inseln systematisch zu erobern. 1790 demütigte er die Häuptlinge von Big Island, als er Pu'ukoholā Heiau *(siehe S. 119)* baute und seinen Rivalen dort opferte. 1795 stürmte er Maui mit geraubten amerikanischen Kanonen, O'ahu fiel nach blutigen Kämpfen an den Nu'uanu *pali* (Felsen) im selben Jahr. Zweimal scheiterte seine Invasion von Kaua'i:

1758 Geburt Kamehamehas I.

1778 Kapitän James Cook sichert Ni'ihau and Kaua'i

1779 Cook wird in Kealakekua Bay getötet

1790 Hunderte im Olowalu-Massaker getötet

1795 Kamehameha erobert Maui, Moloka'i, Lāna'i, and O'ahu

1750 | **1760** | **1770** | **1780** | **1790**

James Cook (1728–1779)

1786 La Pérouse erforscht Hawai'i-Inseln

1791 Kamehameha beginnt mit der Eroberung der Inseln

Kamehameha lud Inselhäuptling Kaumuali'i nach O'ahu ein und zwang ihn, Kaua'i zu übergeben. 1809 war Hawai'i ein vereintes Königreich. Als der »Napoleon des Pazifiks« 1819 starb, konnte sein Sohn Kamehameha II. die Lücke kaum füllen. Der stets betrunkene junge Mann musste das *Kapu*-System aufgeben: Als er gemeinsam mit seiner Mutter Keōpūolani und der Lieblingsfrau seines Vaters, Ka'ahumanu, aß, symbolisierte dieses *'ai noa* (freie Essen) einen Tabubruch, der das alte Regelsystem stürzte. Damit war Hawai'i ein Königreich ohne Gesetze geworden.

Das Gemälde zeigt einen riesigen Wal, der ein Walfängerboot zerschmettert (Mitte 19. Jh.)

MISSIONSZEIT

Das American Board of Foreign Missions sollte dieses Machtvakuum nur sechs Monate später füllen. Am 19. April 1820 landete die Brigg *Thaddeus* mit 23 Kongregationalisten in Kailua Bay *(siehe S. 114)*, der ersten von zwölf Gruppen in 30 Jahren. 1823 gründete die zweite Gruppe in Lahaina auf Maui, damals die größte Walfängerstadt der Welt, eine Kirche. Die Missionare legten sich permanent mit den rauen Walfängern an und tauften Keōpūolani, die im Sterben liegende Königinmutter, die ihrem Volk empfahl, das Christentum anzunehmen.

Kamehameha II. hatte das Königreich inzwischen trotz des Verkaufs von Sandelholz nach China in den Ruin geführt. Um sich abzulenken, reiste er mit seiner Frau nach Großbritannien. Statt wie erhofft König George IV. zu treffen, erkrankte das Paar an Masern und starb im Juli 1824. Die Thronfolge fiel auf den elfjährigen Bruder des Königs, Kamehameha III. Doch die wahre Macht lag in den Händen von Königin Ka'ahumanu. Bei ihrem Tod acht Jahre später hatte sie das gesamte Königreich auf friedliche Weise zum Christentum bekehrt.

Missionare predigen Hawai'ianern, Kaua'i, 1840

AUFSTIEG DES US-BUSINESS

Die Missionare waren mehr am Handel als an der Religion interessiert. Sie und andere Geschäftsleute begannen mit dem Zuckeranbau auf Plantagen. 1832 verpachtete Kamehameha III. dafür Land in Kōloa auf Kaua'i an sie: Der König stand vor dem Dilemma, das traditionsverhaftete Hawai'i in einer vom Westen dominierten Welt zu regieren. Geleitet von seinen *haole* (weißen) Beratern, entwarf er 1840 eine Verfassung und verkündete 1848 unter dem Vorwand, die *maka'āinana* (Gemeinen) sollten eigenes Land besitzen, eine *Mahele* (Landteilung). Millionen Hektar Land gingen nun in privaten Besitz über. Doch gerade die *maka'āinana* hatten

ZEITSKALA

Kamehameha III. (1814–1854)

1809 Kaua'i schließt sich dem Vereinigten Köngreich Hawai'i an

1820 Die ersten Missionare landen in Kailua-Kona

1840 Kamehameha III. verkündet erste Verfassung

1825 Kamehameha III. wird König mit Ka'ahumanu als Regentin

1800 | 1810 | 1820 | 1830 | 1840

Ein beim Walhandel verwendeter Walfischspecktopf

1819 Kamehameha I. stirbt; Kamehameha II. schafft *Kapu*-System ab. Walfang beginnt

1825 Erste Zucker- und Kaffeeplantagen auf O'ahu

1842 USA erkennen Unabhängigkeit des Köngreichs Hawai'i an

Arbeiter einer Zuckerplantage versammeln sich an einem dampfbetriebenen Pflug (19. Jahrhundert)

kein Verständnis von »Landbesitz«, so dass die meisten Gebiete an Weiße verkauft wurden.

Die Plantagen erforderten eine Arbeiterschaft, die lange Arbeitstage, schlechte Bezahlung und grausame Behandlung hinnahm. Entmutigt vom gesellschaftlichen Wandel und geschwächt durch eingeschleppte Seuchen, war die einheimische Bevölkerung dezimiert. Die Pflanzer brachten daher Leiharbeiter auf die Inseln, zunächst 1852 aus China, später auch aus Portugal, Madeira, den Azoren, Japan, Puerto Rico, Korea und den Philippinen. Die Arbeiter gewöhnten sich an das Inselleben, vor allem Chinesen heirateten in hawai'ianische Familien ein, auch viele Portugiesen ließen sich nieder. Japanische Männer pachteten Ackerland in der Wildnis der Inseln und holten ihre Familien nach. 1900 war bereits über die Hälfte von Hawai'is Bevölkerung japanischer Abstammung.

Königin Kapi'olani und Prinzessin Lili'uokalani besuchen 1887 das Weiße Haus

Die Krise der Monarchie

Nach dem Tod Kamehamehas III. 1854 unternahmen seine Nachfolger alles, um die rasch schwindende einheimische Bevölkerung zu retten. Kamehameha IV. und seine Frau, die beliebte Königin Emma, gründeten das Queen's Medical Center zur Bekämpfung ansteckender Krankheiten. Kamehameha V. verkündete 1864 eine neue Verfassung zur Stärkung des Königreiches und führte Gesetze zum Schutz ausländischer Arbeiter ein. 1873 sprachen die Zuckerpflanzer aufgrund der hohen Zölle Hawai'is offen über eine Annexion durch die USA. 1874 bestieg David Kalākaua den Thron: Der als »Merrie Monarch« (»fröhlicher König«) bekannte David bescherte den Inseln mit einer Wiederbelebung des *hula* und alter Gesänge eine neue kulturelle Blüte. Der aufwändige Bau des 'Iolani Palace *(siehe S. 43)* unterstrich seinen Anspruch, Hawai'i zur Hauptstadt eines polynesischen Reiches zu machen. Doch auf Druck bewaffneter Plantagenbesitzer musste er einen Vertrag mit den USA unterzeichnen. Dieser schaffte die Zölle Hawai'is auf Zucker ab und führte zu einer von Ackerbau und US-Importen abhängigen Wirtschaft.

1887 zwang eine Gruppe von Pflanzern den König, die »Bajonett-Verfassung« zu unterschreiben. Sie beschränkte die Macht der Monarchie endgültig. Lili'uokalani, die Schwester des Königs, folgte 1891 auf den Thron

1848 Kamehameha III. verkündet Große *mahele*. Krankheiten töten 10 000 Einwohner

Pater Damien (1840–1889)

1866 Leprakolonie auf Moloka'is Halbinsel Kalaupapa

1876 H.P. Baldwin vollendet Hāmākua Ditch und ermöglicht eine umfangreiche Zuckerproduktion auf Maui. Reziprozitätsvertrag mit den USA.

1850 | **1860** | **1870** | **1880** | **1890**

1863 Kamehameha IV. stirbt

5 Regierungssitz von aina nach Honolulu verlegt

1864 Kamehameha V. verkündet eine die Monarchie stärkende Verfassung

1874 Kalākaua besteigt den Thron

1873 Lunalilo regiert ein Jahr lang

1887 Macht des Königs durch »Bajonett-Verfassung« eingeschränkt

und versuchte, die in der Verfassung garantierte Macht des Königshauses auszubauen. Doch 1893 wurde sie von einem nur aus Weißen bestehenden »Komitee für Sicherheit«, mit Unterstützung illegal eingesetzter US-Truppen, unter Arrest gestellt. Lili'uokalani wandte sich hilfesuchend an US-Präsident Grover Cleveland, der die Wiedereinsetzung der Königin forderte. Doch die neue provisorische Regierung unter dem Missionarssohn Sanford P. Dole weigerte sich.

***Hula*-Tänzerinnen in Waikīkī mit dem Diamond Head im Hintergrund (ca. 1920)**

Das gestohlene Königreich

Die provisorische Regierung sicherte ihre Macht 1894 mit dem Ausruf der Republik Hawai'i, doch in Wirklichkeit wollte sie von den USA annektiert werden. US-Präsident Cleveland weigerte sich, doch sein Nachfolger McKinley griff 1898 zu; zwei Jahre später war das illegal übernommene Inselreich ein US-Territorium. Beherrscht wurde es von einer Clique weißer Republikaner, die dank ihrer Stellung als Bosse der fünf größten hawai'ianischen Agrarfirmen alle Inseln kontrollierten. So wurde in den 1930er Jahren der Versuch der Plantagenarbeiter, sich gewerkschaftlich zu organisieren, niedergeschlagen. Ironischerweise war es erst die Gefahr einer japanischen Invasion, die den fast feudalistischen Institutionen Hawai'is mehr Demokratie aufzwang.

Am 7. Dezember 1941 zerstörten japanische Bomber die US-Militäranlagen auf O'ahu und versenkten oder beschädigten 18 Kriegsschiffe im Hafen von Pearl Harbor sowie fast 200 Flugzeuge. Bei dem Angriff starben über 2000 Soldaten. In nur 24 Stunden wurde die hawai'ianische Regierung durch eine Militärregierung ersetzt, die die Inseln bis zum Kriegsende regieren sollte. Die fünfjährige direkte Kontrolle durch die USA zwang die örtlichen Politiker nach dem Krieg zu mehr Demokratie. 1946 waren die Plantagen nach einem gewalttätigen, aber erfolgreichen Streik 79 Tage lang lahmgelegt. Gleichzeitig zeigte die Unterschicht auf den Inseln ihre Macht an den Wahlurnen, und bald waren Kinder der Plantagenarbeiter auch in hohen Ämtern zu finden.

Feier zur Annexion Hawai'is 1898

Zeitskala

1893 Sturz der Monarchie

1894 Hawai'i wird Republik

1895 Bürger versuchen bewaffneten Aufstand

1898 US-Annexion von Hawai'i

1900

1910

1917 Lili'uokalani stirbt

1920

1922 Dole richtet auf Lāna'i weltweit größte Ananasplantage ein

1927 Bau des Royal Hawai'ian Hotel für Kreuzfahrttouristen

1930

1936 Der *Hawai'i Clipper* fliegt von San Francisco nach Honolulu. Beginn der kommerziellen Luftfahrt

1940

1941 Japaner bombardieren Pearl Harbor. Viele Japan-Amerikaner werden in Internierungslager geschickt

1949 Streiks schwächen Hawai'i. Machtverlust der »Fünf Großen Unternehmen«

Siegel des US-Territoriums

Der japanische Angriff auf den US-Stützpunkt Pearl Harbor führt 1941 zum Kriegseintritt der USA

1959 stimmte die Mehrheit der Hawai'ianer für ein Angebot des US-Kongresses, als 50. Bundesstaat den USA beizutreten. Seitdem hat der Luftverkehr Hawai'i vielleicht mehr als alles andere zuvor verändert – nicht nur, weil O'ahu zum wichtigsten US-Militärstützpunkt im Pazifik wurde, sondern vor allem, weil nur so der Tourismus die Inseln erobern konnte. Der zivile Flugverkehr hatte schon in den 1930er Jahren mit dem *Hawai'i Clipper* von PanAm begonnen, doch erst die Düsenjets verbanden Hawai'i 1959 mit dem Rest der Welt: Nun konnte man bequem in viereinhalb Stunden von den USA nach Waikīkī fliegen. Das Hotel- und Bevölkerungswachstum machte sich zuerst auf O'ahu bemerktbar, 1959 lebten schon über die Hälfte aller Hawai'ianer in Honolulu. Die großen Agrarfirmen stellten sich darauf ein und erweiterten ihr Geschäft. In den 1960er Jahren markierte die Erschließung von Kā'anapali auf West-Maui eine neue Ära der Inselentwicklung: Jetzt lagen die Zucker- und Ananasfelder verlassen da, die hawai'ianische Wirtschaft wurde nun vom Tourismus und der Immobilienwirtschaft vorangetrieben.

Jahrestag des Sturzes der Monarchie (1993)

Zu dieser Zeit engagierten sich rund 140 000 Einwohner für die Autonomie der Inseln. In den 1970er Jahren forderten Hawai'ianer von der US-Armee die Rückgabe der Insel Kaho'olawe, die 50 Jahre lang als militärisches Übungziel gedient hatte. Das Interesse an hawai'ianischer Kultur, Sprache und Kunst erreichte 1976 mit dem Bau der *Hōkūle'a*, des ersten historisch authentischen und seetüchtigen Kanus seit 500 Jahren *(siehe S. 45)*, einen Höhepunkt. 1993 entschuldigte sich US-Präsident Bill Clinton für die US-Regierung offiziell für ihre Mitschuld beim Sturz der Monarchie.

Heute leben auf den Hawai'i-Inseln über eine Million Menschen, davon sind 12,5 Prozent Ur-Hawai'ianer. Sechs Millionen Gäste besuchen die Inseln jährlich; die Inseln sind damit eines der ethnisch vielfältigsten Gebiete der Welt. Doch was man auch auf Hawai'i ansieht – die polynesischen Wurzeln entdeckt man überall.

Waikīkī Beach, das beliebteste Urlaubsziel in ganz Hawai'i

Exemplar der „Statehood"

1959 Hawai'i wird 50. US-Staat

1982 Hurrikan Iwa verwüstet Kaua'i

1983 Ausbruch des Kīlauea

1992 Schließung von Hāmākua Sugar, Hawai'is letzter Plantage. Orkan Iniki verwüstet Kaua'i

1960 | **1970** | **1980** | **1990** | **2000** | **2010**

954 Demokraten esiegen Republiāner bei Territoalwahlen

1977 Aktivisten Georg Helm und Kimo Mitchell sterben beim Betreten von Kaho'olawe

1986 John Waihe'e wird erster hawai'ianscher Gouverneur

1996 Bürger votieren dafür, die Souveränitätsfrage erneut zu stellen

2002 Linda Lingle, die frühere Bürgermeisterin von Maui, wird zur ersten Gouverneurin Hawai'is gewählt

HONOLULU UND WAIKĪKĪ

Honolulu und Waikīkī im Überblick

HAWAI'IS HAUPTSTADT bietet zwei Stadtzentren: die historische und moderne Downtown Honolulus und den weltberühmten Strand von Waikīkī. Die Innenstadt entstand Anfang des 19. Jahrhunderts als Handelshafen. Waikīkī war damals noch ein Sumpfgebiet, entwickelte sich seit dem Bau des ersten Luxushotels 1901 jedoch zu einem der schönsten Strände der Welt.

'Iolani Palace (siehe S. 43) *von 1882 diente Hawai'is letzten beiden Monarchen, Köng Kalākaua und Königin Lili'uokalani, als Amtssitz.*

Chinatown (siehe S. 46f) *ist ein lebendiges Viertel mit exotischen kleinen Läden, religiösen Schreinen und* Lei-*Ständen.*

Das Mission Houses Museum (siehe S. 42) *ist ein Komplex aus drei Missionshäusern aus dem frühen 19. Jahrhundert.*

Falls of Clyde (siehe S. 45), *ein historischer Viermaster, gewährt im Hawai'i Maritime Center einen Einblick in das Bordleben auf hoher See.*

Der Aloha Tower (siehe S. 44) *war bei seinem Bau 1926 mit 56 Metern das höchste Gebäude der Stadt. Zu seinen Füßen laden Läden und Restaurants ein.*

◁ **Jogger in der 'Āinamoana State Recreation Area vor dem Ala-Wai-Yachthafen im Hintergrund**

Im Royal Hawaiian Hotel (siehe S. 50), *dem »Pink Palace«, kann man vom Waikīkī-Trubel ausspannen. In dem berühmten Hotel von 1927 logierten auch die Roosevelts und Rockefellers.*

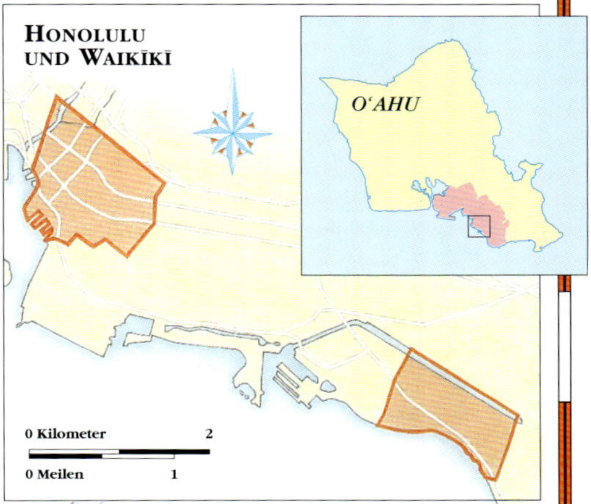

Der International Market Place (siehe S. 52) *bietet unter freiem Himmel eine unglaubliche Auswahl an Kunsthandwerk und Souvenirs.*

King's Village (siehe S. 53) *ist ein viktorianisch aufgemachtes Einkaufszentrum.*

Am Kūhiō Beach (siehe S. 53) *steht eine Statue von Duke Kahanamoku, dem »Vater des Surfens«.*

Waikīkī Beach (siehe S. 50f) *ist von Hotelhochhäusern, Restaurants und Bars gesäumt. An seinem Ende erhebt sich der Diamond-Head-Krater. Der drei Kilometer lange, goldende Sandstrand zieht täglich Tausende von Sonnenenhungrigen an.*

Das Sheraton Moana Surfrider Hotel (siehe S. 52), *Anfang des 20. Jahrhunderts erbaut, lädt mit der Strandbar im Banyan Court dazu ein, an einem Cocktail nippend den Sonnenuntergang zu bewundern.*

DOWNTOWN HONOLULU

Honolulu war einst als Fischerdorf Kou bekannt und noch um 1820 kaum mehr als eine Ansammlung brauner, strohgedeckter Hütten. Doch im Verlauf des 19. Jahrhunderts stieg es zu einem wichtigen Hafen für Pelzhändler und Walfänger in O'ahu auf. 1866 schrieb der Schriftsteller Mark Twain, dass man hinter jeder Ecke der Stadt etwas Neues erleben könne. Das gilt bis heute: Downtown Honolulu bietet auf engstem Raum hoch aufragende Hochhäuser, japanische Schreine, Missionshäuser wie in Neuengland, eine Kathedrale, einen Palast, alte Opiumhöhlen, Bars und Fischmärkte. Die lebendige Hauptstadt hat eine große ethnische Vielfalt, die sich in den Straßen zeigt: Geschäftsleute im Anzug, Kinder in Schuluniformen und Samoaner in leuchtenden Sarongs.

Siegel am Tor des State Capitol

SEHENSWÜRDIGKEITEN AUF EINEN BLICK

Historische Straßen und Gebäude
Aloha Tower Marketplace 8
Chinatown S. 46f 11
Fort Street Mall 7
'Iolani Palace 4
State Capitol 5

Museen und Sammlungen
Hawai'i Maritime Center 9
Hawai'i State Art Museum 10
Mission Houses Museum 3

Kathedralen und Kirchen
Kawaiaha'o Church 2
St. Andrew's Cathedral 6

Denkmal
King Kamehameha Statue 1

LEGENDE

Detailkarte *Siehe S. 40f*
Detailkarte *Siehe S. 46f*
Busbahnhof
Taxi
Parken
Fußgängerzone

ANFAHRT

Downtown Honolulu liegt fünf Kilometer *'Ewa* (westlich) von Waikīkī. Von Waikīkī aus fahren *TheBus* 2, 13, 19, 20 oder 47 nach Westen hierher, außerdem die Aloha Tower Trolley oder die Waikīkī Trolley. Details auf den hinteren Umschlaginnenseiten.

◁ **Statue des Königs Kamehameha, zur Feier des Kamehameha Day (11. Juni) mit *lei* geschmückt**

Im Detail: Capitol District

Wappen des 'Iolani Palace

DIE ARCHITEKTONISCHEN Gegensätze in dem kompakten Viertel spiegeln die kulturelle und historische Vielfalt Hawai'is wider. Schindelgedeckte Missionshäuser stehen nur wenige Schritte vom viktorianischen 'Iolani Palace entfernt, wo hawai'ianische Könige rauschende Feste feierten und die letzte Königin gefangen gehalten wurde. Gleich hinter dem stolzen Denkmal der Monarchie erhebt sich das State Capitol, das moderne Parlament von Hawai'i, eines der wenigen in den USA ohne Kuppel.

Die 'Iolani Barracks entstanden 1871 als Kaserne für die königlichen Soldaten.

Chinatown *(siehe S. 46)*

★ 'Iolani Palace
Der einzige Königspalast in den USA entstand 1882. Im 'Iolani (»Königlicher Adler«) Palace kann man innen eine elgante Treppe aus Koa-*Holz bewundern.* ❹

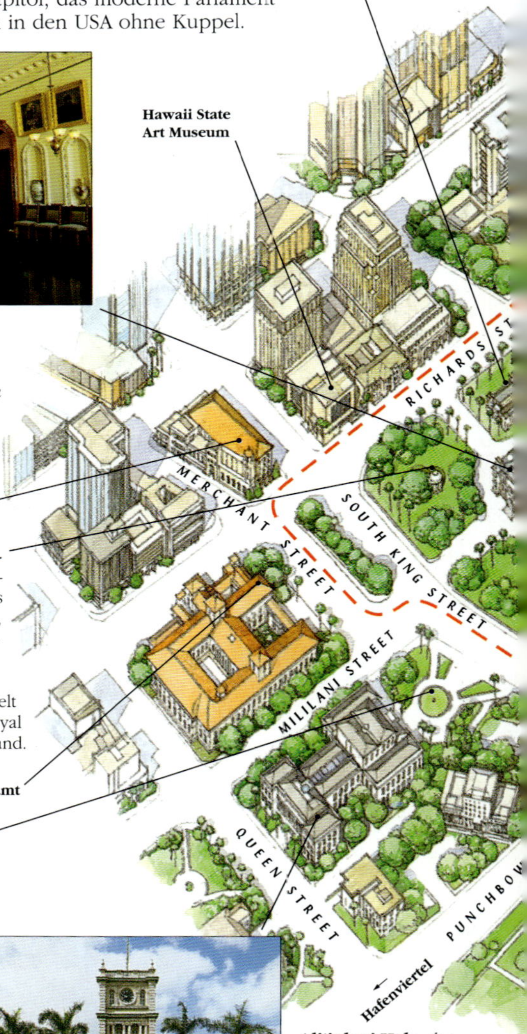

Hawaii State Art Museum

Gebäude der Hawai'ian Electric Company

Im Royal Bandstand im schattigen Park des 'Iolani Palace, 1883 zur Krönung von König Kalākaua errichtet, spielt heute die Royal Hawai'ian Band.

Postamt

King Kamehameha Statue
Die Bronzestatue des Königs erhebt sich stolz vor dem Bau des Ali'iōlani Hale. ❶

NICHT VERSÄUMEN

- ★ 'Iolani Palace
- ★ Kawaiaha'o Church
- ★ Mission Houses Museum

Ali'iōlani Hale, das »Haus des Himmlischen Königs«, wurde 1874 als Palast erbaut, aber nie als solcher genutzt. Es dient heute Hawai'is Oberstem Gericht als Sitz.

St. Andrew's Cathedral
Die Kathedrale von 1867 hat ein leuchtendes Buntglasfenster. ❻

Washington Place, ein 1846 im georganischen Stil errichtetes Holzhaus, ist heute ein Museum über Hawai'is letzte Königin, Lili

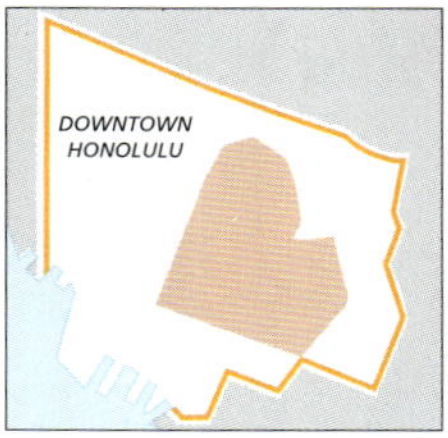

Zur Orientierung
Siehe Stadtplan, Karte 1

Eternal Flame War Memorial

State Capitol
Das moderne Bauwerk von Hawai'is Parlament symbolisiert die Entstehung der Vulkaninseln. ❺

Die Statue der Königin Lili'uokalani erinnert an Hawai'is letzte Königin, die 1891 den Thron bestieg und schon zwei Jahre später wieder abgesetzt wurde *(siehe S. 32)*.

★ Kawaiaha'o Church
Bis zur Vollendung dieser 1842 im Neuengland-Stil errichteten Kirche predigten die Missionare hier in strohgedeckten Hütten. Der Sonntagsgottesdienst wird in Englisch und Hawai'ianisch gehalten. ❷

Kawaiaha'o Cemetery

0 Meter 100

0 Yards 100

Legende

– – – Routenempfehlung

★ Mission Houses Museum
Das ausgezeichnete Museum umfasst drei historische Missionshäuser, u. a. eine Druckerei, errichtet 1821–41. ❸

Bronzestatue des Königs, dargestellt mit einer Willkommensgeste

King Kamehameha Statue ❶

Ecke King St und Mililani St.
Stadtplan 1 B3. 🚌 *2, 13.*

Kamehameha der Große, der die Inseln von 1795 bis 1819 regierte, ist der am meisten verehrte hawai'ianische König: Es war Kamehameha, Häuptling von Big Island und später der »Napoleon des Pazifiks« genannt, der die zerstrittenen Inselreiche zu einer ernst zu nehmenden Monarchie vereinte. Als junger Krieger hatte er berühmte Zeitgenossen wie 1778 Captain Cook getroffen und die Bedeutung westlicher Technik verstanden, so dass er Schiffe und Kanonen in seinem Krieg gegen die Häuptlinge nutzte.

Die Bronzestatue des Königs vor dem Ali'iōlani Hale ist eines der berühmtesten Wahrzeichen Hawai'is. Die Originalstatue ging bei einem Sturm verloren, die Kopie enthüllte König Kalākaua 1883 – im selben Jahr fanden Taucher das Original und stellten es in Kapa'au auf *(siehe S. 120)*.

Kawaiaha'o Church ❷

957 Punchbowl St. **Stadtplan** 1 B3.
☎ *(808) 522-1333.* 🚌 *2, 13.*
◯ *tägl. 8.30–16 Uhr.* ● *Feiertage.*
♿ *nach Anmeldung.*

Der beeindruckende Bau erinnert an die Zeit der Missionare, als diese nach dem Zusammenbruch der hawai'ianischen Religion um 1820 rasch einflussreiche, bekehrte Hawai'ianer für sich gewannen, darunter Ka'ahumanu, die wichtige Lieblingsfrau von Kamehameha I. In den strohgedeckten Kirchen an dieser Stelle predigte Hiram Bingham vor bis zu 2000 Hawai'ianern, die, wie eine Missionarsfrau 1829 schrieb, »in einem entsetzlichen Zustand der Halbnacktheit« seinen Worten lauschten: Die Hawai'ianer trugen erstmals westliche Kleidung, manche nur ein Hemd, andere einen Hut. Zur Zeit der Errichtung der heutigen Kirche (1842) trugen die Frauen *mu'umu'u* (langes Kleid) und Schuhe.

Der Neuengland-Stil der Kirche wird durch die verwendeten Korallenstöcke gemildert. Auf der Empore hängen die Porträts 21 hawai'ianischer Monarchen und ihrer Familien; viele von ihnen wurden hier getauft, getraut und gekrönt. Vor der Kirche liegen zwei Friedhöfe für die Missionare und die ersten Bekehrten sowie ein Mausolem für König Lunalilo. Außer Kamehameha I., dessen Gebeine man versteckte, damit niemand sein *mana* (geistige Kraft) rauben konnte, ist die Königsfamilie im Royal Mausoleum *(siehe S. 58)* bestattet.

König Lunalilos Mausoleum im gotischen Stil

Mission Houses Museum ❸

553 South King St. **Stadtplan** 1 C3.
☎ *(808) 531-0481.* 🚌 *2, 13.*
◯ *Di–Sa 9–16 Uhr.* ● *Feiertage.*
♿ *nur Erdgeschoss.*
W www.missionhouses.org

Das historische Kleinod zeigt auch das älteste Holzhaus Hawai'is und erinnert an die Arbeit der Missionare: 1821, nur ein Jahr nach ihrer Ankunft, erlaubte König Kamehameha II. Reverend Bingham den Bau eines christlichen Hauses sowie der ersten Druckerei auf den Inseln. Später entstand hier ein elegantes Haus, in dem man heute eine Kopie der Druckerpresse sehen kann. Das Innere ist restauriert; sehenswert ist die Kleidung der Missionare, z. B. lange Unterwäsche.

Die Missionare waren in der Bekehrung der Walfänger und Eingeborenen so erfolgreich, dass ein russischer Besucher 1825 Honolulu so beschrieb: »Die Straßen sind wie ausgestorben, Spiele verboten [und] Singen, Tanzen [und] Reiten sonntags untersagt.«

Elegantes Haus aus Korallenstücken im Mission Houses Museum

Südfassade des ʻIolani Palace mit Treppe zum Haupteingang

ʻIolani Palace ❹

King St & Richards St. **Stadtplan** 1 B3. *(808) 522-0832.* *2, 13.* *Di–Sa 9–14.15 Uhr.* *1. Jan, 4. Juli, Thanksgiving, 25. Dez.* *empfohlen (außer Kunstsammlung).* www.iolanipalace.org

König David Kalākaua ließ seine neue Residenz am Standort eines älteren Königspalastes in einem englisch-viktorianischen Stil errichten. Der »fröhliche Monarch« wollte hier mit den riesigen Gewinnen aus dem Zuckerrohrhandel Glanz und Luxus des englischen Hofes imitieren.

ʻIolani (dt. »Königsadler«), der einzige monarchische Palast auf dem Gebiet der USA, diente elf Jahre lang als königliche Residenz. Kalākaua zog 1882 ein, nach ihm wohnte hier zwei Jahre lang seine Schwester Liliʻuokalani bis zum Sturz der Monarchie 1893 *(siehe S. 32)*.

Der Palast diente fortan als Regierungssitz; 1895 wurde Liliʻuokalani hier neun Monate lang unter Arrest gestellt. Der erste Gouverneur nutzte Kalākauas Schlafzimmer als Büro, das Parlament versammelte sich im Erdgeschoss. Nach dem Umzug der Legislative in das State Capitol diente der Bau als Kulisse für Jack Lords Büro in der Fernsehserie *Hawaii Fünf-Null.* Fans werden die durchgehenden Bogenfenster erkennen. Kinder unter fünf Jahren haben leider keinen Zutritt.

Der umliegende Park lädt zum Spazierengehen ein; die Kaserne von Kalākauas königlicher Garde (1871) dient als Besucherzentrum. Auf dem Rasen an Kalākauas Krönungspavillon kann man picknicken, freitags (außer im August) spielt hier die Royal Hawaiian Band.

State Capitol ❺

Beretania St und Richards St. **Stadtplan** 1 B2. *(808) 586-0178.* *2, 13.* *Mo–Fr 7.45–16.30 Uhr.* *Feiertage.* *nach Anmeldung.* **Washington Place** *Mo–Fr; nur mit Anmeldung: (808) 586-0248.*

Der kurze, schattige Weg unter dem Blätterdach der Banyanbäume vom ʻIolani Palace zur Rückseite des State Capitol ist wie eine Zeitreise von der viktorianischen Monarchie ins Hier und Jetzt von Hawaiʻi.

Der jüngste US-Bundesstaat kann stolz sein auf das kreativste Parlamentsgebäude, dessen Architektur die Natur der Inseln symbolisiert. Es erhebt sich – wie die Inseln im Pazifik – inmitten eines Spiegelsees. Kannelierte Säulen rund um eine Terrasse erinnern an hohe Palmen; das Parlament tagt in zwei vulkanförmigen Kammern. Auf der Rückseite steht eine oft blumengeschmückte Statue von Königin Liliʻuokalani mit den Noten des von ihr komponierten »Aloha ʻOe« (»Sei geliebt/gegrüßt«), Hawaiʻis inoffizieller Staatshymne. Vor dem Bau grüßt eine Statue: Pater Damien *(siehe S. 87)* von Marisol Escobar.

Auf der anderen Seite der Beretania Street (»Britisch« auf Hawaiʻianisch) lodert die **Ewige Flamme**, ein Denkmal für die Soldaten des Zweiten Weltkriegs. Weiter unten an der Straße kann man durch einen Zaun **Washington Place**, Hawaiʻis ältestes, ständig genutztes Wohnhaus, bewundern. Den heutigen Gouverneurssitz errichtete John Dominis, Schwiegervater von Königin Liliʻuokalani, 1846. Nach ihrer Freilassung verbrachte die sie hier ihre letzten Lebensjahre.

Die Eternal Flame, ein Kriegsdenkmal gegenüber dem State Capitol

St. Andrew-Statue vor der Kirche

St. Andrew's Cathedral ❻

229 Queen Emma Square. **Stadtplan** 1 B2. *(808) 524-2822.* *2, 13.* *tägl. 6.30–18 Uhr.* www.saintandrewscathedral.net

DIE ÄLTESTE Episkopalkirche Hawai'is wurde 1867 als anglikanische Kirche erbaut. Alexander Liholiho (Kamehameha IV.), der englandfreundlichste König Hawai'is, führte die anglikanische Kirche nach einer Englandreise in Honolulu ein – so sehr war er von den Riten der Staatskirche angetan. Seine Frau, Königin Emma, Enkelin des Engländers John Young (eines Beraters von Kamehameha I.), wurde hier vom ersten anglikanischen Priester auf Hawai'i getauft.

Nach dem Tode des Königs 1863 reiste Emma nach England, um Geld für den Kathedralenbau zu sammeln und einen Architekten zu finden. Der Bruder ihres Mannes und Thronfolger, Kamehameha V., legte vier Jahre später den Grundstein. Ein Großteil der Steine wurde aus England importiert, wobei die Bogengänge an gotische Kirchen in Frankreich erinnern. Die Gemeinde kam nach Hawai'is Annektion 1898 zur amerikanischen Episkopalkirche.

In einem neuen, modernen Flügel (1958) steht vor einer Buntglaswand inmitten eines Wasserbeckens eine St.-Andreas-Statue, die den Fischen zu predigen scheint. Die Inschrift auf dem Standbild lautet: »Lehre jeder Kreatur das Wort.«

Buntglasfenster, St. Andrew's

Fort Street Mall ❼

Fort St. **Stadtplan** 1 A3. *2, 13.*

DIESE STRASSE wurde nach der einstigen Kekuanohu-Festung benannt: Kamehameha I. ließ die Hafenfestung 1816 nach einem russischen Vorstoß zur Kolonisierung der Inseln errichten. John Young, der königliche Berater, überwachte die Bauarbeiten; die weiß gekalkten Mauern des Forts standen bis 1857. Nach alten Dokumenten diente der Bau auch als Gefängnis; in den 1860er Jahren hatte sich die gegenüberliegende Straße zu einem florierenden Geschäftsviertel mit Frisören, Krämern, Haushaltswarenläden und Holzlagern entwickelt. Kleine Läden säumen die inzwischen zur Fußgängerzone umgestaltete Straße noch heute. Am *Mauka*-Ende (Richtung Berge) steht **Our Lady of Peace**, eine karge katholische Kirche aus Korallen (1843). Pater Damien *(siehe S. 87)*, der »Märtyrer von Moloka'i«, wurde hier 1864 geweiht. Gegenüber stößt man auf die **Hawai'i Pacific University**, in deren Umgebung man – ein Spiegelbild der internationalen Studentenschaft – vietnamesisch, koreanisch, chinesisch, französisch und sogar philippinisch-polnisch essen kann. Oft sieht man alte philippinische Männer auf den Bänken sitzend *'ukulele* spielen, ein Schwätzchen halten oder Leute beobachten.

Die Fort Street Mall mit ihrem vielfältigen Restaurantangebot

Aloha Tower Marketplace ❽

Pier 9, Honolulu Harbor. **Stadtplan** 1 A3. *(808) 528-5700.* *19, 20, 47.* *Mo–Sa 9–21, So 9–18 Uhr.* **Navatek I** Pier 6. *(808) 973-1311.* *nur Hauptplattform.* www.alohatower.com

DER URSPRÜNGLICH als »Tor zur Fort Street« bekannte Aloha Tower entstand 1926, als Touristen hier von den Ozeanriesen an Land gingen: Die Einheimischen strömten

Blick vom Aloha Tower auf den Honolulu Harbor und die Falls of Clyde

damals an die Piers und verkauften den von Bord gehenden Passagieren *lei*, tauchten nach Münzen, tanzten *hula* und nahmen so teil an der Begeisterung der weitgereisten Besucher. Die Abreisenden warfen bunte Bänder vom Schiffsdeck, und die Royal Hawai'ian Band spielte das berühmte »Aloha 'Oe« *(siehe S. 43)*.

Der Aloha Tower, einst das höchste Gebäude der Stadt, erhebt sich zehn Stockwerke hoch über der Mole, wirkt heute aber vor den Hochhäusern fast winzig. In jede der vier Himmelsrichtungen zeigt eine Turmuhr. Ein Aufzug bringt Besucher auf eine Aussichtsplattform mit einem Rundumblick auf den Honolulu Harbor und die Berge.

Der Aloha Tower ist heute das Zentrum eines gehobenen Shopping- und Restaurantkomplexes mit Terrassen, ideal, um den Sonnenuntergang bei den Klängen hawai'ianischer Musik zu genießen. Kreuzfahrt- und andere Schiffe legen auch heute hier an. Den Hafen kann man auf Besichtigungstouren per Schiff erkunden. Die **Navatek I** bietet zwischen Januar und April Walbeobachtungstouren an.

Turmuhr am Aloha Tower

Hawai'i Maritime Center ❾

Pier 7, Honolulu Harbor. **Stadtplan** 1 A4. *(808) 536-6373.* *19, 20.* *tägl. 8.30–17 Uhr.* *25. Dez.* **Falls of Clyde** *tägl. 8.30–17 Uhr.* www.holoholo.org/maritime

Das 1988 eröffnete, einige Millionen Dollar teure Museum widmet sich Hawai'is Seefahrtsgeschichte. In dem großzügigen Bau, der durch die Reflektion des Sonnenlichts auf dem Wasser beleuchtet wird, hängen historische Kanus und ein Buckelwalskelett *(siehe S. 101)*. Andere Ausstellungen zeichnen die Routen der Polynesier von den ersten Reisen bis zu modernen Hochseekanus nach. Neben dem Museum ankert die restaurierte **Falls of Clyde**, ein 80 Meter langer Viermaster mit einem Stahlrumpf, der 1878 in Schottland gebaut wurde – der letzte, voll getakelte Viermaster der Welt. Das Schiff fuhr 1898 für die Matson Navigation Line und brachte Passagiere sowie Fracht von Hilo nach San Francisco, zunächst unter hawai'ianischer, dann unter US-Flagge. Das restaurierte Schiff gibt einen Einblick in das harte und räumlich enge Leben der Matrosen. Ebenso sehenswert ist die **Hōkūle'a**.

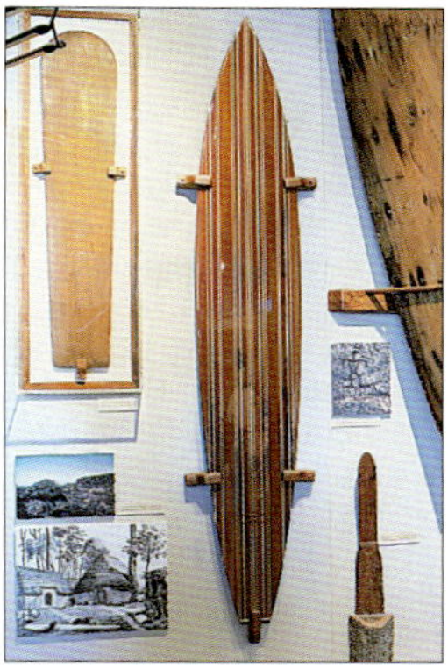

Ein historisches Surfbrett aus Holz im Hawai'i Maritime Center

Hawai'i State Art Museum ❿

1. Stock, Nr.1 Capitol Building, 250 South Hotel St. **Stadtplan** 1 A2. *(808) 586-0900.* *Di–Sa 10–16 Uhr.* *Feiertage.* www.hawaii.gov/sfca

Das erst kürzlich eröffnete Museum zeigt hawai'ianische Kunst: Kleidung aus Baumrinde, gewebte Decken, Stickereien und Keramik, oft in einer Mischung aus modernen und traditonellen Stilen.

Die Hōkūle'a

Die *Hōkūle'a* war der erste Nachbau eines historischen Segelkanus auf Hawai'i. Sie segelte 1976 ohne Radar oder Kompass von Hawai'i nach Tahiti und zurück. Damit war bewiesen, dass die ersten Hawai'ianer die Inseln dank ihrer hervorragenden astronomischen Navigation erreicht hatten: ein Triumph, der die Rückbesinnung auf hawai'ianische Kultur einläutete. Früher wurden Navigatoren schon als Kinder für ihre lebenslange Ausbildung ausgesucht und in der Beobachtung von Sternen, Strömungen und Vogelflug geschult. Da die Hawai'ianer der Neuzeit dieses Wissen verlernt hatten, wurde die *Hōkūle'a* auf ihrer Jungfernfahrt von einem Mikronesier, Mau Pialug, gesteuert. Im Laufe der Jahre bildete er die junge Hawai'ianerin Nainoa Thompson aus, die heute einer neuen Generation von Seefahrern historischen Kanubau und Navigation beibringt.

Die *Hōkūle'a* (»Stern der Freude«) auf See

Im Detail: Chinatown

Der erste Chinese erreichte Hawai'i 1789 auf einem Handelsschiff, 1852 folgten unzählige weitere, um auf den Zuckerplantagen von O'ahu zu arbeiten. Nach Ablauf ihrer Verträge zog es viele in Honolulus Innenstadt, wo sie Restaurants, Kräuterläden und Bars gründeten; auch der Opiumhandel florierte. Ein Feuer zerstörte das Viertel 1886, vier Jahre später legte man einen Brand zur Ausrottung der Beulenpest. Damals war die Einwanderung von Chinesen umstritten, viele glaubten, das Feuer sei gelegt worden, um das Viertel zu zerstören. Doch heute ist Chinatown wieder ein lebendiges Viertel.

★ Izumo Taisha Shrine
Hawai'is ältester japanischer Shintoschrein wurde 1923 ohne Nägel gebau. Ein traditionelles Tor öffnet sich zum Nu'uanu.

Dr. Sun Yat-sen (1866–1925), der erste Präsident der Republik China, wird mit dieser Statue am Fluss Nu'uanu geehrt. Am anderen Ufer steht eine Statue des philippinischen Volkshelden Jose Rizal (1861–1896).

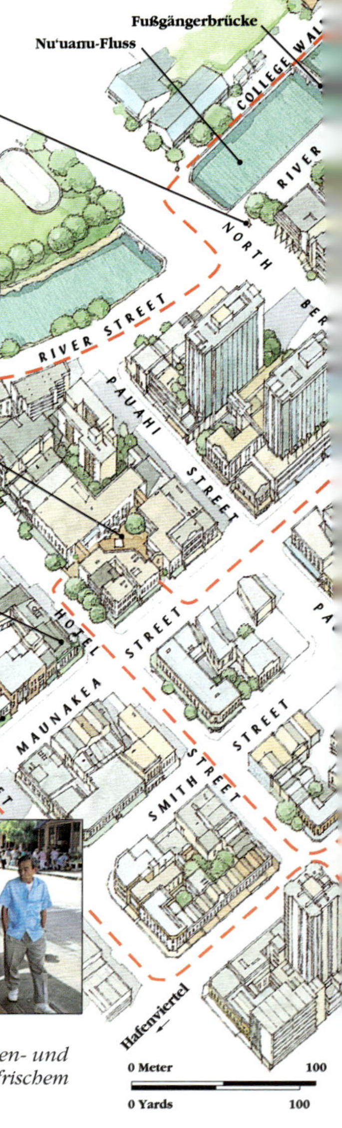

Das Wo Fat Building mit seinem Pagodendach war einst ein berühmtes chinesisches Restaurant, in den 1880er Jahren von dem Bäcker Wo Fat eröffnet. Das heutige rosafarbene Gebäude entstand 1936.

Im O'ahu Market kann man um frischen Fisch, Tropenfrüchte und Gemüse sowie Delikatessen wie Schweinsköpfe feilschen.

★ Straßenmärkte
Hier kann man von Enten- und Lachsköpfen bis hin zu frischem Ingwer alles kaufen.

Nicht versäumen

- **★ Izumo Taisha Shrine**
- **★ Straßenmärkte**
- **★ Hawai'i Theatre**

ZUR ORIENTIERUNG
Siehe Stadtplan, Karte 1

Im Lum Sai Ho Tong Temple, einem kleinen taoistischen Tempel über einem Laden, beten Mitglieder des Lum-Clans.

Die Chinese Cultural Plaza lädt mit Läden und einer Bühne für chinesische Tänze und Theaterstücke ein.

★ Hawai'i Theatre
Das renovierte Art-déco-Theater am Rand von Chinatown zeigt außen reich verzierten Gipsschmuck und innen eine elegante Ausstattung.

Am Eingang zu Chinatown wachen zwei Marmorlöwen – ein Geschenk der Partnerstadt Honolulus, Kaohsiung in Taiwan, zum 200-jährigen Jubiläum der chinesischen Siedlung in Hawai'i.

LEGENDE

– – – Routenempfehlung

Chinatown ⓫

Stadtplan 1 A2. 🚌 *2, 13.* ℹ *HVCB, Waikīkī, (808) 924-0266.* *Chinesisches Neujahr (Anfang Jan–März).*
Foster Botanical Gardens 50 N Vineyard Blvd. **Stadtplan** 1 A1. ☎ *(808) 522-7065.* 🚌 *4.* ◯ *tägl. 9–16 Uhr.* ● *1. Jan, 25. Dez.*

IN DEM EXOTISCHEN Viertel kann man zwischen farbenprächtigen *lei*, Straßenmärkten mit Ständen voller aufgehängter Enten und Südseefische, Heilkundeläden mit getrockenen Schlangen und Ratten, schicken Kunstgalerien sowie Akupunktur- und Tattooläden spazieren gehen. An der Pauahi und North Hotel Street findet man einige Bars mit Oben-ohne-Unterhaltung – Reste des Rotlichtbezirks, der hier im Zweiten Weltkrieg entstanden war.

Die beiden Löwen an Bethel und North Hotel Street, dem Tor nach Chinatown, wachen an der Grenze zum benachbarten Geschäftsviertel und stehen für eine umfassende Renovierung des Viertels, in dem viele Bauten, wie zum Beispiel das Hawai'i Theatre, in altem Glanz erstrahlen.

Mit etwas Glück sieht man hier eine chinesische Hochzeit mit Perkussionsorchester und wirbelndem Drachentanz. Am Maunakea Market Place kann man Speisen aus ganz Asien probieren, die Nudellokale an der River Street sind bei Chinesen sehr beliebt.

Am Rand von Chinatown bieten die **Foster Botanical Gardens** mit vielen geschützten Bäume und ausgestellten urzeitlichen Pflanzen eine Ruheoase in der City.

Chinesischer Naturheilkundeladen, North King Street

WAIKĪKĪ

WAIKĪKĪ WAR EINE unscheinbare Gegend voller Tarofelder und Fischteiche, als hier Kamehameha I. 1795 seine Eroberung von Oʻahu *(siehe S. 29)* begann. Nach dem Sieg über die Inselhäuptlinge baute er sich nahe dem heutigen Royal Hawaiian Hotel ein Haus mit Blick aufs Meer. Das moderne Waikīkī hat einen weltberühmten Strand – einen Streifen dicht bevölkerten Sandes vor dem Diamond-Head-Krater.

Sightseeing-Bus Waikīkī Trolley

Waikīkīs »Goldene Meile« aus glitzernden Hochhäusern ist ein buntes Durcheinander westlicher, asiatischer und pazifischer Kultur mit täglich 65 000 Besuchern. In den Straßen drängen sich T-Shirt-Verkäufer, gebräunte Flitterwöchner, elegante Japanerinnen mit Christian-Dior-Handtaschen und barfuß laufende Surfer mitsamt ihren Brettern. In den Strandbars zupfen Hawaiʻianer an der *ʻukulele*, aus den Kneipen ertönt Musik, und Straßenkünstler geben ihr Bestes. Im türkisfarbenden Wasser tummeln sich Badende, die Outriggerkanus bahnen sich ihren Weg durch die Reihen der Surfer, und weit draußen schaukeln die Segelboote auf dem Meer.

SEHENSWÜRDIGKEITEN AUF EINEN BLICK

Historische Hotels
Royal Hawaiian Hotel ❶
Sheraton Moana Surfrider ❸

Einkaufszentren
International Market Place ❷
King's Village ❹

Strand
Kūhiō Beach ❺

0 Meter 250
0 Yards 250

LEGENDE

P Parken

ANFAHRT

Vom Flughafen aus fahren *TheBus* 19 und 20 in Richtung »Waikīkī Beach & Hotels« (nur Handgepäck) sowie die vielen Shuttlebusse und natürlich Taxis. Von Downtown Honolulu fahren *TheBus* 2, 13, 19, 20 und 47 sowie Waikīkī Trolleys nach »Waikīkī Beach & Hotels« sowie zum Aloha Tower. Auch die Busse 4, 8, 22 und 58 fahren nach Waikīkī. Weitere Details finden Sie auf den hinteren Umschlaginnenseiten.

◁ **Urlauber entspannen auf der Terrasse des »Pink Palace«, des Royal Hawaiian Hotel, am Strand von Waikīkī**

Die Strandseite des Royal Hawaiian Hotel, das bei Gästen aus aller Welt als »Pink Palace« bekannt ist

Royal Hawaiian Hotel ❶

2259 Kalākaua Ave. **Stadtplan** 4 D5.
(808) 923-7311. *viele Busse.*
www.royal-hawaiian.com

DAS ROYAL HAWAIIAN Hotel ist eine Ruheoase inmitten der Hochhauslandschaft von Waikīkī. Es nimmt vier Hektar eines früheren Kokospalmenhains ein, in dem Kamehameha V. in den 1870er Jahren ein Sommerhaus unterhielt. Einige Palmen im Hotelgarten stammen noch aus dieser Zeit. Pfade schlängeln sich über smaragdgrünen Rasen unter riesigen Banyanbäumen zum Hotel, einem Juwel im spanisch-maurischen Stil, das liebevoll »Pink Palace« genannt wird: Fast alles hier ist korallenrosa – von den Dachkuppeln über die Telefone bis zu den Teppichen. Bei der Eröffnung 1927 wurde das Hotel vom *Honolulu Star-Bulletin* als »schönste Ferienherberge Amerikas« gelobt. Bald war es für ausgelassene Partys

Waikīkī Beach

DER WELTBERÜHMTE SANDSTRAND umfasst eigentlich verschiedene kleine Strände, die sich auf vier Kilometer vom Hilton Hawaiian Village *(siehe S. 154)* zum Diamond Head erstrecken. Der Strand ist überall frei zugänglich.

Das luxuriöse Royal Hawaiian Hotel *in Korallenrosa steht am Westende des Strandes* (siehe S. 153).

Tausende von Besuchern *strömen täglich nach Waikīkī, um sich zu sonnen, zu baden oder in der sanften Brandung zu surfen.*

bekannt und bei den Reichen und Berühmten jener Zeit beliebt: Einige Gäste brachten eigenes Personal und den Rolls-Royce mit.

Die Wirtschaftskrise der 1930er Jahre beendete den Höhenflug, im Zweiten Weltkrieg war das Hotel als Erholungsort für Matrosen an die US Navy verpachtet. Nach einer Renovierung wurde es 1947 neu eröffnet.

Ein Hauch von Hollywood ist bis heute spürbar: Draußen sonnen sich die Strandschönheiten, alternde Hippies mit Papageien auf der Schulter verkaufen Souvenirs, Beach Boys geben Surfstunden, und Sandkünstler sammeln Spenden für ihre Skulpturen.

Hinter dem Hotel lockt das moderne, drei Blöcke umfassende **Royal Hawaiian Shopping Center** mit Dutzenden eleganter Boutiquen, Läden und Lokalen.

Anfänge des Tourismus in Waikīkī

Einst war Waikīkī nur ein Sumpfgebiet voller Taro- und Reisfelder *(siehe S. 109)*. Erst im 20. Jahrhundert wurde die Region durch Landaufschüttungen und den Bau des Ala Wai Canal zur Entwässerung urbar gemacht: Die Flüsse aus den Bergen über Waikīkī leitete der Kanal ins Meer. Um 1901 setzte mit dem Bau des Moana Hotel, des heutigen Sheraton Moana Surfrider, der Tourismus ein. Das erste Luxushotel von Waikīkī besaß einen 90 Meter langen Holzsteg. Mit der Eröffnung des Royal Hawaiian Hotel, der Luxusherberge für die Schönen und Reichen, erreichte der Tourismus in den 1920er Jahren seinen ersten Höhepunkt.

Blick auf die »First Lady of Waikīkī«, das Moana Hotel, April 1920

***Kūhiō Beach** und die Wellen sind die passende Kulisse für die Statue von Duke Kahanamoku, dem Vater des Surfsports, der den königlichen Zeitvertreib* (siehe S. 53) *populär machte.*

Urlauber beim Kanufahren und Baden

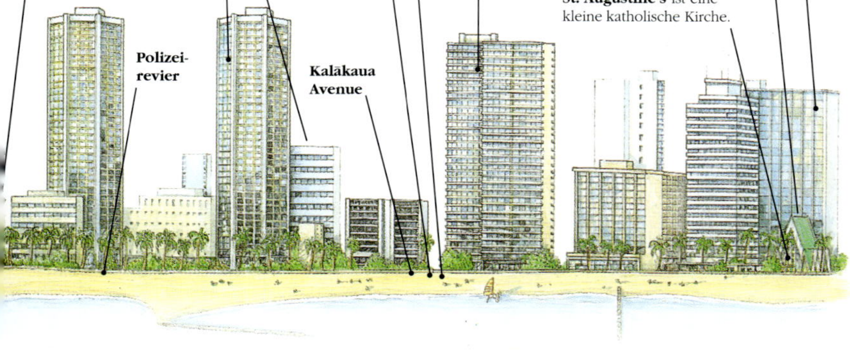

Die Fassade des Sheraton Moana Surfrider Hotel, der »First Lady of Waikīkī«, erstrahlt im ursprünglichen Glanz

International Market Place ❷

2330 Kalākaua Ave. **Stadtplan** 4 E5. *(808) 971-2080.* *viele Busse.* *tägl. 10–22 Uhr.*

DIESE EINKAUFSPLAZA unter freiem Himmel gegenüber dem Royal Hawaiian Shopping Center *(siehe S. 51)* nimmt einen ganzen Block zwischen Kalākaua und Kūhiō Avenue ein. Der Market Place ist ein Labyrinth aus Imbissständen (zur Kūhiō Avenue) und Souvenirkarren: Man kann zwischen Muschelfiguren, witzigen Feuerzeugen, reihenweise identischen Ketten und Uhren wählen und »Original«-Hawai'i-Kerzen oder -Seidenblumen kaufen – meist »made in Korea«.

Typisches buntes Hawai'i-Hemd vom International Market Place

Daneben kann man Bildhauern bei der Arbeit zusehen, bemalte Kokosnüsse erstehen, sich die Fingernägel mit Tropenmotiven bemalen lassen oder das Schicksal bei einem Wahrsager erfragen. Urlauber lassen sich auch gerne im Bastrock samt bunten Papageien vor einem Wasserfall oder einer Welle aus Fiberglas ablichten.

Der Market Place ist ein kitschiges Abziehbild polynesischer Urlaubsträume, dennoch findet man hier gute T-Shirts und Hawai'i-Kleidung. Natürlich lohnt das Feilschen, man sollte die Preise aller Händler vergleichen. Wer vom Trubel genug hat, kann im Schatten eines riesigen Banyanbaums ausruhen. Wer sich verläuft, folgt den gelben Streifen auf dem Boden zur Straße zurück.

Souvenir vom International Market Place

Sheraton Moana Surfrider Hotel ❸

2365 Kalākaua Ave. **Stadtplan** 4 E5. *(808) 922-3111.* *viele Busse.* *tägl.* www.moana-surfrider.com

DAS EHRWÜRDIGE Moana, das älteste Hotel Waikīkīs, entstand 1901 als Luxusherberge für die ersten Kreuzfahrtpassagiere. Berühmt wurde das Hotel durch die Galas mit Filmstars; 1920 weilte hier der Prince of Wales, dem Duke Kahanamoku das Surfen beibrachte.

Eine ab 1986 begonnene, preisgekrönte Restaurierung verlieh dem Hotel fast sein ursprüngliches Aussehen. Dabei konnte man auf Originalzeichnungen und Schablonen zurückgreifen, die man im Hotelkeller fand. Im Hotel kann man heute Erinnerungsstücke entdecken – ein Gästebuch von 1905, Fotos berühmter Gäste oder die mit Hotelmonogramm bestickten Wollbadeanzüge der 1930er Jahre.

Das Moana wird heute als Sheraton Moana Surfrider *(siehe S. 153)* von Sheraton gemanagt: Gleichwohl bildet diese ruhige Luxusoase direkt an der lauten Kalākaua Avenue eine ganz eigene Welt. Das Straßentreiben kann man auf der Veranda im Schaukelstuhl an sich vorbeiziehen lassen, Südseeschönheiten begrüßen die Hotelgäste mit *Lei*-Blumenschmuck und geleiten sie in die mit viktorianischen Möbeln und riesigen Stehvasen eingerichtete Lobby. Auf der Veranda direkt am Meer wird nachmittags die Teatime zelebriert.

King's Village ❹

131 Ka'iulani Ave. **Stadtplan** 4 E4.
☎ *(808) 944-6855.* 🚌 *viele Busse.*
○ *tägl. 9–22 Uhr.* ♿

King's Village ist ein kopfsteingepflastertes Einkaufszentrum, das die Ära von David Kalākaua lebendig werden lässt. Kalākaua war 1874–91 der letzte hawai'ianische König und wurde als »fröhlicher Monarch« populär, weil er von den Missionaren den als »unanständig und lasziv« lange verbotenen *hula* einführte. Er war außerdem der erste Monarch Hawai'is, der einmal um die Welt reiste und später, beeindruckt vom Britischen Empire, den 'Iolani Palace *(siehe S. 43)* und die Uniformen seiner Garde nach englischen Vorbildern gestalten ließ.

King's Village besteht aus etwas kitschig anmutenden Souvenir-, Schmuck- und Textilläden im Stil des 19. Jahrhunderts. Dazwischen kann man an Imbissen oder in Themenrestaurants essen und abends Straßenkünstlern zuschauen.

Täglich um 18.15 Uhr wird eine Wachablösung inszeniert – vor dem viktorianisch aufgemachten Burger King! Dreimal wöchentlich zeigt eine Show modernen und alten *hula* *(siehe S. 16f)*. Die Gegend rund um King's Village, das Princess Ka'iulani und das Hyatt Hotel war einst ein königliches Anwesen namens 'Āinahau – berühmt für üppige Gärten und Pfauen. Hier erzählte Robert Louis Stevenson Ka'iulani, einer schottisch-hawai'ianischen Prinzessin und Thronfolgerin, Märchen aus England. Später erschütterte die US-Annexion *(siehe S. 32)* den Schriftsteller so sehr, dass er Hawai'i Richtung Samoa verließ; Kai'iulani starb 1899 mit gerade mal 23 Jahren: Manche glauben, aus Kummer über ihr verlorenes Königreich.

Bademeister wachen über das Strandleben am Kūhiō Beach

Wachablösung in King's Village

Kūhiō Beach ❺

Stadtplan 4 F5. 🚌 *viele Busse.*

Der Kūhiō Beach erstreckt sich von der Duke Kahanamoku-Statue im Herzen Waikīkīs nach Osten. Unweit der Statue erinnern vier heilige Steine, die **Wizard Stones**, an Heiler aus Tahiti, die vor dem 16. Jahrhundert auf die Insel gekommen waren. Der Legende nach haben sie ihre Heilkräfte vor ihrer Rückkehr auf die Steine übertragen. Der Strand ist hier ruhiger als sonst in Waikīkī; oft sitzen Großmütter in *mu'umu'u* (langen Kleidern) beim *Lei*-Knüpfen oder Weben von Kokoswedeln, man spielt Backgammon, abends üben hier *Hula*-Schulen.

Duke Kahanamoku

Duke Kahanamoku (1890–1968) erschwamm sich seine Berühmtheit bei den Olympischen Spielen 1912, als er den Weltrekord im 100-Meter-Freistil brach. Legendär wurde er als Vater des modernen Surfsports, daher der respektvolle Spitzname »Duke« (dt. »Herzog«): Er führte den Surfsport *he'e nalu* (Wellenreiten) bei Vorführungen in den USA, in Europa und Australien ein und machte Hawai'i fast allein rund um den Globus berühmt. In Hawai'i diente er später als Sheriff von Honolulu und Botschafter des »Aloha Spirit«. Als er mit Queen Elizabeth *hula* tanzte, schrieben die Zeitungen: »Royalty tanzt mit Royalty.« Und als seine Asche 1968 im Meer vor Waikīkī verstreut wurde, waren 10 000 Menschen dabei. Seine stets mit *lei* geschmückte Statue am Kūhiō Beach sorgt jedoch für Streit: Sie steht mit dem Rücken zum Meer – das hätte Duke als begeisterter Surfer niemals getan.

Sportheld Duke Kahanamoku wird 1920 in New York von Bürgermeister Hylan ausgezeichnet

1889
BERNICE P. BISHOP
MUSEUM

Grossraum Honolulu

Die Landschaft rund um Honolulu und Waikīkī wird von den Gipfeln der Koʻolau Range überragt. Dort kreuzen Wildschweine die Wanderwege, Wasserfälle speisen die Bergseen. Inmitten der bewaldeten Berghänge kann man im Lyon Arboretum die hawaiʻianische Pflanzenwelt entdecken und ganz in der Nähe am Queen Emma Summer Palace der Stadthitze entfliehen – so wie die Königin Mitte des 19. Jahrhunderts.

Rhinozeros im Honolulu Zoo

Am Stadtrand halten die erloschenen Vulkane Diamond Head und Punchbowl Wacht. Der Kapiʻolani Park unterhalb der berühmten Silhouette des Diamond Head ist die Heimat von Honolulu Zoo und Waikīkī Aquarium. Auf dem National Memorial Cemetery of the Pacific im Punchbowl Krater liegen einige Tausend gefallene US-Soldaten begraben. An die Schrecken des Krieges erinnert im Westen auch Pearl Harbor, der Ort des Überfalls von 1941.

Viele Museen und Kunstsammlungen Honolulus liegen in den Außenbezirken der Stadt. Am bedeutendsten darunter ist das Bishop Museum mit der weltweit besten Sammlung hawaiʻianischer und polynesischer Exponate.

Sehenswürdigkeiten auf einen Blick

Museen und Sammlungen

Bishop Museum S. 56f (1)
Honolulu Academy of Arts (6)
The Contemporary Museum (7)

Historisches Gebäude

Queen Emma Summer Palace (4)

Parks und Gärten

Kapiʻolani Park (9)
Lyon Arboretum (8)

Friedhöfe und Denkmäler

National Memorial Cemetery of the Pacific (5)
Oʻahu Cemetery (2)
Pearl Harbor (10)
Royal Mausoleum (3)

Legende

- Interessante Gegenden
- Stadtgebiet
- Militärisches Sperrgebiet
- Flughafen
- Interstate Highway
- State Highway
- Nebenstraße

0 Kilometer 5
0 Meilen 3

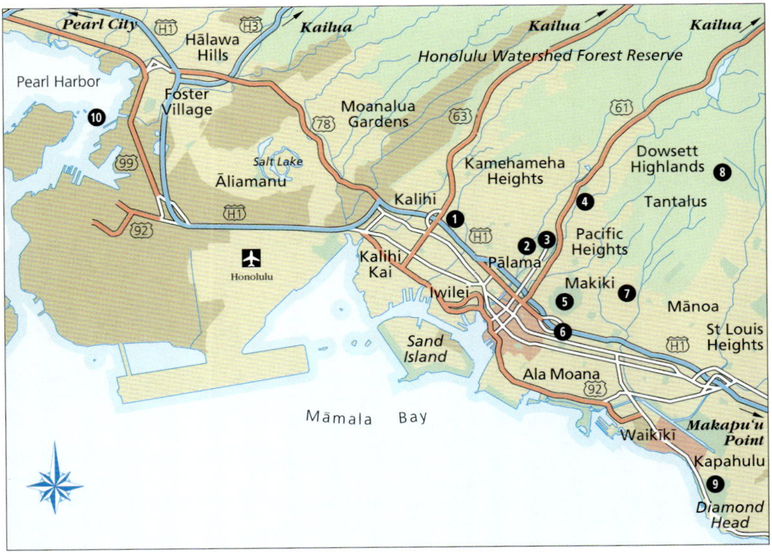

◁ Haupteingang des Bishop Museum, 1889 erbaut und vier Jahre später eröffnet

Bishop Museum ❶

Prinzessin Bernice Pauahi Bishop

Das Bishop Museum gilt als das weltweit führende Museum für polynesische Kultur. Es entstand als Abschiedsgeschenk eines amerikanischen Geschäftsmannes an seine geliebte Frau: Als Prinzessin Bernice Pauahi, die letzte königliche Nachfahrin von Kamehameha dem Großen *(siehe S. 29)*, 1884 starb, hinterließ sie ihrem Mann, Charles Bishop, das gesamte Erbe. Auch ihre kurz nach ihr verstorbene Cousine, Königin Emma, vermachte ihre hawai'ianischen Schätze Bishop. Er gab der einzigartigen Sammlung 1889 mit der Eröffnung des Bishop Museum eine neue Heimat. Das »State Museum of Natural and Cultural History« zeigt über eine Million Objekte und ebenso viele Exemplare der Fauna und Flora des pazifischen Raums.

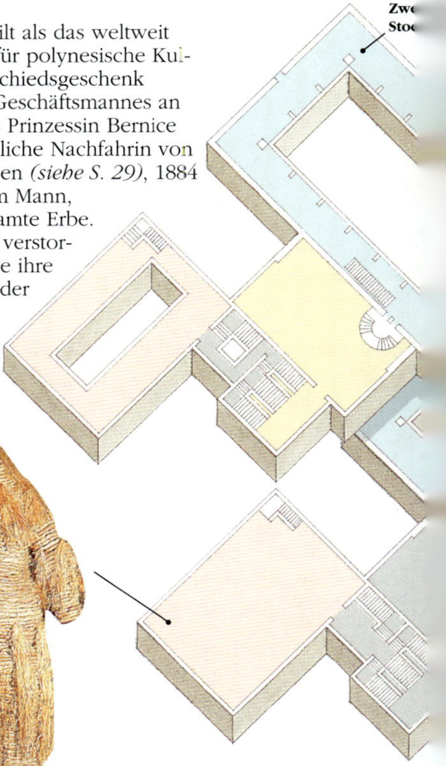

Nicht versäumen

- ★ ***Pili*-Gras-*hale***
- ★ **Tamate-Tracht**

Legende

- Hawai'ianische Abteilung
- Polynesische Abteilung
- Naturhistorische Ausstellung
- Hawai'ianisches Vestibül
- Kāhili-Raum
- Keine Ausstellungsfläche

★ Tamate-Tracht
Bei rituellen Tänzen zum Thema »Frau« trugen Männer solche Trachten aus Wurzelwerk. Nach dem Tanz wurde die Kleidung verbrannt. Seltenes Stück!

Der weinbewachsene Pavillon führt zu einer großen Muschelsammlung (nur von außen zugänglich).

Traditionelle Hawai'ianische Quilts

Quilts im hawai'ianischen Stil sind eine Mischung aus den eigenen *kapa* (Rindentüchern) und den westlichen Quilts der Missionare. Die Motive sollen von den Schatten der Brotfruchtblätter inspiriert sein. Oft ehren sie die hawai'ianische Monarchie oder zeigen die Naturschönheit der Inseln. Der Brauch, die hawai'ianische Flagge in die Quilts zu sticken, begann erst 1843, als ein britischer Admiral befahl, alle hawai'ianischen Flaggen zu verbrennen. Das Bishop Museum präsentiert eine Sammlung historischer und moderner Quilts.

Hawai'ianischer Quilt

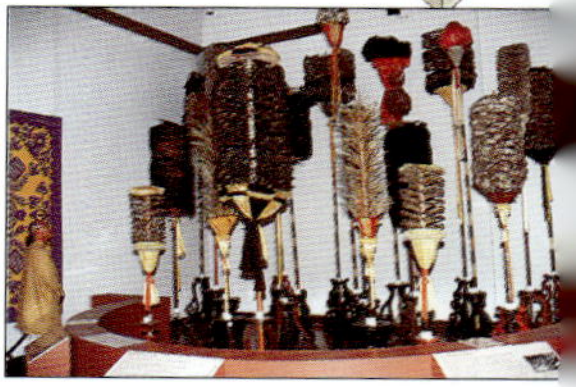

***Kāhili*-Raum**
Hier sind königliche Standarten (kāhili) *aus Federn von Meeres- und Waldvögeln ausgestellt. Sie wurden nur von hohen Häuptlingen getragen.*

★ *Pili-Gras-hale*
Die Holzbalken des mit Pili-*Gras bedeckten* hale *(traditionelles Haus) wurden 1902 von Kaua'i hierher gebracht. Zum Schutz vor Feuchtigkeit steht es erhöht und hat Fußbodenmatten.*

INFOBOX

1525 Bernice Street. *(808) 847-3511.* *2.* *tägl. 9-17 Uhr.* *25. Dez.* *tägl. Kunsthandwerks-, Musik- und Tanzvorführungen.*
Planetarium *tägl. 11.30, 13.30, 15.30 Uhr.*
www.bishopmuseum.org

Zylinder aus Farn
Dieser Zylinder aus Farn zeigt, wie die Hawai'ianer Anfang des 19. Jahrhunderts westliche Mode kopierten.

Kū, der Kriegsgott
Dieses große, heilige Standbild des Kriegsgottes Kū wurde im 19. Jahrhundert aus 'Ōhi'a-Holz geschnitzt und stammt wahrscheinlich aus einem heiau *(Tempel) auf Big Island.*

Moai
Dieser Moai steht auf dem Rasen vor dem Museum. Er ist eine lebensgroße Kopie eines rapanui *von der Osterinsel und ein Geschenk Japans.*

KURZFÜHRER
Die Hawai'ianische Abteilung widmet sich im Erdgeschoss traditioneller hawai'ianischer Kultur, u.a. mit einem nachgebauten heiau *und der Kamehameha-Familiensammlung. Im ersten und zweiten Stock werden die Geschichte des 19. Jahrhunderts und die ethnischen Gruppen Hawai'is dargestellt. Exponate aus dem Pazifikraum zeigt die Polynesische Abteilung, der* Kāhili-*Raum präsentiert Schätze aus Hawai'is Monarchie. Daneben gibt es ein Science Learning Center, Planetarium, Bibliothek und das Castle Building mit Wechselausstellungen.*

Rund um den imposanten Hawai'ianischen Saal gruppieren sich drei Galerien

Grabsteine auf dem 1844 gegründeten O'ahu Cemetery

O'ahu Cemetery ❷

2162 Nu'uanu Avenue. *(808) 538-1538.* *4.* *tägl. 6.30–18 Uhr.* *fünf- bis sechmal im Jahr.*

DER O'AHU CEMETERY (1844) ist einer der ältesten Friedhöfe Hawai'is. Hier wurden Fremde begraben, die nicht der Kawaiaha'o Church *(siehe S. 42)* angehörten, darunter auch Mitglieder prominenter Missionars- und Kaufmannsfamilien des 19. Jahrhunderts.

Der Friedhof wird noch heute genutzt. Zwischen vielen bedeutenden Asiaten, Europäern und Hawai'ianern sind hier auch der »Vater des Baseball«, A. J. Cartwright, die Sprecherin der Baha'i-Gläubigen, Martha Root, einige Gouverneure, Veteranen des Bürgerkriegs (1861–65) und Opfer der Bombardierung Pearl Harbors vom 7. Dezember 1941 *(siehe S. 32)* begraben.

Royal Mausoleum ❸

2261 Nu'uanu Avenue. *(808) 536-7602.* *4.* *Mo–Fr 8–16.30 Uhr.* *Feiertage, außer 26. März, 11. Juni.*

EINIGE HUNDERT Meter vom O'ahu Cemetery entfernt steht das gotisch beeinflusste Royal Mausoleum, umgeben von einem schmiedeeisernen Zaun mit goldenen Kronen auf jedem Pfosten. Dies ist die letzte Ruhestätte der Könige Hawai'is und ihrer Familien. Die Gräber liegen über den Rasen verstreut.

Nur zwei königliche Namen fehlen hier: Kamehameha der Große (1758–1819), der nach alter Tradition bestattet wurde – an einer bis heute unbekannt gebliebenen Stelle –, und Lunalilo (1835–1874), der in der Kawaiaha'o Church *(siehe S. 42)* im Zentrum Honolulus bestattet ist.

Daneben ist das Royal Mausoleum auch Ruhestätte für andere, z. B. John Young, den englischen Berater von Kamehameha dem Großen, und Charles Bishop, Gründer des Museums *(siehe S. 56f)*. Das Originalgebäude (1865) ist heute eine Kapelle.

Queen Emma Summer Palace ❹

2913 Pali Highway (Hwy 61). *(808) 595-3167.* *4, 55, 56, 57.* *tägl. 9–16 Uhr.* *Feiertage.*
www.daughtersofhawaii.org

VOR DER HITZE DER Stadt flohen Königin Emma und ihr Gatte, Kamehameha IV., in ihre Sommerresidenz im Nu'uanu-Tal, die in den 1840er Jahren erbaut wurde. Bescheidener als der Name vermuten lässt, kombiniert seine Architektur den griechischen Stil mit lokalen Einflüssen, wie dem langen *lānai* (Veranda). Das Haus gehörte zunächst Emmas Onkel, John Young II., der es ihr 1850 überließ. Inmitten der Gärten mit riesigen, teilweise über 100 Jahre alten Bäumen bildet es eine kühle Oase. Die Mangobäume, die am Hochzeitstag der Paares 1856 gepflanzt wurden, sind heute 30 Meter hoch und tragen noch immer Früchte. Die Tamarinde wurde für den einzigen Sohn, Prinz Albert, gepflanzt, der kurze Zeit später erst vierjährig verstarb.

Das Gebäude beherbergt viele persönliche Dinge des Paares. Dazu gehören antike Stücke, Schmuck, Haushaltswaren und wertvolle Stücke ihres hawai'ianischen Erbes. Zu den schönen Möbeln aus *koa*-Holz gehören das Bett des Paares sowie die Wiege des Sohns.

Der Souvenirladen wird von den Daughters of Hawai'i betrieben, einer Gruppe von Frauen, die von Missionarsfamilien abstammen, die das Erbe Hawai'is bewahren.

Die elegante Fassade des Queen Emma Summer Palace

Honolulu Memorial auf dem National Memorial Cemetery of the Pacific

National Memorial Cemetery of the Pacific ❺

2177 Pūowaina Drive. **Stadtplan** 1 C1. *(808) 532-3720.* *15, Fußweg.* *tägl. 8–17.30 Uhr.*

Über das Zentrum Honolulus ragt der Punchbowl, ein erloschener Vulkankrater, in dem ein 1941 geweihter US-Militärfriedhof liegt. 1991 war er mit 33 000 Gräbern voll belegt, fast die Hälfte von ihnen für Tote des Zweiten Weltkrieges, u. a. Opfer von Pearl Harbor *(siehe S. 32)*, aber auch aus dem Koreakrieg (1950–53) und dem Vietnamkrieg (1964–75).

Das Gelände beherrschen das **Honolulu Memorial** (1966 geweiht), eine Kapelle und Marmortafeln mit den Namen von über 28 000 vermissten US-Soldaten, sowie das **Columbia**, ein riesiges Standbild, zu dem eine breite Treppe führt. Südlich von hier liegt ein sehr guter Aussichtspunkt mit Blick über die ganze Stadt.

Honolulu Academy of Arts ❻

900 S Beretania St. **Stadtplan** 2 D2. *(808) 532-8700.* *2, 13.* *Di–Sa 10–16.30, So 13–17 Uhr.* *Mo, Feiertage.* *Ward Ave Gate.* *Shangri La Mi–Sa, Reservierung.* www.honoluluacademy.org

Diese Akademie, 1927 von Mrs. Charles Montague Cooke, der Nachfahrin eines Missionars, gegründet, bietet 30 Galerien mit Exponaten aus Asien, Europa, Amerika und dem pazifischen Raum, darunter ausgezeichnete chinesische Jade- und Bronzekunstwerke, koreanische Keramik und die James-Michener-Sammlung mit zahlreichen japanischen Drucken.

Aus Europa stammen die Kress Collection italienischer Gemälde aus der Renaissance sowie Arbeiten von Dürer, Rembrandt, van Gogh, Monet und Picasso. Amerika wird u. a. von Winslow Homer und Mary Cassatt vertreten, der Pazifik durch Arbeiten aus Mikronesien, Papua-Neuguinea und Hawai‘i.

Das Shangri-La ist eines der architektonisch wichtigsten Gebäude in Honolulu: Es enthält eine Sammlung islamischer Kunst. Führungen starten in der Akademie, man fährt per Shuttle zum Haus. Die Führung durch die öffentlichen Räume im Haupthaus dauert zweieinhalb Stunden.

The Contemporary Museum ❼

2411 Makiki Heights Drive. *(808) 526-0232.* *15.* *Di–Sa 10–16, So 12–16 Uhr.* *Mo, Feiertage.* www.tcmhi.org

Honolulus einziges Museum moderner Kunst befand sich zunächst im News Building, bevor der *Honolulu Advertiser* 1988 ein luxuriöses Anwesen als ständige Heimat stiftete. Das Haus, eine Mischung asiatischer und westlicher Architektur, wurde 1925 für Mrs. C.M. Cooke, Gründerin der Honolulu Academy of Arts, gebaut und bietet eine herrliche Aussicht auf die Stadt.

Neben zahlreichen Wechselausstellungen werden hier Skulpturen, Keramiken, Gemälde, Drucke, Fotos und Videos nationaler und internationaler Künstler seit 1940 gezeigt. Im **Cades Pavilon** ist *L'Enfant et les Sortilèges* (1983) ausgestellt, David Hockneys begehbare Installation, die auf seiner Bühnenausstattung von Ravels Oper, aufgeführt in der Metropolitan Opera in New York, basiert.

Das Anwesen rund um das Museum birgt neben Skulpturen, riesigen Bäumen, Rasenflächen, Orchideen und Bromelien einen Wanderweg, der zwischen Grotten zur Meditation einlädt.

Das Contemporary Café, versteckt in einer Ecke des Gartens, bietet sehr gutes Essen *(siehe S. 167)*.

Hockneys *L'Enfant et les Sortilèges* im Contemporary Museum

Lyon Arboretum ❽

3860 Mānoa Rd. (808) 988-0464. 5. Mo–Sa 9–16 Uhr. Feiertage. Spende. www.hawaii.edu/lyonarboretum

NUR EINE KURZE Fahrt von Waikīkī entfernt kann man sich hier vom Strandtrubel erholen. Pfade winden sich zwischen den Bäumen und begeistern Pflanzenfans.

1918 wurde dieses durch weidendes Vieh karg gewordene Land wieder aufgeforstet. Heute ist es Heimat für über 5000 endemische und eingeführte Pflanzenspezies und als Zentrum für die Erhaltung hawai'ianischer Pflanzen anerkannt. Auf 79 Hektar wachsen über 80 gefährdete und seltene Spezies, inklusive *ma'o hau hele* (gelber Hibiskus) und der *nānū*, mit wissenschaftlichem Namen *Gardenia brighamii*, zur Ehre W.T. Brighams, des ersten Direktors des Bishop Museum *(siehe S. 56f)*. Das Arboretum beherbergt etwa 600 verschiedene Palmenarten – einzigartig in der Welt.

Ein großer Teil der Anlage ist öffentlich zugänglich, der Rest dient Forschungszwecken. Ein Kreuzungsprogramm hat über 160 neue Kulturen beschert, u. a. Hibiskus-, Ingwer- und Rhododendronhybriden.

Am Hauptgebäude gibt es Beete mit aromatischen Gewürz- und Kräuterpflanzen. Etwas weiter sind im Beatrice H. Krauss Ethnobotanical Garden Pflanzen ausgestellt, die von den alten Hawai'ianern als Heilpflanzen, als Nahrungsmittel oder als Baumaterial verwendet wurden.

Blick vom Diamond Head: Kapi'olani Park

Kapi'olani Park ❾

Stadtplan 4 F5. 4, 8, 19, 20, 47. tägl. **Zoo** 151 Kapahulu Ave. (808) 971-7171. tägl. 9.30–16.30 Uhr. 25. Dez, 1. Jan. www.honoluluzoo.org
Aquarium 2777 Kalākaua Ave. (808) 923-9741. tägl. 9–17 Uhr. 25. Dez. www.waquarium.hawaii.org

IN DIESEM 80 Hektar großen Park gibt es Joggingwege, Tennisplätze sowie Grillstatio-

HONOLULUS MAKIKI-TANTALUS-WANDERWEGE

Der Round Top Drive und der Tantalus Drive, fünf Kilometer nördlich von Waikiki, winden sich um das üppige Makiki Valley tief in den Regenwald, in eine lebhafte Vogelwelt inmitten exotischer Flora. Am ruhigsten ist es hier morgens unter der Woche, doch am Wochenende führen vom Sierra Club oder vom Nature Conservancy *(siehe S. 191)* organisierte Wanderungen in anspruchsvolle Gebiete. Unverzichtbar für die Wanderung sind bequeme Kleidung, feste Schuhe, Taschenlampe, Wasser und Verpflegung. Bleiben Sie auf den Hauptwegen. Vor allem: Wandern Sie nie allein! Karten gibt es im Hawai'i Nature Center, Makiki Heights Drive.

Aussicht vom Pu'u 'Ōhi'a Trail

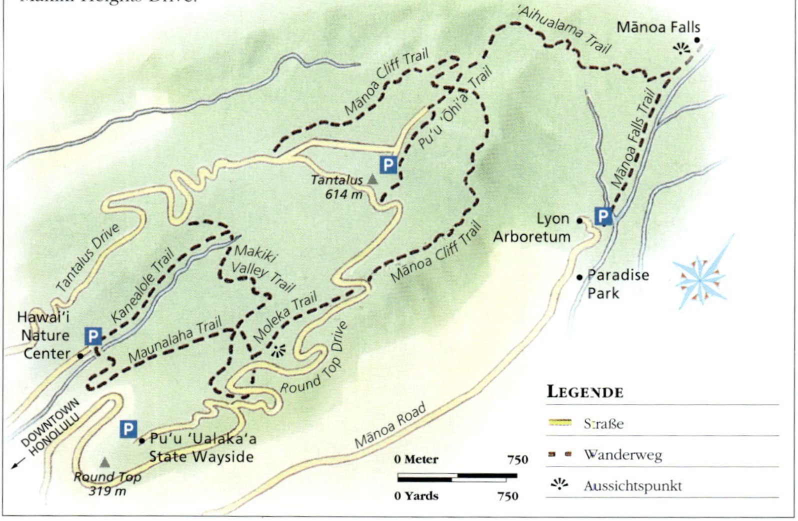

nen und Plätze für Softball, Bogenschießen und zum Drachensteigen.

Das Nordende des Parks gehört dem **Honolulu Zoo** mit einer Abteilung für die afrikanische Savanne. Sonntagmorgens zeigen einheimische Künstler ihre Werke an der Seite des Zoos, die zur Monsarrat Avenue liegt.

Am Südende des Parks zeigt das **Waikiki Aquarium** das Leben unter Wasser, aber auch vom Aussterben bedrohte Laysan-Mönchsrobben und ein aktives Gezeiten-Becken. Es werden Riff-Wanderungen, auch speziell für Kinder, organisiert.

Der Park bietet Zugang zum **Diamona Head**. Um den erloschenen Vulkan betrachten zu können, fährt man zum Diamond-Head-Leuchtturm, vor dem Brautpaare sich gerne das Jawort geben, oder man wandert vom Parkplatz im Krater zum Gipfel. Den Kratereingang markiert ein Schild an der Diamond Head Road. Der Weg ist steil, aber den einstündigen Aufstieg belohnt eine herrliche Aussicht. Der Weg führt durch einen Tunnel – wer klaustrophobisch veranlagt ist, sollte eine Taschenlampe mitnehmen.

Eine Galapagosschildkröte im Honolulu Zoo

Pearl Harbor ⑩

11 km nordwestlich von Downtown Honolulu. *20, 42.* **USS *Arizona*** 1 Arizona Memorial Drive. *(808) 422-0561.* *tägl. 7.30–17 Uhr.* *1. Jan, Thanksgiving, 25. Dez.* www.nps.gov/usar **USS *Bowfin*** 11 Arizona Memorial Drive. *(808) 423-1341.* *tägl. 8–17 Uhr.* *1. Jan, Thanksgiving, 25. Dez.* *nur Museum.* www.bowfin.org **USS *Missouri*** und **Battleship Missouri Memorial** 11 Arizona Memorial Drive. *(808) 973-2494.* *tägl. 9–17 Uhr.* *1. Jan, Thanksgiving, 25. Dez.* www.ussmissouri.com

EINER DER WELTWEIT besten natürlichen Häfen, Pearl Harbor, war ein wesenlicher Grund dafür, dass Honolulu

Das strahlend weiße, marmorne USS *Arizona* Memorial in Pearl Harbor

zur Haupstadt Hawai'is wurde. Zu Zeiten Kamehamehas des Großen züchtete man hier Austern wegen ihrer Perlen. Später bestimmte der Hafen den Walfang, den Handel mit China sowie die Zucker- und Ananasindustrie. Von den USA im Rahmen eines Handelsabkommens 1887 gepachtet, wurde der Hafen 1898 im spanisch-amerikanischen Krieg erstmals militärisch genutzt. Heute sind hier moderne Kriegsschiffe, Militärmuseen und Gedenkstätten zu sehen. Am berühmtesten ist das **USS Arizona Memorial** über dem gleichnamigen Schiff, das beim japanischen Angriff am 7. Dezember 1941 mit Hunderten Männern versenkt wurde. Für viele gleicht der Besuch dieses Ortes einer Wallfahrt, daher ist hier angemessene Kleidung erforderlich.

Bei viel Betrieb können die Tickets bis 13 Uhr ausverkauft sein. Oft muss man bis zu zwei Stunden auf das Boot zur Gedenkstätte vor der Küste warten. Am besten kauft man erst die Eintrittskarte und geht dann in das Museum, das Details über den Angriff sowie über die Geschichte der Schiffe – auch aus persönlicher Sicht der Betroffenen – berichtet. Nahe der Kartenausgabe befindet sich eine Tafel mit den Freiwilligen des Tages, in der Regel Überlebende des Überfalls auf Pearl Harbor, die Fragen beantworten und von ihren Erlebnissen erzählen.

An wichtigen Tagen finden Feiern und besondere Veranstaltungen statt, z.B. am Memorial Day (Ende Mai), am Independence Day (4. Juli) und am 7. Dezember, dem Jahrestag.

Eine weitere Attraktion ist der preisgekrönte ***USS Bowfin* Submarine Museum and Park**, in dem der Rolle der U-Boote in Kriegs- und Friedenszeiten seit 1776 Tribut gezollt wird. Besucher können die Funktionsweise der Poseidon-Rakete betrachten, deren Zerstörungskraft ein Achtfaches der Vorgängerin Polaris beträgt. Man kann sich auch ansehen, wie die Crew sich in engen Quartieren die Zeit vertrieb. Die *USS Bowfin* ist nebenan angetäut und kann besichtigt werden.
Ein Denkmal im Park erinnert an die 52 im Krieg verlorenen U-Boote der USA.

Neu in Pearl Harbor sind die ***USS Missouri*** und das **Battleship Missouri Memorial**. Am 2. September 1945 nahm General MacArthur an Bord diese Schiffes die japanische Kapitulation entgegen.

Die engen Mannschaftsquartiere auf dem U-Boot *USS Bowfin*

Stadtplan

Die Kartenangaben bei Sehenswürdigkeiten, Läden, Restaurants und Veranstaltungsorten in Honolulu und Waikīkī verweisen auf den folgenden Stadtplan. Die Übersichtskarte unten zeigt die von den vier Karten abgedeckten Gebiete sowie die rot gefärbten Viertel mit den

Hauptsehenswürdigkeiten. Auf den Karten sind Attraktionen sowie nützliche Informationen (eine Übersicht zeigt die Legende) eingetragen. Kartenverweise finden Sie auch im Abschnitt »Zu Gast in Hawai‘i« bei Hotels *(siehe S. 152ff)* und Restaurants *(siehe S. 166ff)* in Honolulu und Waikīkī.

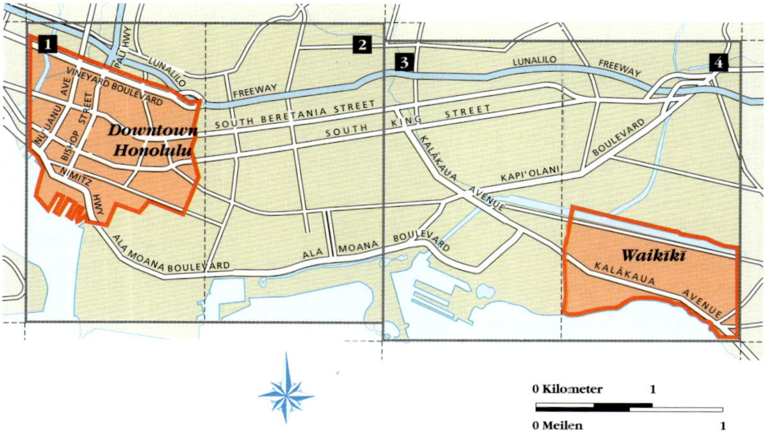

Legende

- Hauptsehenswürdigkeit
- Anderes Gebäude
- Busbahnhof
- Fährhafen
- Parken
- Information
- Krankenhaus mit Ambulanz
- Polizei
- Taxi
- Kirche
- Tempel
- Post
- Golfplatz
- Freeway
- Einbahnstraße
- Fußgängerzone

Massstab Karten 1–4

0 Meter 250

0 Yards 250

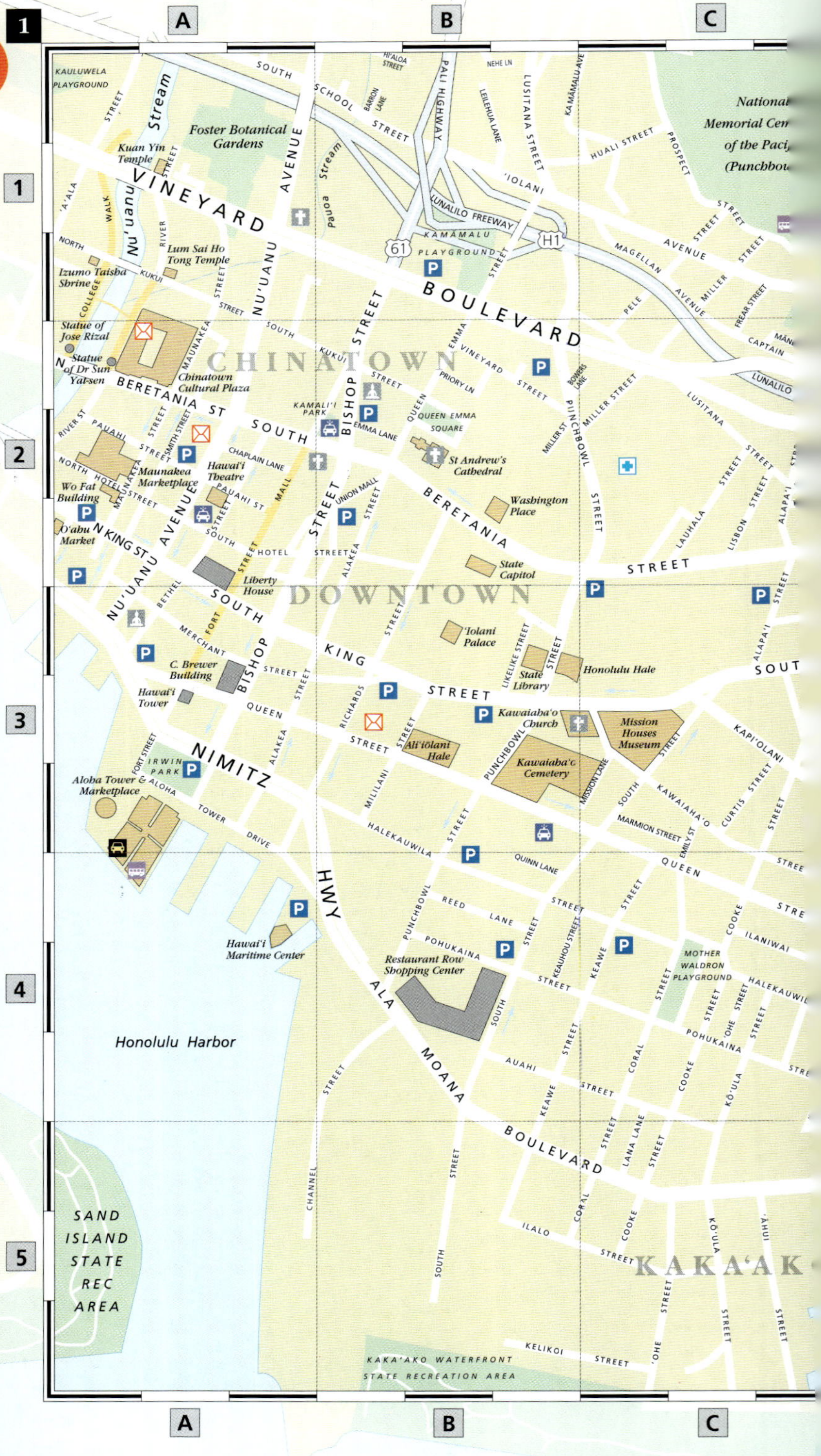
A
B
C
1
2
3
4
5
Kauluwela Playground
Foster Botanical Gardens
Kuan Yin Temple
Nu'uanu Stream
Pauoa Stream
Vineyard
Boulevard
South School Street
Pali Highway
Lunalilo Freeway
Kamamalu Playground
National Memorial Cem
of the Pacif
(Punchbou
Lum Sai Ho Tong Temple
Izumo Taisha Shrine
Statue of Jose Rizal
Statue of Dr Sun Yat-sen
Chinatown Cultural Plaza
Chinatown
Beretania St
Maunakea Marketplace
Hawai'i Theatre
Wo Fat Building
O'ahu Market
N King St
Nu'uanu Avenue
Bishop Street
Fort Street Mall
Queen Emma Square
St Andrew's Cathedral
Washington Place
State Capitol
Liberty House
Downtown
'Iolani Palace
State Library
Honolulu Hale
C. Brewer Building
Hawai'i Tower
Kawaiaha'o Church
Mission Houses Museum
Kawaiaha'o Cemetery
Ali'iōlani Hale
Irwin Park
Nimitz
Aloha Tower & Marketplace
Aloha Tower Drive
Hawai'i Maritime Center
Restaurant Row Shopping Center
Mother Waldron Playground
Honolulu Harbor
Ala Moana Boulevard
Sand Island State Rec Area
Kaka'ako Waterfront State Recreation Area
Kaka'ak

D
E
F
2
1
2
3
4
5
3
MAKIKI CEMETERY
PI'IKOI
STREET
Kanahā Stream
MOTT-SMITH DRIVE
HEULU ST
MOKU PL
WILDER AVENUE
MAKIKI DISTRICT PARK
KAIHE'E ST
KE'EAUMOKU
PI'IKOI PL
KARRATTI LANE
HALEUMI PL
DAVENPORT PLACE
DAVENPORT STREET
HASSINGER STREET
PI'IKOI MINI PARK
PENSACOLA
LIHOLIHO
KEWALO
PROSPECT STREET
MAUNA'IHI PLACE
MAGAZINE STREET
SPENCER STREET
AVENUE
AVON WY
THURSTON
ERNEST STREET
SPENCER
GREEN STREET
LUNALILO STREET
LUNALILO FREEWAY
H1
LUNALILO STREET
CARTWRIGHT FIELD
PAPAKŪ PLACE
MATLOCK AVENUE
KĪNA'U STREET
MAKIKI STREET
PLACE
OSORIO PL
VICTORIA STREET
BEVERLY CT
Honolulu Academy of Arts
WARD AVENUE
SOUTH BERETANIA STREET
MCCULLY
YOUNG STREET
WONG HO LN
PALM DR
'AKALA LN
AKOKO ST
THOMAS SQUARE
SOUTH KING STREET
LIONA STREET
'ALOHI WAY
ELM STREET
ROMAN CATHOLIC MISSION CEMETERY
Neal Blaisdell Concert Hall
LAULĀ WAY
SHERIDAN PARK
CEDAR
KANUNU ST
RYCROFT STREET
CARY CIRCLE
HO'OLA'I STREET
ALDER
BIRCH
KAMAILE STREET
SHERIDAN
Neal Blaisdell Center
CHAPIN ST
MAKALOA STREET
HAKUHAKU STREET
KAPI'OLANI BOULEVARD
KONA IKI ST
KONA STREET
HOPAKA STREET
KAWAIAHA'O STREET
CUMMINS STREET
WAIMANU STREET
QUEEN STREET
Ala Moana Shopping Center
KAMAKEE STREET
ALA MOANA
Ala Moana Farmers Market
AUAHI STREET
QUEEN ST
Ward Warehouse
Ward Centre
ALA MOANA BOULEVARD
ALA MOANA BEACH PARK
ALA MOANA PARK DRIVE
Kewalo Basin
KEWALO BASIN PARK
'ĀINAMOANA STATE RECREATION AREA

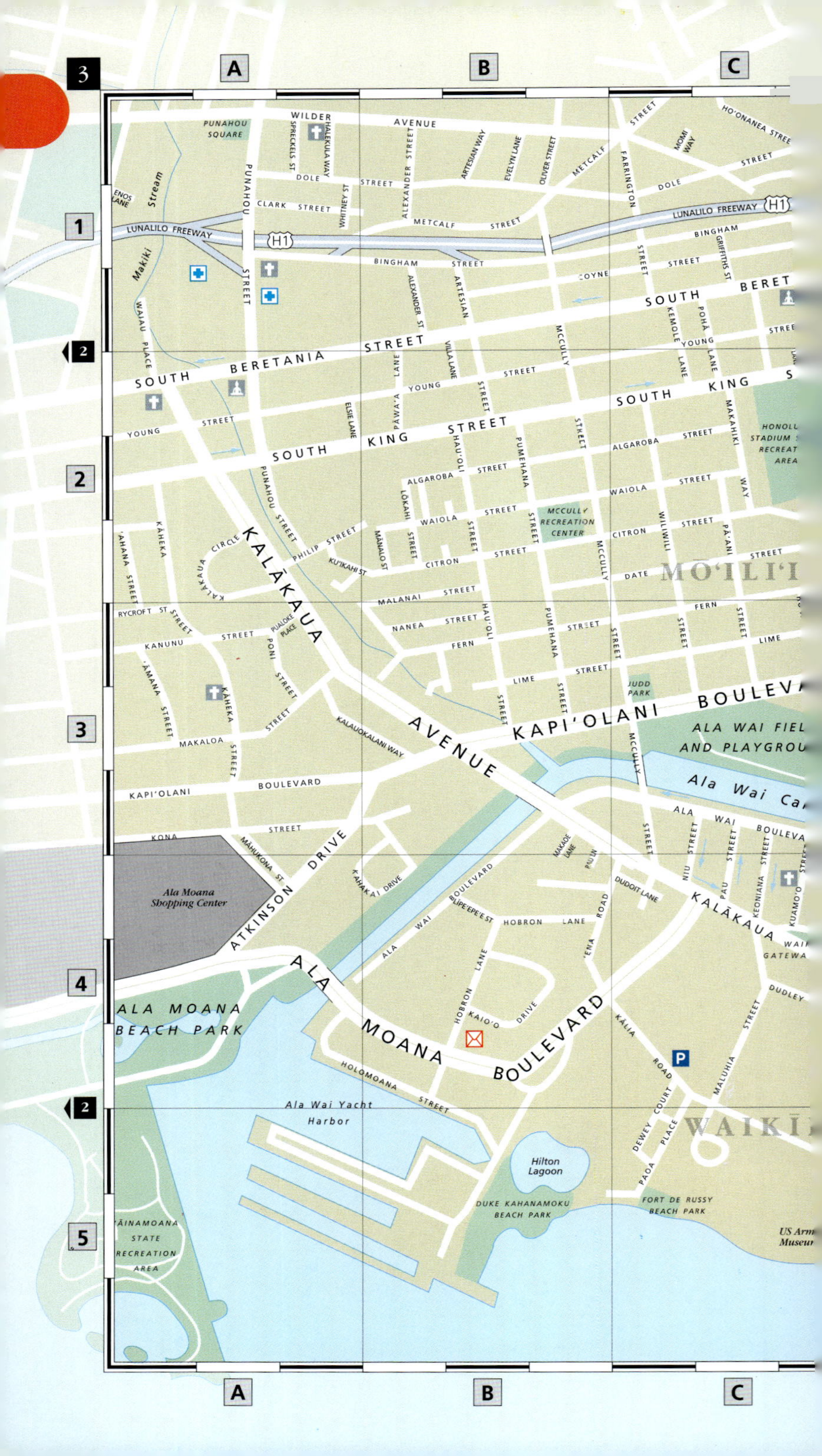
3
A
B
C
1
2
3
4
5
Punahou Square
Wilder Avenue
Sprekels St
Hālekula Way
Alexander Street
Artesian Way
Evelyn Lane
Oliver Street
Metcalf
Farrington
Street
Ho'onanea Street
Momi Way
Dole Street
Enos Lane
Stream
Punahou
Clark Street
Whitney St
Metcalf Street
Lunalilo Freeway
H1
Makiki
Bingham Street
Alexander St
Artesian
Coyne
Griffiths St
South Beretania Street
Waiau Place
Kemole Lane
Pohā Lane
Young Street
McCully
Villa Lane
Pāwa'a Lane
Elsie Lane
South King Street
Makahiki Way
Honolulu Stadium State Recreation Area
Pumehana
Algaroba Street
Waiola Street
Punahou Street
Hau'oli
Lōkahi
Mānalo St
McCully Recreation Center
Citron Street
Wiliwili
Pā'ani
Date
MŌ'ILI'I
Philip Street
Kū'ikahi St
Circle
Kalākaua
Kāheka
'Ahana Street
Malanai Street
Nanea Street
Fern
Lime
Rycroft St
Kanunu Street
Pualoke Place
Poni Street
'Āmana Street
Judd Park
Kapi'olani Boulevard
Kalauokalani Way
Avenue
Makaloa Street
Ala Wai Field and Playground
Ala Wai Canal
Ala Wai Boulevard
Kona Street
Māhukona St
Atkinson Drive
Kahakai Drive
Makaoe Lane
Pau
Niu Street
Keoniana Street
Kuamo'o Street
Dudoit Lane
Ala Moana Shopping Center
Lipe'epe'e St
Hobron Lane
'Ena Road
Kalākaua
Waikiki Gateway
Dudley
Ala Moana Beach Park
Ala Moana Boulevard
Kaio'o Drive
Kālia Road
Maluhia Street
Holomoana Street
Ala Wai Yacht Harbor
Dewey Court
Place
Paoa
WAIKĪKĪ
Hilton Lagoon
Duke Kahanamoku Beach Park
Fort De Russy Beach Park
US Army Museum
'Āinamoana State Recreation Area

D
E
F
1
2
3
4
5
University of Hawai'i
Rainbow Stadium
ALA WAI GOLF COURSE (MUNICIPAL)
CRANE PLAYGROUND
JAPANESE CEMETERY
Mānoa–Pālolo Drainage Canal
Ala Wai Canal
Mānoa Stream
Pālolo Stream
KAPI'OLANI BOULEVARD
SOUTH KING STREET
WAI'ALAE AVENUE
LUNALILO FREEWAY
DATE STREET
ALA WAI BOULEVARD
KALĀKAUA AVENUE
KŪHIŌ AVENUE
Royal Hawaiian Shopping Center
Royal Hawaiian Hotel
International Market Place
Moana Hotel
King's Village
KŪHIŌ BEACH PARK
Honolulu Zoo
KAPI'OLANI PARK

Die Inseln Hawai‘is

Die Inseln im Überblick

Die Hawai‘i-Inseln bieten eine einzigartige Natur und faszinierende Kulturstätten. Die abwechslungsreiche Landschaft der Inseln reicht von endlosen Küstenstränden über üppig grüne Hochlandwiesen bis hin zu Hochgebirgen. Man kann Vulkanausbrüche und Weltklasse-Surfer bestaunen, polynesische Kultur entdecken und im Meer oder in der Sonne entspannen.

Princeville (siehe S. 139), *ein Ferienort am grünen North Shore Kaua‘is, ist dank seiner sehr guten Golfplätze beliebt.*

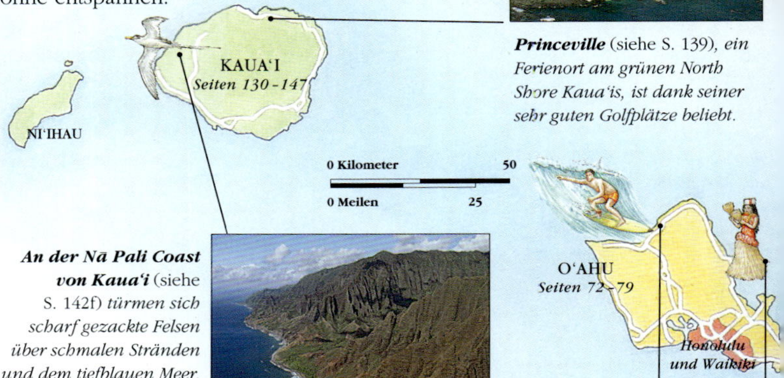

An der Nā Pali Coast von Kaua‘i (siehe S. 142f) *türmen sich scharf gezackte Felsen über schmalen Stränden und dem tiefblauen Meer. Wanderer können das Naturschauspiel auf dem herausfordernden Kalalau Trail erleben.*

Die Waimea Bay am North Shore von O‘ahu (siehe S. 21) *bietet einige der weltweit höchsten Wellen und zieht Top-Surfer aus aller Welt an. Sie zeigen dem applaudierenden Publikum am Strand ihre Künste.*

Das Polynesian Cultural Center (siehe S. 78) *in Lā‘ie an O‘ahus Nordküste macht mit Tänzen und Kunsthandwerksvorführungen Geschichte und Kultur aus Tonga, Hawai‘i, Samoa, Tahiti, Fidschi, den Marquesas und Neuseeland (Maori) erlebbar.*

◁ **Makapu‘u Beach im Südosten von O‘ahu vor den Berggipfeln der Ko‘olau Range**

Der Kalaupapa National Historical Park (siehe S. 86f) *erinnert an die über 8000 Leprakranken, die auf dieser entlegenen Halbinsel auf Moloka'i trotz der aufopfernden Hilfe von Pater Damien starben. Er liegt im Garten der St.-Philomena-Kirche begraben.*

Wailea Beach *ist eine Kette wunderschöner, geschützter Strände an der Ostküste von Maui* (siehe S. 103). *Hier genießt man die goldenen Sandstrände und klares, seichtes Wasser, das ideal zum Schwimmen, Schnorcheln und – weiter draußen – Tauchen ist.*

Der Hawai'i Volcanoes National Park (siehe S. 128f) *bietet mit der East Rift Zone spektakuläre Feuerkegel und Lavaströme. Fließt die glühend heiße Lava ins Meer, entstehen dichte Rauchwolken wie hier morgens bei Lae'apuki.*

In Mauis geschützten Küstengebieten tummeln sich im Winter Buckelwale.

Mauna Kea ist als Hawai'is höchster Berg fast immer schneebedeckt.

Der Pu'uhonua o Hōnaunau National Historical Park (siehe S. 116f) *ist ein alter Zufluchtsort und bietet einzigartige Einblicke in hawai'ianische Kultur, Gesetze und Sitten.*

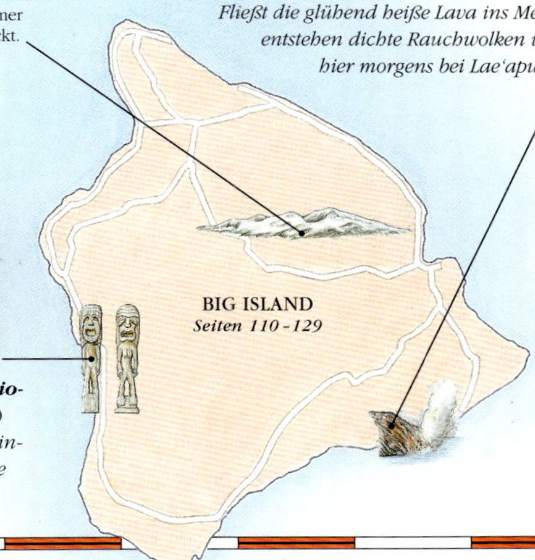

O‘AHU

DIE MIT 1500 QUADRATKILOMETERN *drittgrößte Insel Hawai‘is entstand aus zwei Vulkanen, die im Westen die Wai‘anae Mountains und im Nordosten die Ko‘olau Range formten. Drei Viertel aller Hawai‘ianer leben auf O‘ahu, vor allem im Großraum Honolulu und in den tiefen, engen Talschluchten der Berge. O‘ahu zieht die meisten Besucher aller Hawai‘i-Inseln an.*

O‘ahu wurde 1795 von Kamehameha dem Großen erobert, dessen Armee die rivalisierenden Häuptlinge Kai‘ana und Kalanikūpule in das Nu‘uanu Valley zurückdrängte, so dass die Männer von den Felsklippen in den Tod stürzten. Kai‘ana wurde im Kampf getötet, Kalanikūpule entkam, wurde später gefangen und als Menschenopfer dargebracht. Die Schlacht war ein wichtiger Sieg im Feldzug zur Vereinigung der Inseln *(siehe S. 29f)*.

Ab dem frühen 19. Jahrhundert pflanzten Bauern Ananas im Hochland an, um 1850 waren Zuckerrohrplantagen das große Geschäft. Arbeiter aus China, Japan und Portugal strömten auf die Insel – Ursprung der heutigen ethnischen Vielfalt Hawai‘is. Doch seit dem Niedergang der Ananas- und Zuckerrohrindustrie ist die Insel eher von Einkaufszentren und dicht bebauten Wohnkomplexen geprägt. Viele Hawai‘ianer geben dem Fremdenverkehr an dieser Entwicklung Schuld und sehen ihn als Bedrohung ihrer Kultur an, zumal viele von ihnen in Armut leben.

Gleichwohl ist O‘ahu eine wunderschöne Insel: Von Wahiawā windet sich die Straße durch Ananasfelder zum Hippie- und Surfer-Ort Hale‘iwa am North Shore. Von hier schmiegt sich der Highway bis zum Makapu‘u Point im Südostzipfel der Insel an grünen Bergen, einsamen Stränden kleinen Orten und Inseln im türkisfarbenen Meer vorbei. Man passiert Obststände, Wasserfälle und einige buddhistische Tempel. Waipahu wirkt wie ein lebendiges Museum der Plantagenzeit. Die trockene Wai‘anae Coast bietet herrliche Sonnenuntergänge und ein Stück des ursprünglichen hawai‘ianischen Lebens.

Traditionelle Tänze im Polynesian Cultural Center in Lā‘ie, einer populären Besucherattraktion

◁ **Weltklasse-Surfer auf den »Jaws« genannten Riesenwellen in Waimea Bay am North Shore O‘ahus**

Überblick: O‘ahu

Die meistbesuchte hawai‘ianische Insel bietet abseits der Zentren Honolulu, Waikīkī und der ‘Ewa-Ebene im Inselinneren eine ländliche Idylle mit Zuckerrohrfeldern und Regenwäldern, in denen sogar Wildschweine streunen. Die imposante Landschaft kann man auf Panoramastraßen oder Wanderwegen erkunden, nur wenige Kilometer von den Hochhäusern Honolulus entfernt. Die Wai‘anae Mountains und die Ko‘olau Range bilden das Rückgrat der Insel, die Küste wird von Tropenstränden gesäumt, Hanauma Bay ist ein Paradies für Schnorchler. Am North Shore kann man die Riesenwellen bestaunen, während es an der Wai‘anae Coast eher ruhig ist. Kulturattraktionen reichen vom Polynesian Cultural Center bis zum stillen Byodo-In Temple.

Byodo-In Temple, ein buddhistischer Schr

Sehenswürdigkeiten auf einen Blick

- Byodo-In Temple 3
- Dole Plantation 8
- Hale‘iwa 7
- Hanauma Bay 1
- Hau‘ula Trails 4
- Hawai‘i's Plantation Village 9
- *Honolulu und Waikīkī S. 34ff*
- Ka‘ena Point 11
- Makapu‘u Point 2
- Polynesian Cultural Center 5
- Wai‘anae Coast 10
- Waimea Valley (Audubon Center) 6

Siehe auch

• ***Übernachten*** S. 155

• ***Restaurants*** S. 169

Die geschützte Hanauma Bay ist ideal zum Schnorcheln

Legende

- Interstate Highway
- State Highway
- Highway
- Straße nur für Vierradantrieb
- Panoramastraße
- Fluss
- Aussichtspunkt

Die besten Erholungsgebiete

Die folgenden Orte wurden wegen ihrer vielfältigen Freizeitaktivitäten ausgewählt. Achtung: Die Bedingungen am Meer ändern sich ständig je nach Wetter und Jahreszeit. Seien Sie vorsichtig, gehen Sie evtl. nicht ins Wasser oder fragen Sie vor Ort nach.

	Schwimmen	Schnorcheln	Tauchen	Bodysurfen	Windsurfen	Wandern	Reiten	Golf
Ala Moana Beach County Park	●			■				
Ali'i Beach Park	●			■				
Diamond Head				■	●	■		
Hanauma Bay		■	●					
Hau'ula Trails						■		
Ka'ena Point						■		
Kahuku und Kuilima	●						●	■
Kailua Beach County Park	●				●			
Koko Head Crater						■		
Makapu'u Point				■				
Mānoa Falls						■		
Maunawili						■		■
Mokulē'ia	●			■		■		
North Shore	●	■	●	■	●	■	●	
Tantalus						■		
Wai'anae Coast	●	■	●	■	●	■		■
Waikīkī	●	■		■				
Waimānalo	●		●	■			●	

Auf O'ahu unterwegs

Flugzeuge landen auf dem Honolulu International Airport. Es gibt ein sehr gutes Straßennetz, am besten mietet man einen Wagen. Von Honolulu gehen drei Interstate Highways sternfömig aus: Der H1 führt zur Wai'anae Coast, der H2 nördlich nach Hale'iwa und der H3 zur Nordostküste. *TheBus* unterhält zwei Linien (52, 55) zwischen Honolulu und Zentral-O'ahu, der windzugewandten Küste und dem North Shore *(siehe hintere Umschlaginnenseiten)*.

0 Kilometer 5

0 Meilen 5

Im Sea Life Park vollführen dressierte Delfine ihre Kunststücke

Schuhe aus, bevor Sie den Schrein mit seinem drei Meter großen, goldenen Buddha betreten.

Kommt man kurz vor Sonnenuntergang hierher, kann man zwar den Buddha nicht sehen (der Tempel schließt um 16 Uhr), dafür aber die intensive, nur vom Vogelgesang unterbrochene Ruhe genießen. Vielleicht haben Sie die hinter den Klippen untergehende Sonne mit ihren rosa- und malvenfarbenden Farben allein für sich.

Hanauma Bay ❶

Honolulu Co. Kalaniana'ole Highway (Hwy. 72), 16 km östlich von Waikīkī. *(808) 396-4229.* *Mi–Mo 6–18 Uhr.*

In dieser geschützten Bucht zu schnorcheln ist wie ein Ausflug in ein riesiges Aquarium mit über 400 Fischarten, von denen einige nur dort existieren. Für Anfänger ist ein Riff mit Sandboden perfekt. Um sich von den anderen Schnorchlern zu entfernen, schwimmt man mit Flossen über das Riff. Fische zu füttern ist nicht mehr gestattet! Am ruhigsten ist es frühmorgens. An der Ostseite stößt man auf ein Naturphänomen, die **Toilet Bowl**, eine Öffnung im Riff, die sich von unten füllt und leert.

Makapu'u Point ❷

Honolulu Co. Kalaniana'ole Highway (Hwy. 72), 23 km östlich von Waikīkī. *Sea Life Park.*

Es lohnt sich, vom Aussichtspunkt unterhalb des Makapu'u-Leuchtturms den Himmel und das Meer mit seinen felsigen Inselchen zu betrachten und herabzuschauen auf den **Makapu'u Beach**, eine Bucht mit den besten Wellen zum Bodysurfen. Auch wenn der Sport leicht aussieht, erfordert es genaues Timing, will man nicht auf den Felsen getrieben werden.

Wanderwege führen hoch in die schwarzen Berge, doch eindrucksvolle Fotoaufnahmen kann man auch schon in 30 Meter Höhe machen. Wanderer können weiter zum Startplatz der Drachenflieger in 380 Meter Höhe aufsteigen und die Flieger beobachten.

Attraktionen des **Sea Life Park**, dem Makapu'u Beach zugewandt, sind ein riesiges nachgebautes Riff und die Kunststücke von Pinguinen, Seelöwen und Delfinen. Den Park erreicht man mit Busshuttles ab Waikīkī.

Sea Life Park
41-202 Kalaniana'ole Hwy (Hwy. 72).
(808) 259-7933.
tägl. 9.30–17 Uhr.
www.sealifeparkhawaii.com

Byodo-In Temple ❸

Honolulu Co. 47-200 Kahekili Highway (Hwy 83), Kāne'ohe. *(808) 239-8811.* *am Kahekili Hwy (Hwy 83), dann zehn Minuten zu Fuß.* *tägl. 8.30–16.30 Uhr.* *25. Dez.*

Dieser Nachbau eines 900 Jahren alten japanischen Tempels ist von der Straße nicht zu sehen; es gibt aber ein Hinweisschild. Sobald man in das Valley of Temples einbiegt – einen konfessionslosen Friedhofs –, schlängelt sich die Straße hin zu diesem verborgenen Schatz mit seinen roten Mauern. Nach Überqueren der zinnoberroten Fußbrücke kann man eine Glocke läuten, um sich ein langes Leben zu sichern und den Segen des Buddhas zu erhalten. Ziehen Sie Ihre

Hau'ula Trails ❹

Honolulu Co. Kamehameha Hwy (Hwy 83), 30 km nordwestlich von Kāne'ohe, etwa 3 km hinter Punalu'u. *(808) 973-9782.* *Sa, So, Feiertage.* www.hawaiitrails.org

Die drei Pfade der Hau'ula-Trails-Region – Hau'ula Loop Trail, Ma'akua Ridge Trail und Ma'akua Gulch Trail – verbinden alle Vorteile, die Wanderer an Hawai'i so schätzen: Die Wege sind breit, mit festem Untergrund und bieten beeindruckende Berg-, Tal- und Meerblicke. Jeder einzelne der Trails dauert mit Hin- und Rückweg etwa zwei Stunden. Alle drei Wanderwege beginnen hinter dem Ende der Ma'akua Road, die wiederum von der Hau'ula Homestead Road gleich außerhalb des Städtchens Hau'ula abzweigt.

Der wunderschön geschnitzte Buddha im Herzen des Byodo-In Temple

Strände im Südosten von O'ahu

Auf dem Weg von Makapu'u Point an der Südspitze O'ahus bis zur Pendler-Vorstadt Kane'ohe an der Südostküste gibt es bezaubernde öffentliche Strände. Waimānalo Beach bietet Schwimmern eine ruhige See, Lanikai Beach ist exklusiv und idyllisch und die von Bäumen gesäumte Gemeinde Kailua hat ausgedehnte Strände. Aus Vorsicht sollte man keine Wertgegenstände im Wagen zurücklassen.

***Die Kāne'ohe Bay**, geschützt durch ein Riff, ist reich an Flora und Fauna. Die Coral Queen, ein Glasbodenboot, bietet Fahrten durch die Bucht an. Kāne'ohe selbst ist eine Schlafstadt für Soldaten.*

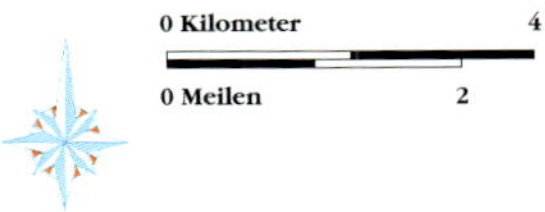

***Lanikai Beach** ist einer der schönsten Strände O'ahus. Der weiße Sand erstreckt sich über 1,5 Kilometer und wird von prächtigen Villen gesäumt.*

Im zwölf Hektar großen Park am Kailua Beach kann man ein Auto, ein Kajak oder ein Surfbrett mieten, schnorcheln oder sich einfach an der Landschaft erfreuen. Das riffgeschützte Wasser ist bei den Einheimischen beliebt.

***Waimānalo Beach**, O'ahus längster Strand (5 km), bietet ruhiges Wasser und sanft abfallende Sandflächen.*

Legende

- Interstate Highway
- State Highway
- Highway
- Golfplatz
- Aussichtspunkt

Polynesian Cultural Center ❺

Honolulu Co. 55-370 Kamehameha Highway (Hwy. 83), Lā'ie. *(808) 293-3333.* *Mo–Sa 12–21 Uhr.* *Thanksgiving, 25. Dez.* www.polynesia.com

DAS DORF Lā'ie wurde 1864 von Mormonen nach einem fehlgeschlagenen Versuch, sich auf der Insel Lāna'i niederzulassen, gegründet. Heute gibt es hier einen Mormonentempel, einen Zweig der Brigham Young University und einen 17 Hektar großen, als Polynesian Culutural Center bekannten, didaktisch gut aufgebauten Themenpark.

Dort zeigen Studenten aus dem Pazifikbereich in sieben polynesischen »Dörfern« – Tonga, Hawai'i, Samoa, Tahiti, Fidschi, Maori und Marquesas-Inseln – Kunsthandwerk und Tänze. Unterricht, ob im tongaischen Trommeln oder samoanischen Feuermachen, findet fast ununterbrochen in Mini-Shows statt, bei denen Zuschauerbeteiligung erwünscht ist. Die größten Musikshows haben über 100 Mitwirkende. Die Nachmittagsshow, **Rainbow of Paradise**, präsentiert Legenden von allen Inseln.

Interessiert man sich für die Kultur des Pazifiks, lohnt sich der saftige Eintrittspreis. Kritiker bezweifeln jedoch die Authentizität von Ausstellungen und Shows. Dennoch ist es mit 900 000 Besuchern im Jahr Hawai'is beliebteste Attraktion. Shuttlebusse fahren von Waikīkī hierher.

Matsumotos Shave Ice

Waimea Valley Audubon Center ❻

Honolulu Co. 59-864 Kamehameha Highway (Hwy. 83), Waimea. *(808) 638-9199.* *tägl. 9.30–17 Uhr.* *25. Dez, 1. Jan.*

DAS WAIMEA VALLEY ist ein botanisches Paradies. Wege schlängeln sich durch 36 verschiedene Gärten mit Tausenden teils sehr seltenen tropischen Pflanzen. 30 Vogelarten, einschließlich Pfauen und *Nēnē*-Gänsen, bewegen sich frei durch die Ausgrabungsstätten und an Fischschreinen der ursprünglichen Siedlung im Tal.

Die National Audubon Society, eine gemeinnützige Naturstiftung, hat den Park in ein pädagogisches Naturzentrum verwandelt. Die kommerziellen Shows, für die Waimea einst bekannt war, gibt es nicht mehr. Heute versteht sich das Naturzentrum als Bildungsstätte inmitten unberührter Wildnis. Wer einmal hier ist, sollte das Tal erkunden und dabei den Feldstecher nicht vergessen: Hier hat man eine der besten Chancen, seltene Vögel zu entdecken. Danach kann man im **Waimea Beach Park** schwimmen oder schnorcheln (auf der anderen Straßenseite des Zentrums).

UMGEBUNG: Vom **Pu'u O Mahuka Heiau State Monument**, 90 Meter über der Waimea Bay, hat man eine schöne Aussicht. Hier liegen die Ruinen des größten *heiau* (Tempel) auf O'ahu, in dem früher Menschenopfer dargebracht wurden.

Tänzer auf einem Kanu im Polynesian Cultural Center

Pu'u O Mahuka Heiau State Monument
An der Pūpūkea Road, 800 m östlich des Kamehameha Hwy (Hwy. 83), etwas nördlich von Waimea.

Hale'iwa Beach Park am North Shore ist ideal zum Schwimmen

Hale'iwa ❼

Honolulu Co. *2 500.* *HVCB, Waikīkī, (808) 924-0266.* *O-Bon Buddhist Festival (Juli oder Aug).*

DIE FRÜHERE Plantagenstadt ist ein Hippie-Treff und das Surferzentrum am rauen North Shore. Hale'iwa hat nur eine Hauptstraße mit Kunstgalerien, Boutiquen, Kaufmannsläden, Restaurants und Cafés. **Matsumoto's** ist der beste Ort, um das berühmte Shave Ice (Eis mit exotischem Sirup und z. B. süßen weißen Bohnen) zu kosten.

Der malerische Bootshafen wird von schönen öffentlichen Stränden flankiert. Der **Ali'i Beach Park** ist berühmt für hohe Wellen und Surfwettbewerbe *(siehe S. 21)*, doch der angrenzende, durch einen Wellenbrecher geschützte **Hale'iwa Beach Park** ist einer der wenigen Orte an der Nordküste, wo man im Winter gefahrlos schwimmen kann.

Das größte Ereignis der Stadt, das O-Bon Festival, findet jeden Sommer bei einem buddhistischen Tempel am Meer statt. Attraktionen sind die Vorführung von Volkstänzen und Tausende im Meer treibende Laternen.

UMGEBUNG: Fährt man von Hale'iwa aus – vorbei an der ehemaligen Zuckerplantage in Waialua – gen Westen, kommt man nach **Mokulē'ia**, wo Polofelder an weiße Sandstrände grenzen. Hier kann man die von Dillingham Airfield gestarteten Fallschirmjäger bei ihrer Rückkehr über der Brandung trudeln sehen.

Dole Plantation ❽

Honolulu Co. 64-1550 Kamehameha Highway (Hwy. 99), 3 km nördlich von Wahiawā. *(808) 621-8408.* *Wahiawā.* *tägl. 9.30–17.30 Uhr.* *25. Dez.*
www.doleplantation.com

DIE DOLE CANNERY, 1903 von James Dole neben seiner Ananasplantage in Wahiawā erbaut, war damals die größte Obstkonservenfabrik der Welt.

1907 wurde sie nach Honolulu verlegt, nun ist sie wegen Konkurrenz aus Asien geschlossen. Das Gebäude in Wahiawā dient als Auslieferungslager.

Das berühmte Dole-Logo

Gegenüber verkauft die Dole Plantation im Souvenirladen eine Vielzahl von Ananasprodukten. Ein Schaugarten zeigt die Wachstumsstadien dieser tropischen Frucht.

Auf der Plantation findet man auch das **Pineapple Garden Maze**, das größte Labyrinth der Welt mit 2,7 Kilometern Wegen auf 8000 Quadratmeter Fläche.

Pineapple Garden Maze
tägl. 9.30–17 Uhr.

Hawai'is Plantation Village ❾

Honolulu Co. 94-695 Waipahu St, Waipahu. *(808) 677-0110.* *Waipahu.* *Mo–Sa 10–16.30 Uhr.* *Feiertage*
www.hawaiiplantationvillage.org

DAS FÜR DREI Millionen Dollar restaurierte Dorf zeigt die Zuckerplantagenkultur von 1840 bis 1943 und die strikte Trennung ethnischer Gruppen, die einen Zusammenschluss verhindern sollte. Dennoch entwickelte sich eine gemeinsame Pidgin-Sprache *(siehe S. 15)*.

Im Chinese Cookhouse im Plantation Village

Das Dorf hat Gebäude der größten ethnischen Arbeitergruppen, z. B. Koreaner, Puerto-Ricaner und Japaner, ein japanisches Badehaus und einen Shinto-Schrein. Persönliche Gegenstände geben den Häusern den Anschein, als wären die Bewohner gerade eben fortgegangen.

Wai'anae Coast ❿

Honolulu Co. *Nānākuli, Wai'anae und Mākaha Beach.* *HVCB, Waikīkī, (808) 924-0266.*

AN O'AHUS sonniger, windabgewandter Küste geht es ruhig zu. Hier leben Hawai'ianer und Zugezogene von anderen Pazifikinseln. Eine der hübschesten Buchten ist die **Pōka'i Bay**, wo ein Wellenbrecher eine Lagune mit weichem Sand schützt.

Weiter nördlich ist der **Mākaha Beach** mit der für ihre bis zu neun Meter hohen Wellen berühmten Brandung. Im Mākaha Valley findet sich die von Kamehameha I. als Kriegs-*heiau* (Tempel) benutzte Anlage **Kāne'ākī-Heiau**, mit strohgedeckten Häusern und *ki'i* (Götzen). *Mākaha* heißt »wild«, das Tal war einst wegen einer Schurken berüchtigt.

Kāne'ākī Heiau
Abseits der Mākaha Valley Rd.
(808) 695-8174. *Di–So.*

Ka'ena Point ⓫

Honolulu Co. Nach dem Ende des Farrington Highway (Hwy. 930), 11 km nördlich von Mākaha.

ZUM KA'ENA POINT im äußersten Westen O'ahus mit seiner bergigen Küstenlinie und den wunderbaren Sonnenuntergängen führt ein drei Kilometer langer, leichter, jedoch baumloser Wanderweg. Lassen Sie keine Wertsachen im Wagen.

Nach einer Legende ist der Felsen ein Stück von Kaua'i, das der Halbgott Maui abbrach, als er beide Inseln vereinen wollte. An klaren Tagen kann man Kaua'i erkennen sowie Mönchsrobben, Schildkröten und Wale sehen *(siehe S. 101)*. Hier schlagen die weltweit höchsten Wellen gegen die Felsen – für Surfer wären sie tödlich. Ka'ena Point ist auch von Mokulē'ia aus zu erreichen.

Ka'ena Point erreicht man über den Weg im Vordergrund

MOLOKA'I UND LĀNA'I

DIE MEISTEN URLAUBER ÜBERSEHEN *Moloka'i auf dem Weg von O'ahu nach Maui. Die Insel ist touristisch weniger erschlossen als die Nachbarinseln und bietet absolute Ruhe. Der gemächliche Lebensstil gefällt vielen Besuchern. Südlich der Insel, auf der anderen Seite des Kalohi Channel, liegt das noch kleinere Lāna'i, eine frühere Ananasplantage, heute die exklusivste Hawai'i-Insel.*

Moloka'i ist Teil zweier einander gegenüberliegender, erloschener Vulkane, die einst wie auch Lāna'i und Kaho'olawe zur Insel Maui gehörten. Der mit 1500 Metern höchste, von Regenwald bedeckte Inselgipfel liegt im Osten von Moloka'i. Die Nordküste säumen die höchsten und steilsten Küstenfelsen der Welt, unterbrochen von weiten, grünen Tälern. An den geschützten südlichen Hängen lebten einst die meisten Insulaner, die hier Ackerbau betrieben und in angelegten Teichen Fische züchteten. Der westliche Vulkan, Mauna Loa, ist durch Erosion abgerundet und erhält so wenig Niederschlag, dass er faktisch eine Wüste ist. Einst war Moloka'i kaum bewohnt, doch seit den 1970er Jahren ist die Insel dank der endlosen Strände wie Pāpōhaku und der Sonnengarantie sehr populär.

Obwohl die Insel mehrfach von Armeen aus O'ahu, Maui und Big Island überfallen wurde, genießt sie den Ruf großer spiritueller Kraft. Auch deswegen wurde in den 1860er Jahren auf der Halbinsel Kalaupapa eine Leprakolonie gegründet. Hier erlangte der belgische Pater Damien durch seine Fürsorge für die Ausgestoßenen Berühmtheit. Pilger aus aller Welt besuchten die Halbinsel.

Lāna'i liegt im Regenschatten von Mau'i und Moloka'i. Sie gehört fast vollständig der Castle & Cooke Corporation: Wenige Luxushotels bestimmen heute das Inselleben und nicht mehr wie früher die Landwirtschaft. Lāna'i bietet sonnige Ebenen, spektakuläre Felsklippen, einsame Strände und Überreste alter hawai'ianischer Dörfer.

Die einsame Halbinsel Kalaupapa auf Moloka'i mit den höchsten Klippen der Welt im Hintergrund

◁ **Einheimische *Kauna'oa*-Reben wachsen am Polihua Beach an der Nordküste von Lāna'i**

Überblick: Moloka'i und Lāna'i

Die meisten Unterkünfte Moloka'is findet man in Kaluako'i an der sonnigeren Westküste. In Kaluako'i locken wunderschöne Strände und ein Golfplatz. An der Südküste bietet Kaunakakai elegante Hotels und die meisten Restaurants. Nicht versäumen sollte man eine Fahrt entlang der blumenübersäten Südküste zum Hālawa Valley oder einen Ausflug in den Kalaupapa National Historical Park vor den Meeresklippen der Nordküste. Lāna'i, der kleine und trockenere Nachbar Moloka'is im Süden, bietet Luxushotels, einsame Strände und historische Ruinen – und nur einen Ort, Lāna'i City.

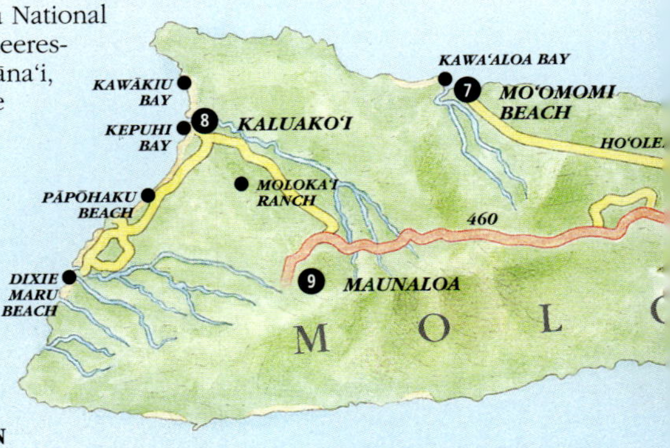

Sehenswürdigkeiten auf einen Blick

Hālawa Valley ❸
Kalaupapa National Historical Park S. 86 f ❹
Kaluako'i ❽
Kamakou Rain Forest ❺
Kaunakakai ❶
Kualapu'u ❻
Lāna'i S. 90 f ❿
Maunaloa ❾
Mo'omomi Beach ❼

Tour
Tour durch Ost-Moloka'i ❷

Der Polihua Beach an der einsamen Nordküste von Lāna'i

Die besten Erholungsgebiete

Die folgenden Orte wurden wegen ihrer vielfältigen Freizeitaktivitäten ausgewählt. Achtung: Die Bedingungen am Meer ändern sich ständig je nach Wetter und Jahreszeit. Seien Sie vorsichtig, gehen Sie evtl. nicht ins Wasser oder fragen Sie vor Ort nach.

	Schwimmen	Schnorcheln	Tauchen	Bodysurfen	Windsurfen	Wandern	Reiten	Golf
Dixie Maru Beach	●	■						
Hālawa Valley	●			■				
Hulopo'e/Mānele Bay (Lāna'i)	●	■	●					■
Kalaupapa Nat. Historical Park						■	●	
Kamakou Rain Forest						■		
Kawa'aloa Bay	●			■				
Kawākiu Bay	●	■						
Kepuhi Bay	●				●		●	■
Kō'ele (Lāna'i)						■	●	■
Mo'omomi Beach	●	■						
One Ali'i Beach Park	●							
Pāpōhaku Beach						■		
Twenty-Mile Beach	●	■						

Legende

- State Highway
- Highway
- Straße nur für Allradantrieb
- Panoramastraße
- Wanderweg
- Fluss oder See
- Fährroute
- Aussichtspunkt

Siehe auch

- ***Übernachten*** S. 155f
- ***Restaurants*** S. 169

Die Straße nach Kalawao auf der Kalaupapa-Halbinsel, mit ʻŌkala und Molokaʻi im Hintergrund

Auf Moloka'i und Lāna'i unterwegs

Öffentliche Verkehrsmittel gibt es weder auf Moloka'i noch auf Lāna'i, daher sollte man am Moloka'is Ho'olehua-Flughafen oder in Lāna'i City einen Wagen mieten. 19 Kilometer westlich von Ho'olehua liegt Kaluako'i, das Hālawa Valley 56 Kilometer östlich an einer nach Kaunakakai enger werdenden Straße. Für Lāna'i sollte man einen Wagen mit Vierradantrieb mieten, da es auf der Insel nur 48 Kilometer Asphaltstraße, aber 160 Kilometer unbefestigte, von Kiefern gesäumte Pisten und steinige Pfade zur Küste gibt.

Kaunakakai ❶

Maui Co. 3,500. Ala Malama St und Kamehameha V Hwy (Hwy. 450), (808) 553-3876. Ka Moloka'i Makahiki (Kulturfest; Ende Jan).

KAUNAKAKAI, Molokai'is größte Stadt, wurde Ende des 19. Jahrhunderts als Verwaltungszentrum und Hafen für die Zuckerplantagen gebaut. In den 1920er Jahren wurde die Zucker- durch die Ananasproduktion ersetzt, doch heute gibt es hier keine kommerzielle Landwirtschaft mehr. Die Holzstege der Ala Malama Street sind von Häusern mit Schaufassaden wie der für ihr süßes Moloka'i-Brot berühmten **Kanemitsu Bakery** gesäumt. In der gleichen Straße zeugen gemütliche Speiselokale von der ethnischen Vielfalt *(siehe S. 169)*. Am Ostende der Straße verbirgt sich hinter einem afrikanischen Tulpenbaum mit orangefarbenen Blüten die **St. Sophia's Church**.

Ala Malama Street, Hauptstraße von Kaunakakai

Etwa 800 Meter vom Zentrum entfernt führt die lange Steinmole des **Kaunakakai Harbor**, der 1898 mit Steinen eines zerstörten Tempels gebaut wurde, ins Meer hinaus. Den alten Hawai'ianern war er als *Kaunakahakai*, »Strandanleger«, bekannt. Dank einer Spalte im Korallenriff kann man hier Kanus zu Wasser lassen. Der Hafen ist oft gut besucht, wenn Fischer und Taucher sich hier aufhalten.

In der Nähe hatte Häuptling Kapuāiwa, der spätere König Kamehameha V., sein Haus, dessen Überreste westlich der zum Pier führenden Straße noch zu sehen sind.

UMGEBUNG: Häuptling Kapuāiwa ließ auch die hoch aufragenden Palmen des zwischen der Lanstraße und dem Meer eingeschlossenen **Kapuāiwa Coconut Grove** pflanzen. Das Gebiet liegt drei Kilometer westlich von Kaunakakai. Die über 1000 Bäume sind bei Sonnenuntergang ein wahrlich grandioser Anblick. Besucher sollten sich hier jedoch vor fallenden Kokosnüssen in Acht nehmen.

Gegenüber liegt Kaunakakais **Church Row** mit Kapellen verschiedener Kirchen.

Tour durch Ost-Moloka'i ❷

Alte Zapfsäule am Weg

DER ZWISCHEN den Gipfeln Ost-Moloka'is hindurchführende Highway ist eine der schönsten Straßen Hawai'is. Malerische Kirchen stehen inmitten tropischer Blumen und üppiger Regenwälder. Die Hänge West-Mauis sind über das Wasser hinweg zu sehen. Die kaum bewohnten Dörfer wirken oft wie Geisterstädte. Die Straße endet im bezaubernden Hālawa Valley, einem der schönsten Rundtäler der Inseln.

Fischerboote und Yachten im Kaunakakai Harbor

LEGENDE

- Routenempfehlung
- Aussichtspunkt

ROUTENINFOS

Länge: *88 km hin und zurück.*
Rasten: *Ein Besuch der alten Fischteiche und der Kirche, dazu ein Picknick am Twenty-Mile Beach oder One Ali'i Beach Park, dauert einen Tag. Dabei reicht die Zeit noch für eine Wanderung durch das Hālawa Valley.*

One Ali'i Beach Park ①
Der kleine, mit Kokospalmen bestandene Rasen im One Ali'i Beach Park ist ideal für ein Picknick und als Ausgangspunkt für Kajaktouren. One Ali'i ist eine falsche Schreibweise des alten hawai'ianischen Namens *Oneali'i*, »königlicher Strand«.

St. Joseph Church ②
Die 1876 von Pater Damien *(siehe S. 87)* erbaute Kirche wurde 1995 zur Feier der Rückkehr der rechten Hand des Priesters nach Kalaupapa ganz weiß gestrichen. Sein Standbild im farbenfrohen Garten ist stets mit *lei* geschmückt.

Hālawa Valley ❸

Maui Co. Ende des Kamehameha V Highway (Hwy 450.), 43 km östlich von Kaunakakai. ℹ *Kaunakakai, (808) 553-3876.*

HAWAI'IS polynesische Siedler hatten sich bis etwa 650 n. Chr. im Hālawa Valley niedergelassen und bauten mehr als 1000 Jahre lang auf terrassenförmig angelegten Feldern Taro *(siehe S. 109)* an. Versteckt im Gebüsch auf beiden Seiten des Tales liegen die Ruinen von fast 20 alten *heiau* (Tempeln). Nach der Flutwelle von 1946 war Hālawa völlig ausgestorben, doch eine neue Farmergeneration baut nun erneut Taro an.

Besucher können vom Aussichtspunkt bei Meile 26 einen ersten Blick auf Hālawa werfen. 230 Meter tiefer breitet sich die imposante Küstenlinie aus, deren äußerste Bereiche oft im Nebel liegen. Der sich ruhig dem Meer nähren-

Wasserfall im Hālawa Valley, von der Straße aus gesehen

de Hauptfluss bildet einen starken Kontrast zur tosenden Brandung.

Der Highway führt den Hügel hinab zu einer kleinen Holzkapelle im Tal. Ein kurzes Stück weiter endet die Straße bei einer mit weiß blühenden Kletterpflanzen, *naupaka*, übersäten Dünenkette. Surfer gehen von dem direkt unterhalb liegenden kleinen Strand ins Wasser.

Im Sommer waten Besucher durch die Flussmündung zu einem schöneren Strand. Im Winter ist es sicherer, der Schotterstraße von der Kapelle aus dorthin zu folgen. Im Schatten imposanter Palmen gelegen und vom Meer durch eine steinige Landspitze gut geschützt, ist dies ein idealer Badestrand.

Ein schwieriger, doch schöner zweistündiger Wanderweg führt durch den Regenwald zu den 75 Meter hohen **Moa'lua Falls** am Ende des Tals. Hawai'ianer glauben, im Teich am Wasserfall lebe eine *mo'o* oder Riesenechse. Wanderer werfen vor dem Schwimmen ein *Ti*-Blatt auf das Wasser: Sinkt das Blatt, so liegt die *mo'o* auf der Lauer. Der Trail ist nur auf geführten Touren erreichbar. Infos: Moloka'i Visitors Burerau, Tel. (808) 535-3876.

Hālawa Valley ⑦
Wegen seiner Felswände, üppigen Vegetation und Wasserfälle gilt das Hālawa Valley als der malerischste Fleck Moloka'is.

Twenty-Mile Beach ⑥
Der Sandstreifen bei Meile 20 liegt im Schatten von Bäumen. Vor dem offenen Meer geschützt, kann man hier gut schnorcheln. Jenseits des Riffs ist jedoch Vorsicht geboten.

'Ili'ili'ōpae Heiau ⑤
In Hawai'is zweitgrößtem *heiau* (Tempel) wurden im 18. Jahrhundert Menschen geopfert. Er liegt auf Privatgelände; Wanderer können jedoch dem Pfad folgen, der zwischen Meile 15 und 16 landeinwärts führt.

Our Lady of Sorrows ④
1874 verließ Pater Damien erstmals Kalaupapa, um in 'Ualapu'e die Kirche Our Lady Of Sorrows zu bauen. Unterhalb üppiger Berghänge liegt ihr rotes Ziegeldach im Schatten von Kokospalmen.

'Ualapu'e Fish Pond ③
Von den etwa 50 alten Fischteichen an Moloka'is Südostküste ist 'Ualapu'e, direkt hinter Meile 13, einer der größten. In diesem Teich, der auf einem im seichten Meerwasser liegenden Riff angelegt wurde, züchtete man Meeräschen für den Häuptling.

Kalaupapa National Historical Park ❹

Witziges Steinbild

MILLIONEN JAHRE nachdem Moloka'i dem Meer entstiegen war, erschuf eine weitere Vulkaneruption die Halbinsel Kalaupapa *(siehe S. 10f)*. 1865, als die eingeschleppte Lepraseuche das Überleben der Hawai'ianer bedrohte, wurde die Insel zur Leprakolonie. Prämienjäger spürten auch Menschen mit den kleinsten Hautveränderungen auf, die ins Exil nach Kalawao geschickt wurden. Zu Beginn waren Nahrung und Medikamente so knapp, dass der Aufenthalt auf der Halbinsel einem Todesurteil gleichkam, bis man die Siedlung ins geschütztere Kalaupapa verlegte. Die letzten Patienten wurden 1969 eingewiesen; im gleichen Jahr wurde das Gesetz zur Zwangsisolation aufgehoben.

Blick vom Pālā'au State Park
Da die entlegene Halbinsel vom übrigen Moloka'i durch riesige Kliffe abgeschnitten ist, richtete man hier eine Leprakolonie ein.

★ Kalaupapa
Alle Einwohner der Halbinsel, die hier den Rest ihrer Tage verbringen wollen, leben an der geschützten Westseite im Dorf Kalaupapa. Hier gibt es drei Kirchen, aber nur eine Bar – Elaine's Place.

★ Kalaupapa Trail
Wanderer und Maultierreiter können auf dem drei Kilometer langen Weg mit 26 Serpentinen als Belohnung dieser Mühen unglaublich schöne Aussichten genießen.

Das Moloka'i-Licht
des Leuchtturm von Kalaupapa war beim Bau 1907 eines der leistungsstärksten im ganzen Pazifik.

Kalaupapa-Landebahn

SS *Kā'ala*, 1932 auf Grund gelaufen, ist als rostiges Wrack vor der Küste zu sehen.

Das Damien-Denkmal, ein keltisches Kreuz, wurde durch englische Spendengelder bezahlt und 1893 aufgestellt.

Pālā'au State Park
(siehe S. 88)

0 Kilometer 1

0 Meilen 1

NICHT VERSÄUMEN
★ Kalaupapa
★ Kalaupapa Trail
★ St. Philomena Church

Küstennahe Inseln
An der ungeschützten Ostseite kann man die 600 Meter hohen Klippen, die höchsten Meeresklippen der Welt, bewundern. Davor liegen einige küstennahe Inseln.

> **INFOBOX**
>
> Maui Co. Zu Fuß oder per Maultier auf dem Kalaupapa Trail. Pfadende am Hwy 470, 5 km nördlich von Kualapu'u, zwischen Maultierställen und Kalaupapa Overlook. *von Ho'olehua, Moloka'i oder Honolulu. obligatorisch. Father Damien Tours, (808) 567-6171. Reservierung erforderlich. Mindestalter 16 Jahre. Moloka'i Mule Ride, (808) 567-6088, rechtzeitig buchen. So.*

★ St. Philomena Church
Die Kirche wurde 1872 aus Honolulu eingeschifft und später von Pater Damien umgebaut. Sein Grab war gleich daneben; der Leichnam wurde jedoch 1936 nach Belgien umgebettet.

Die Hawai'ianer sprangen einst mit Palmenblättern als Fallschirm vom Leinaopapio Point.

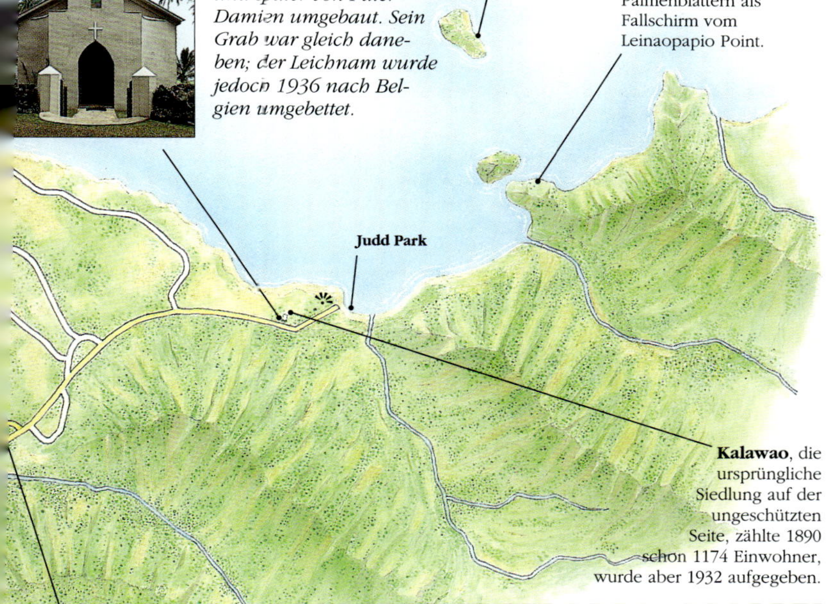

Kalawao, die ursprüngliche Siedlung auf der ungeschützten Seite, zählte 1890 schon 1174 Einwohner, wurde aber 1932 aufgegeben.

Der Kauhakō-Krater, Überreste des Vulkans, der die Halbinsel schuf, hat einen 245 Meter tiefen See im Zentrum.

LEGENDE

- Highway
- Straße nur für Vierradantrieb
- Wander- oder Maultierweg
- P Parken
- Aussichtspunkt

PATER DAMIEN (1840–1889)

Der Belgier Joseph de Veuster kam 1864 als katholischer Missionar nach Hawai'i und wurde als Pater Damien in Our Lady of Peace *(siehe S. 44)* in Honolulu zum Priester geweiht. 1873 ging er freiwillig in die Leprakolonie nach Kalawao auf der Halbinsel Kalaupapa. Von der Presse in Honolulu als Held gefeiert, nahm er sein Schicksal willig an. Mit bloßen Händen baute er Krankenhäuser, Kirchen und Wohnhäuser und kümmerte sich um die Patienten. 1889 erkrankte auch er an Lepra. Seine Hingabe als »Märtyrer von Moloka'i« brachte ihm überall Bewunderung ein. Die päpstliche Seligsprechung 1995 war einer der letzten Schritte zur möglichen Heiligsprechung.

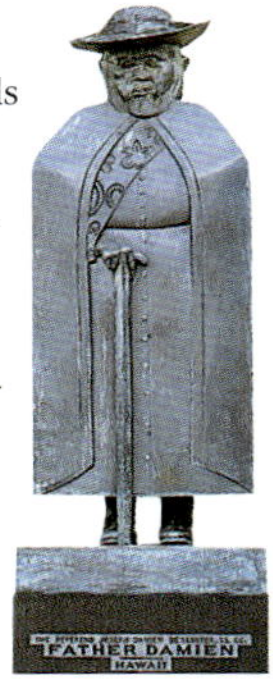

Standbild Pater Damiens in Honolulu

Ein Pfad durch die üppige Vegetation des Kamakou Rain Forest

Kamakou Rain Forest ❺

Maui Co. Erreichbar für Wagen mit Vierradantrieb über Straße östlich des Maunaloa Hwy (Hwy. 460), 6,5 km nordwestlich von Kaunakakai.
Kaunakakai, (808) 553-3876.

Auf den entlegenen Höhenzügen Ost-Moloka'is wächst Hawai'is unberührtester Regenwald, zu erreichen auf einer holprigen Straße mit Allradantrieb oder mit dem Mountainbike.

Anfang des 18. Jahrhunderts wurde hier Sandelholz zum Verkauf an ausländische Kaufleute gesammelt *(siehe S. 30)*. In der Nähe der Spitze des zentralen Höhenzuges Moloka'is gibt es eine Aushöhlung, das **Sandalwood Boat**, in Form eines Schiffladeraums, in dem man die Baumstämme stapelte.

Je höher man steigt, desto nasser und üppiger wird der Wald und desto schlechter wird die Straße. Einheimische Flora und Fauna dominieren neben *'Ōhi'a*-Bäumen. Nach 16 Kilometern hat man in 1150 Metern Höhe am Waikolu-Lookout eine schöne Sicht auf das Waikolu Valley und Täler der Nordküste.

Direkt unterhalb des Aussichtspunkts verläuft der Pēpē'ōpae Trail durch einen fast undurchdringlichen Regenwald. Jeder Baum ist mit hängenden Reben und weichem Moos zugewachsen, während im Unterholz Orchideen glitzern. Dies ist die letzte Zuflucht für bedrohte Vögel wie Moloka'is Drossel *(oloma'o)* und Baumläufer *(kākāwahie)*. Nach Überqueren eines schaurigen Sumpfes führt der Pfad über Schluchten zu einem Aussichtspunkt am Pelekunu-Tal.

Kualapu'u ❻

Maui Co. 1 700. *Kaunakakai, (808) 553-3876.*

Im ehemaligen Plantagendorf Kualapu'u findet man nun Moloka'is älteste Kaffeeplantage, deren Produkte man in der netten Espressobar am Straßenrand probieren kann. Drei Kilometer nordöstlich der Stadt liegt die **RW Meyer Sugar Mill**, Zeugnis des kurzfristigen Einstiegs ins Zuckergeschäft. Die Mühle, nun wunderschön restauriert, war nur elf Jahre (1878–89) in Betrieb. Heute bildet sie einen Teil des angrenzenden **Moloka'i Museum and Culture Center**, einer kleinen Sammlung zur Geschichte der Insel.

RW Meyer Sugar Mill, Zuckermühle auf Molokai

Umgebung: 6,5 Kilometer nordöstlich von Kualapu'u endet der Kala'e Highway (Hwy. 470) am **Palau'au State Park**, einer legendären Stätte mit Blick auf die Kalaupapa-Halbinsel *(siehe S. 86f)*. Halten Sie beim Aussichtspunkt an, um ostwärts entlang der ehrfurchtgebietenden Kliffe zum Kalaupapa-Tal zu blicken. Vom Parkplatz aus führt ein Pfad durch den Wald zum **Phallic Rock**. Laut einer Legende erwachten Frauen, die unterhalb dieses Steins schliefen, schwanger. Bei der Form des Felsens halfen Menschenhände allerdings nach.

Moloka'i Museum and Cultural Center
Kala'e Highway (Hwy 470).
(808) 567-6436. Mo–Sa 10–14 Uhr. Feiertage.

Phallic Rock, Pālā'au State Park

Mo'omomi Beach ❼

Maui Co. Am Ende der Mo'omomi Rd, 8 km nordwestlich von Ho'olehua.

Mo'omomi Beach, der einzige leicht zugängliche Streifen an Moloka'is Nordküste, gehört zum trockeneren Inselwesten. Die Küste besteht aus alten, zu Fels erstarrten Sanddünen. In diesem Gebiet findet man unzählige Knochen nicht flugfähiger Vögel, die vielleicht von den frühen polynesischen Siedlern zu Tode gejagt wurden. Von Ho'olehua führt ein fünf Kilo-

Schotterstraße zum Mo'omomi Beach

meter langer Feldweg zur Mo'omomi Bay, einem beliebten Strand zum Surfen, Fischen und Spazierengehen.

Kaluako'i ❽

Maui Co. Am Maunaloa Hwy (Hwy. 460), 8 km nordwestlich von Maunaloa. *Kaunakakai, (808) 553-3876.* *Moloka'i Ka Hula Piko (May).*

DIE SANFTEN Hänge des Mauna Loa, Moloka'is westlichen Vulkans, waren immer zu karg, um Menschen zu ernähren. Früher war die Westküste wegen ihrer Basaltablagerungen als *Kaluako'i*, »Dechselgrube« bekannt. In den 1970er Jahren lebte hier nur ein einziger Mensch.

Heute ist das Gebiet Moloka'is Ferienzentrum mit einem großen Hotel, Wohnkomplexen und einem Golfplatz.

UMGEBUNG: Der schönste Sandstrand der Insel ist der **Pāpōhaku Beach**, 1,5 Kilometer die Küste hinunter. Wegen der Brandung ist Schwimmen gefährlich, aber hat man den romantischen Strand für sich allein. Im Mai feiert das Moloka'i Ka Hula Piko Festival im **Pāpōhaku Beach County Park** mit Tanz und Musik den *hula*. Neben *hālau hula* (*Hula-*Schulen) gibt es zeitgenössische Musik und hawai'ianisches Kunsthandwerk. In der Woche davor werden auf der Insel Vorträge gehalten und Geschichten erzählt. Hinter dem Südende von Pāpōhaku kann man am **Dixie Maru Beach** herrlich schwimmen und schnorcheln.

Maunaloa ❾

Maui Co. 400. *Kaunakakai, (808) 553-3876.*

ALS SICH DIE **Moloka'i Ranch** auf Rinder und Ananas spezialisierte, galt das winzige Maunaloa an den Flanken der Berge als das hawai'ianische Plantagendorf schlechthin. Die Holzhäuser der Farmarbeiter und *paniolo (siehe S. 121)* inmitten bewaldeter Haine blickten direkt über das Meer nach Waikīkī.

Seit den 1970er Jahren entdeckte die Ranch den Tourismus und Immobilienhandel für sich, 1996 wurden fast alle alten Häuser abgerissen. Auf der Hauptstraße stehen noch bekannte Läden wie die **Big Wind Kite Factory**.

Die Moloka'i Ranch bietet nun luxuriöses Zelten und das so genannte **Paniolo Round-Up**, Rodeo-Unterricht für Möchtegern-Cowboys. Die Profis treten bei zwei jährlich stattfindenden Rodeos auf.

In alten Zelten war Moloka'i als *Moloka'i pule o'o* (Moloka'i der starken Gebete) bekannt, das Heim mächtiger Priester und Zauberer. In den Wäldern oberhalb von Maunaloa lebten gefürchtete »Giftwald-Götter«; schon ein Stückchen ihrer Lieblingsbäume konnte jeden Feind töten. Die nahe gelegenen 'Ōhi'a-Wälder spielten jedoch eine gütigere Rolle. Hier erlernte die Göttin Laka den *hula* und lehrte ihn den Menschen. Allerdings erhebt auch Kē'ē Beach auf Kaua'i den Anspruch, Geburtsstätte des *hula* sein *(siehe S. 141)* zu sein.

Moloka'i Ranch

Maunaloa Hwy (Hwy. 460).
(808) 552-2791. *tägl.*
http://molokai-ranch.com

Golfspieler im Strandort Kaluako'i an der Westküste von Moloka'i

Lāna'i ⑩

DIESE SONNENVERWÖHNTE INSEL war einst die weltweit größte Ananasplantage und im Besitz der Dole Company. 1991 änderte sich mit dem neuen Inselbesitzer, der Castle & Cooke Corporation, alles: Zwei Luxushotels machten aus ehemaligen Farmarbeitern Hotelangestellte. Nach diesem historischen Wandel ist der größte Teil der Insel, ihre vielen Strände, Klippen und alten Ruinen, für alle Besucher frei zugänglich.

Farbenprächtiges Haus in Lāna'i City mit Cook-Island-Kiefern

Unterwegs in Lāna'i

Die flache Insel wird vom Lāna'ihale-Höhenzug überragt. Das Herz der Insel, das ländliche Lāna'i City, liegt unterhalb der Berge in 490 Meter Höhe. Die meist unbefestigten Straßen verlaufen strahlenförmig zu abgelegenen Plätzen an den Küsten.

Lāna'i City

Hier leben alle 2500 Inselbewohner. Lāna'i City ist eine klassische hawai'ianische Plantagenstadt. Es entstand in den frühen 1920er Jahren für die meist philippinischen Arbeiter der Dole Company. Im Zentrum liegt der rechteckigen **Dole Park**. Er wird von Läden und dem **Hotel Lāna'i** *(siehe S. 156)* im Pionierstil gesäumt. An der Nordostecke der Stadt, auf dem Gelände der früheren Zentrale der Lāna'i Ranch (1874–1951), liegt **The Lodge at Kō'ele** *(siehe S. 156)*. Zu den Attraktionen zählen ein 18-Loch-Golfplatz, ein Orchideenhaus, Ställe und ein gepflegtes Anwesen. Das Top-Restaurant steht auch Nichtgästen offen.

Luahiwa Petroglyphs

An der Hō'ike Rd, 3 km südlich von Lāna'i City, am Wasserturm auf dem Bergkamm .

Das weite, dunstige Pālāwai Basin ist alles, was vom erloschenen Krater Lāna'is übrig ist. An der Ostwand findet man die größte Ansammlung von Felszeichnungen auf Hawai'i. Die 34 schwarzen Felsblöcke vor einer steilen, roten Bergwand, übersät von Büscheln weißen *Pili*-Grases, sieht man schon von Ferne. Einige der Steine sollen die *mana* (heilige Kraft) der Regengötter Kū und Hina besitzen. Vor mindestens 500 Jahren fingen die Hawai'ianer an, sie mit geheimnisvollen Figuren, die Menschen und Hunde darstellen, zu verzieren. Neuere Bilder von Pferden und Surfern schufen Studenten der Mauis Lahainaluna School in den 1870er Jahren. Die Kunstwerke besichtigt man am besten frühmorgens oder abends.

Das gepflegte Grundstück von The Lodge at Kō'ele in Lāna'i City

Mānele Bay und Hulopo'e Bay

Ende der Mānele Rd (Hwy 440), 13 km südlich von Lāna'i City.

Die Buchten gehören zu einem Meeresschutzgebiet, in dem Delfine leben. Mānele Bay ist Lāna'is einziger kleiner Bootshafen. Das fälschlicherweise **Mānele Bay Hotel** genannte Hotel *(siehe S. 156)* liegt aber oberhalb von Hulopo'e Bay, dem besten Ort der Insel zum Schwimmen und Schnorcheln. Trotz üppiger Ausstattung, Gärten und Golfplatz passt die Ferienanlage in die wilde Umgebung. Die Bucht ist nur für den Segeltörn-Anbieter, **Trilogy**, zugänglich. Zelten ist erlaubt.

Zwischen den Buchten liegt **Pu'u Pehe**, oder auch Sweetheart Rock. Einer Legende nach wurde die schöne Pehe von ihrem eifersüchtigen Ehemann in eine Höhle eingesperrt und ertrank in seiner Abwesenheit bei einem Sturm. Ihr Mann begrub sie auf dieser Insel und stürzte sich dann zu Tode.

Pu'u Pehe, oder Sweetheart Rock, in den Gewässern vor Mānele Bay

Kaunolū

Kaunolū Trail, unbefestigter Weg von der Kaupili Rd, einer Seitenstraße der Mānele Rd (Hwy. 440) 7 km südlich von Lāna'i City.

An wenigen Orten wird das Leben des alten Hawai'i so lebendig wie in den Ruinen dieses selten besuchten, Mitte des 19. Jahrhunderts aufgegebenen Fischerdorfes. Die anstrengende Fahrt zu dieser Anhöhe mit schwindelerregendem Blick auf die Südküste von Lāna'i dauert von Lāna'i City eine Stunde und ist nur mit einem Auto mit Vierradantrieb zu bewältigen.

Lāna'is Cook-Island-Kiefern

Wälder mit Cook-Island-Kiefern geben der Insel ihr charakteristisches Aussehen. Sie wurden Anfang des 19. Jahrhunderts von dem Neuseeländer George C. Munro, Verwalter der Lāna'i Ranch, gepflanzt. Süßwasser ist Lāna'is wertvollste Ressource. Munro erkannte, dass die Bäume die Wasser-Aufnahmefähigkeit der Insel erhöhen. Bergnebel sammelt sich an den Nadeln und Zweigen, die Tropfen fallen auf den durstigen Boden, täglich bis zu 150 Liter je Baum.

Cook-Island-Kiefern vor den Reitställen der Lodge in Kō'ele

Infobox

Maui Co. 2500. 6,5 km südwestl. von Lāna'i City. Mānele Bay. P.O. Box 700, (808) 565-7600. Aloha Week (Mitte Okt.). www.visitlanai.net

Die Hawai'ianer waren Meister in mörtelfreier Steinbauweise; in Kaunolū sieht man gut erhaltene Beispiele, z. B. die Steinplattform des **Halulu Heiau** auf der Westseite der Kaunolū Bay. Auf der Ostseite steht eine Plattform auf den Klippen, auf der einst Kamehameha der Große lebte und fischte. Daneben sind Ruinen des Kanuhauses und eines Tempelsschreins.

Kliffspringen war früher Beweis der Tapferkeit: Westlich vom Kaunolū Bay gibt es eine solche Tauchplattform. Bei **Kahekili's Leap** bewies der frühere Häuptling von Maui, Kahekili, seinen Mut durch einen Sprung aus einer Höhe von 18 Metern in nur drei Meter tiefes Wasser.

The Munro Trail

Von der Mānele Rd abgehend (Hwy 440) 8 km südlich von Lāna'i City.

Pinien flankieren die Fahrt am vulkanischen Höhenzug von Lāna'ihale, dessen Gipfelhöhe 1050 Meter beträgt und einen Ausblick auf fünf hawai'ianische Inseln gewährt. Da die Straße bei Kō'ele sehr schlammig sein kann, sollte man aus der anderen Richtung anfahren. Am betonierten Abschnitt der Mānele Road nach dem Pālāwai Basin fährt man links auf eine Schotterstraße und folgt dem schmalen Pfad bergauf. Für die 32 Kilometer braucht man mit dem Jeep zwei Stunden.

Garden of the Gods

Polihua Rd, 10 km nordwestlich von Lāna'i City.

Der Garden of the Gods wirkt wie eine optische Illusion – eine rote Mondlandschaft mit großen Felsbrocken und Farbtönen von Rot und Orange bis zu Braun und Blau. Am intensivsten ist der Effekt bei Sonnenuntergang, wenn die Felsen zu glühen scheinen. Diese äußerst trockene, felsige Landschaft erreicht man in einer 30-minütigen Fahrt auf einer Schotterpiste von Kō'ele aus, vorbei an einem Jagdgebiet (Axishirsche) in den einheimischen Wäldern.

In Richtung Nordspitze wird die Straße unbequemer, sie endet am langen, rauen **Polihua Beach**. Dieser abgelegenen Strand ist oft menschenleer, die Meeresströmungen können hier gefährlich sein.

Ungewöhnliche, rostbraune Felsen im Garden of the Gods

Shipwreck Beach

Keōmuku Rd (Hwy 430), 13 km nordöstlich von Lāna'i City.

Lāna'is Nordküste besitzt einen 13 Kilometer langen Strandstreifen, dessen Name auf das rostige Wrack eines hier auf das Riff gelaufenen Versorgungsschiffes aus dem Zweiten Weltkrieg verweist. Viele Schiffe sind hier gestrandet, darunter ein Öltanker zehn Kilometer weiter den Strand hinauf. Den Strand erreicht man über die Keōmuku Road (Hwy. 430) bis zum Asphaltende, dann 1,5 Kilometer links über einen sandigen Feldweg: Von hier bietet ein einsamer Pfad Ruhe und eine herrliche Aussicht auf Maui und Moloka'i. Eine Tageswanderung nach Norden führt zum Polihua Beach. Der Shipwreck Beach hat zwar ein Riff, doch Schwimmen ist hier zu gefährlich.

Shipwreck Beach mit dem Wrack aus den 1940er Jahren

MAUI

AUF MAUI, DER ZWEITGRÖSSTEN INSEL, *leben weniger als ein Zehntel der Hawai'ianer. Das grüne Maui ist mit Ananasfeldern, weitläufigen Rinderfarmen und an den Berghängen am Meer mit Regenwald bedeckt. Die insgesamt 195 Kilometer lange Küste lädt zum Schwimmen, Schnorcheln und Tauchen ein und bietet zudem einige der weltweit besten Windsurfregionen.*

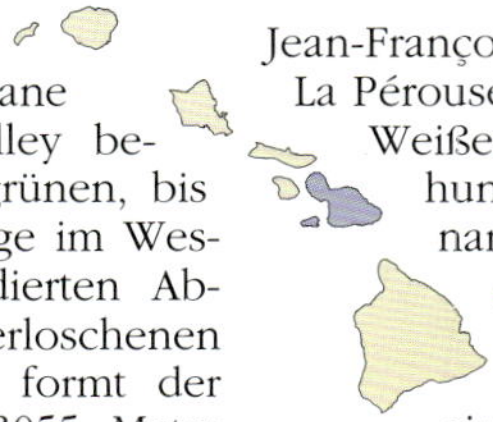

Maui entstand aus einer Verbindung zweier Vulkane an einer als Central Valley bekannten Landenge. Die grünen, bis zu 1764 Meter hohen Berge im Westen Mauis sind die erodierten Abhänge eines einzigen, erloschenen Vulkans. Den Inselosten formt der Haleakalā, ein riesiger, 3055 Meter hoher, untätiger Vulkan, gekrönt mit einer mondähnlichen Landschaft.

Die ersten Bewohner kamen im 4. Jahrhundert n. Chr. von den Marquesas-Inseln und siedelten in der Gegend von Lahaina und Hāna. Bis zum 14. Jahrhundert, als Pi'ilani die Insel eroberte, war Maui in rivalisierende Stammesgebiete aufgeteilt. Pi'ilani baute den Tempel Pi'ilanihale Heiau, dessen Überreste bei Hāna zu sehen sind. 1795 eroberte Kamehameha I. die Insel und verlegte 1800 den Königssitz nach Lahaina.

Jean-François de Galaup, Comte de La Pérouse, besuchte 1786 als erster Weißer die Insel. Im 19. Jahrhundert folgten ihm Missionare, Walfänger und Plantagenarbeiter aus Europa und Asien. Durch diese Zuwanderung entstand eine vielfältige multikulturelle Gesellschaft auf Maui, die bis heute in den Festen, den Gebräuchen und bei den Essgewohnheiten lebendig geblieben ist.

Maui bietet eine abwechslungsreiche Landschaft – vom Ackerland rund um Kula, wo Kartoffeln und süße Zwiebeln angebaut werden, bis hin zur Kraterlandschaft des Haleakalā und der tropischen Vegetation der Nordküste. Im Inselsüden kann man an weißen Sandstränden Sonne tanken und im Winter die Buckelwale im Wasser bestaunen.

Windsurfer im Ho'okipa Beach County Park bei Pā'ia an der Nordküste von Maui

◁ **Auf der Straße nach Hana, Blick auf die Honomanū Bay**

Überblick: Maui

Maui besteht aus zwei Vulkanen zu beiden Seiten des Central Valley, dem Besiedlungszentrum der Insel mit vielen Sehenswürdigkeiten. Die West Maui Mountains (Kahalawai) sind ein einziger erloschener Vulkan, in den die Erosion im Laufe der Zeit tiefe Canyons geschnitten hat. In dem schwer zugänglichen Gebiet ist nur das ʻĪao Valley erreichbar. Eine Straße an der Südseite der Berge führt in das historische Lahaina und die Strandorte Kāʻanapali und Kapalua. Der Haleakalā, ein untätiger Vulkan mit einem riesigen Gipfelkrater, nimmt den Osten Mauis ein. An seinen Hängen liegen Rinderfarmen, Zuckerrohr- und Ananasfelder, an der grünen Nordküste verstecken sich das berühmte Plantagendorf Pāʻia, das Windsurferparadies Hoʻokipa Beach und Hāna. Der Inselsüden bietet mehr Sonne und ruhiges Meer.

Legende

- State Highway
- Highway
- Straße nur für Vierradantrieb
- Fanoramastraße
- Fluss
- Aussichtspunkt

Die besten Erholungsgebiete

Die folgenden Orte wurden wegen ihrer vielfältigen Freizeitaktivitäten ausgewählt. Achtung: Die Bedingungen am Meer ändern sich ständig je nach Wetter und Jahreszeit. Seien Sie vorsichtig, gehen Sie evtl. nicht ins Wasser oder fragen Sie vor Ort nach.

	Schwimmen	Schnorcheln	Tauchen	Bodysurfen	Windsurfen	Wandern	Reiten	Golf
Haleakalā National Park						■	●	
Hāmoa Bay	●	■		■				
Hāna	●					■	●	
Hoʻokipa Beach County Park					●			
Hosmer Grove						■		
ʻĪao Valley						■		
Kāʻanapali und Kekaʻa Point	●	■	●		●			■
Kahana				■				
Kanahā Beach County Park	●				●			
Kapalua and Honolua Bay	●	■	●				●	■
Keʻanae Peninsula						■		
Kīhei	●	■	●		●			■
La Pérouse Bay		■	●			■	●	
Lahaina	●	■	●					
Mākena	●	■	●				●	■
Molokini		■	●					
ʻOheʻo Gulch und Kīpahulu	●			■		■	●	
Olowalu		■	●					
Pāʻia	●		●	■				
Polipoli Springs Recreation Area						■		
Spreckelsville	●				●			
Ukumehame	●	■	●	■				
ʻUlupalakua							●	
Waiʻānapanapa State Park	●	■				■		
Waiheʻe	●					■	●	■
Waikapū								■
Wailea	●	■	●					■

An der ʻĪao Needle im grünen ʻĪao Valley fließen zwei Flüsse zusammen

Auf Maui unterwegs

Mauis Hauptflughafen liegt in Kahului, Flugplätze gibt es auch in Hāna und Kapalua. Große Hotels unterhalten kostenlose Flughafen-Shuttles. Generell empfiehlt sich ein Mietwagen, da es keine flächendeckenden öffentlichen Verkehrsmittel gibt. Einige Straßen sind in schlechtem Zustand, entsprechend langsam geht es voran. Maui bietet zahlreiche Fahrradwege. Veranstalter bieten Fahrradtouren von der Spitze des Haleakalā hinunter an. Überall auf Maui kann man reiten. Zwischen Maui und Lānaʻi besteht ein Fährverkehr.

Siehe auch

- ***Übernachten*** S. 156ff
- ***Restaurants*** S. 170ff

Sehenswürdigkeiten auf einen Blick

Haleakalā National Park S. 106f ⑩
Hāna ⑭
ʻĪao Valley ④
Kāʻanapali ②
Kahoʻolawe ⑥
Kapalua ③
Keʻanae Peninsula und Wailua Valley ⑬
Lahaina S. 96ff ①
Makawao ⑨
Molokini ⑦
Pāʻia ⑪
Wailuku ⑤

Touren
Tour durch Mauis Inland ⑧
Straße nach Hāna ⑫

Eine einsame Badebucht an der felsigen Küste der Keʻanae Peninsula

Im Detail: Lahaina ❶

Figur am Pioneer Inn

Wer durch Lahainas Straßen schlendert, folgt den Spuren von Königen und Schurken. Bis 1845 war der kleine Hafenort die Hauptstadt des hawai'ianischen Königreiches. Mitte des 19. Jahrhunderts, zur Blüte des Walfangs, galt Lahaina als wilder und skandalträchtiger Hafen. Missionare kämpften um die Seelen der Einwohner. Heute ist Lahaina dank der von Häusern und Läden im Pionierstil gesäumten Front Street eine der beliebtesten Sehenswürdigkeiten Mauis. Die Lahaina Restoration Foundation hat einige historische Stätten restauriert: In Lahaina konzentriert sich die Inselgeschichte auf engstem Raum.

Front Street, das einstige Rotlichtviertel der Matrosen, wird heute von Souvenirläden und bunten Straßenständen gesäumt.

★ Baldwin Home
Mauis ältestes europäisches Wohnhaus aus dem frühen 19. Jahrhundert ist liebevoll restauriert und mit Originalmöbeln eingerichtet.

Masters' Reading Room

Der Hauola Stone soll nach altem Glauben beruhigen und heilen.

★ Pioneer Inn
Der 1901 als erstes Hotel Lahainas von einem Briten errichtete Bau ist bis heute ein Hotel und eines der beliebtesten Wahrzeichen der Stadt.

Das Old Lahaina Courthouse entstand 1859 und sollte als Palast für Kamehameha III. dienen, wurde aber stattdessen als Post, Gericht und Gefängnis genutzt. Heute sind hier das Besucherzentrum und die Art Society mit Keramik und Gemälden lokaler Künstler untergebracht.

Legende

– – – Routenempfehlung

Nicht versäumen

- ★ Baldwin Home
- ★ Banyan Tree
- ★ Pioneer Inn

Lahainas tragische Prinzessin

Die hawai'ianische Kultur erlaubte früher in Königsfamilien Geschwisterehen, da sie eine reine Blutlinie und Nachkommen mit großer *mana* (Kraft) sicherten. Das Christentum verbot diese Sitte. Als sich Nahi'ena'ena und ihr Bruder Kauikeaouli (später Kamehameha III.) verliebten, wurden sie getrennt. Doch sie gebar den gemeinsamen Sohn, er starb nach der Geburt; verbittert und krank starb auch sie.

Nahi'ena'ena starb mit 21 Jahren

Infobox

Maui Co. 9 500. Lahaina Harbor. 648 Wharf St, (808) 667-9193. A Taste of Lahaina (Gourmetfest; Mitte Sep); Halloween Mardi Gras of the Pacific (31. Okt).

www.visitlahaina.com

info@visitlahaina.com

Kapelle auf dem Gefängnisgelände

Hale Pa'ahao, das »Stuck-in-Irons House«, entstand Mitte des 19. Jahrhunderts als neues Gefängnis.

Lahaina Fort, im 19. Jahrhundert als Gefängnis für Walfänger erbaut, wurde später abgerissen, ein kleiner Teil aber rekonstruiert.

★ Banyan Tree

Der Baum auf dem nach ihm benannten Platz ist über ein Jahrhundert alt und so groß, dass unter der riesigen Baumkrone z. B. ein Kunsthandwerksmarkt stattfindet.

Überblick: Lahaina

DIE FRONT STREET ist das Herz von Lahaina. Ein niedriger Deich bietet auf der Länge eines Straßenblocks schöne Aussichten auf das Meer und die Nachbarinseln: ideal für Spaziergänge. Ob man das historische Baldwin Home oder das Old Lahaina Courthouse besucht oder in den vielfältigen Läden einkauft: Lahaina bietet immer etwas Neues. Und abends ist die Stadt von der Live-Musik in Restaurants und Bars erfüllt.

Lahaina Harbor vor den spektakulären West Maui Mountains

Baldwin Home

Front Street. ☎ *(808) 661-3262.* ○ *tägl. 10–16 Uhr.* ● *1. Jan, 25. Dez.* *obligatorisch.*

Die vier ursprünglichen Räume des historischen Hauses wurden 1834 von Reverend Ephraim Spaulding mit 60 Zentimeter dicken Korall- und Steinwänden gebaut, vielleicht um den Straßenlärm zu dämpfen. Zur Blütezeit des Walfangs gab es in Lahaina, der Hauptstadt der Walfänger, oft Streit zwischen Seeleuten, die sich in Hafenbordellen und Kneipen herumtrieben, und den Missionaren, die den christlichen Glauben durchsetzen wollten.

Reverend Dwight Baldwin und seine Frau kamen in den frühen 1830er Jahren aus den USA nach Hawai'i und übernahmen als Priester Lahainas Waine'e Church. Als Spaulding um 1836 erkrankte, zogen die Baldwins in dieses Haus. Da die Familie stetig wuchs – die Baldwins bekamen insgesamt acht Kinder –, bauten sie 1849 im zweiten Stockwerk einen Schlafsaal, um ihre Töchter vom rauen Alltag der Stadt fern zu halten.

Das Erdgeschoss ist öffentlich zugänglich. Viele der von den Baldwins gestifteten Möbel stammen aus den 1850er Jahren. Zu den Originalstücken gehören eine Nähtruhe aus dem 18. Jahrhundert, Schaukelstühle und ein Pfostenbett aus *Koa*-Holz. Zu den Neuerwerbungen zählt u. a. ein Quilt mit hawai'ianischem Flaggenmuster *(siehe S. 56)* – ein Geschenk von Hawai'is letzter Königin Lili'uokalani an Captain Born.

Das zweistöckige Nachbarhaus entstand ebenfalls 1834 und diente der Mission. Wegen eines Leseraums im ersten Stock heißt es **Masters' Reading Room**. Hier fanden Seeleute eine Rückzugsmöglichkeit abseits des staubigen Marktes und der lauten Stadt. Der Reading Room, einst Heimstatt der Lahaina Restoration Foundation, ist im Originalzustand erhalten, aber nicht öffentlich zugänglich.

Im schattigen Garten des Baldwin Home

Banyan Tree

Canal St oder Front St.

Der Banyan Tree *(ficus benghalensis)* war nur 2,40 Meter hoch, als ihn Mauis Sheriff William O. Smith 1873 pflanzte, um den 50. Jahrestag der Gründung von Lahainas erster christlicher Mission zu feiern. Der Ort war einst Hauptstadt des hawai'ianischen Königreiches und Walhauptstadt der Welt. Neben dem Wachstum der Stadt entwickelte sich auch der Baum prächtig: Heute hat er einen Kronenumfang von 402 Metern und eine Höhe von 18 Metern. Er bedeckt 2700 Quadratmeter des Hofes des Lahaina Courthouse. Unter seinen Ästen werden viele Feste wie das wöchentliche He U'i Cultural Arts Festival und die jährliche Baumbeleuchtungszeremonie im Dezember gefeiert.

Der Banyan-Baum zieht jeden Tag Hunderte von Menschen an, die den weit ausladenden Baum fotografieren und ein wenig Geschichte spüren wollen. Er ist auf der Liste der zu schützenden Gedenkstätten als ein National Historical Landmark verzeichnet.

Pioneer Inn

658 Wharf St. ☎ *(808) 661-3636.*

Lahainas bekanntestes Hotel gründete der Engländer George Freeland: Er war nach Kanada ausgewandert, wo er den Mounties beitrat; doch 1900 verschlug es ihn bei der Jagd nach einem Verbrecher um die halbe Welt nach Maui. Freeland fing den Mann nicht, blieb jedoch hier, verliebte sich in eine Hawai'ianerin und baute 1901 ein Hotel.

Das Pioneer Inn ist bis heute ein Hotel, das Land gehört der Familie Freeland. Das Haus wurde renoviert, behielt aber viel vom Original. Dazu gehören Walfangmemorabilien und

Scrimshaw – Die Kunst der Walfänger

Das Leben auf einem Walfängerschiff des 19. Jahrhunderts war nur selten wirklich aufregend. Der einfache Matrose litt oft unter Monate andauernder Langeweile, schlechtem Essen und wenig Heuer. Um sich die Zeit zu vertreiben, stellten die Seeleute »scrimshaw«, Schnitzereien aus Walfisch-»Elfenbein« her – geschnitzte und gravierte Walzähne und -knochen. Sie punktierten die Oberfläche mit einem Messer oder einer Nadel, bemalten sie mit Ruß und Öl und polierten das Stück mit Haihaut. Das »Elfenbein« wurde oft nur verziert, aber auch zu Gebrauchsgegenständen wie Teelöffeln oder Gewehrgriffen geformt. Scrimshaw war und ist teuer. Man findet die Objekte in Läden an Lahainas Front Street und im Whalers Village in Kā'anapali *(siehe S. 100)*.

Dekorative Schnitzereien aus Walknochen

eine Liste mit Hausregeln, die den Mietern verbietet, Betten anzuzünden oder Frauen mitzubringen. Jeder kann heute durch die Arkaden bummeln und den Hafenblick aus der Bar genießen.

Lahaina Courthouse

649 Wharf St. *(808) 667-9193.* *tägl.* *1. Jan, 25. Dez.*

In dem 1859 erbauten Lahaina Courthouse waren einst Gouverneursbüro, Zoll- und Postamt, Gericht und ein Gefängnis untergebracht. Es wurde mit Steinen des früheren Gerichtsgebäudes und des Palastes errichtet, die ein Sturm 1858 zerstört hatte.

Heute befindet sich hier das Lahaina Visitor Center, in dem man u.a. Souvenirs erstehen kann. Archivfotos in der Eingangshalle vermitteln ein Bild früherer Zeiten. Die Galerien der Lahaina Arts Society befinden sich im alten Gefängnis im Keller.

Hale Pa'ahao

Prison und Waine'e St. *(808) 667-1985.* *tägl.* *1. Jan, 25. Dez.*

Seeleute und Missionare, die im 18. und 19. Jahrhundert auf die Inseln strömten, zeigten den Hawai'ianern fremde Laster und Verhaltensweisen.

Das Gefängnis, dessen Name »Haus, in dem man in Eisen gelegt wird« bedeutet, wurde von Sträflingen Mitte des 19. Jahrhunderts aus Korallensteinen des zerstörten Forts der Stadt erbaut. Man sperrte hier Ausländer und Hawai'ianer z.B. für Reiten an Feiertagen, das Brechen von Tabus oder gar Morde ein. Eine hohe Steinmauer umfasst einen begrünten Hof und das Gefängnis. Besucher können in die Zellen spähen, wo ihnen ein »Sträfling« über das Gefängnisleben im 19. Jahrhundert erzählt.

LAMA HAWAII

Zeitungen in der Hale Pa'i

Wo Hing Temple

858 Front St. *(808) 661-5553.* *tägl. 10–16 Uhr.* *1. Jan, 25. Dez.*

Die Chinesen zählen zu den ersten Einwanderern Hawai'is. Sie kamen als Plantagenarbeiter, doch viele waren später als Händler oder Ladenbesitzer erfolgreich. Um die Verbindung zur Heimat nicht abreißen zu lassen, gründeten sie Vereine wie 1909 die Wo Hing Society, die 1912 den Wo Hing Temple baute.

Das heutige Museum bietet einen guten Einblick in das chinesische Gemeindeleben. Neben Artefakten und einem Schrein gibt es einen Altar mit täglich frischen Opfergaben.

Im Küchenhaus werden heute alte Filme über Hawai'i gezeigt, die der amerikanische Erfinder Thomas Edison 1898 und 1906 drehte.

Hale Pa'i

Ende der Lahainaluna Road. *(808) 667-7040.* *Mo–Fr 10–16 Uhr.* *1. Jan, 25. Dez.*

Das »Haus des Drucks« liegt auf dem Grundstück der ältesten High School westlich der Rocky Mountains, des ehemaligen Lahainaluna Seminary. Als die Missionare nach Hawai'i kamen, begannen sie sofort mit der Bekehrung der Einheimischen und brachten ihnen das Lesen bei. Das Lahainaluna Seminary öffnete 1831, 1834 bauten die Missionare das Hale Pa'i an. Die Druckerei war eine strohgedeckte Hütte, die man später durch ein Steinhaus ersetzte.

Seit 1982 ist das Hale Pa'i ein Museum der hawai'ianischen Geschichte der Schrift; ausgestellt sind eine funktionierende Kopie der Druckerpresse und Faksimile erster hawai'ianischer Drucke.

Taoistischer Altar im Altarraum des Wo Hing Temple

Einheimische zeigen ihren Mut am Keka'a Point (Black Rock)

Kā'anapali ❷

Maui Co. 600. Suite 1B, 2530 Keka'a Drive, (808) 661-3271. Maui Onion Festival (Anfang Aug), Na Mele O Maui (Dez).
www.kaanapaliresort.com

KĀ'ANAPALI, MAUIS größter Urlaubsort, liegt eingebettet zwischen einem fünf Kilometer langen Strand und einigen Golfplätzen. Trotz der vielen Hotels hat sich die Siedlung ihr Flair bewahrt; sie veranstaltet Feste wie Na Mele O Maui (»Lieder Mauis«) zur Feier der hawai'ianischen Kultur und das Maui Onion Festival, eine Erntedankfeier.

Der **Pu'u Keka'a** (Schwarzer Fels) ragt am langen, weißen Kā'anapali Beach empor, einem von Mauis besten Schnorchelrevieren. Mauis Häuptling wollte seinen Truppen vor etwa 200 Jahren Mut machen und sprang hier ins Meer. Dies bedeutete eher mentale denn physische Gefahr, denn man glaubte, dass die Toten von diesem Fleck in die Geisterwelt sprangen.

Im Herzen von Kā'anapali liegt das **Whalers Village**, ein exklusives Einkaufszentrum mit dem **Whale Center of the Pacific**, Walfang- und Walhandelsmuseum. Das Hale Kroholā (Haus der Wale) stellt Walskelette, Zähne, Fischbein, Fotos und Modelle aus. Das Whalers Village Museum dokumentiert hingegen die Ausrottung der Wale durch die Walindustrie. Zu sehen sind Gerätschaften und Waffen der Walfänger, alte Fotoaufnahmen, Modelle von Walfangbooten und Produkte aus Skeletten. Tagebücher von Walfängern geben ebenso Einblicke in das Leben an Bord wie ein Schiffsmodell in Originalgröße, auf dem man in die engen, dunklen Unterkünfte blicken kann.

Mauis ungewöhnlichstes Transportmittel ist die **Lahaina Kā'anapali & Pacific Railroad**, deren Dampflokomotiven die zehn Kilometer zwischen Lahaina und Kā'anapali dahintuckern. Dampfloks dienten auf Hawai'i vom Ende des 19. Jahrhunderts bis in die 1950er Jahre, als sie durch Lastwagen ersetzt wurden, zum Transport von Zuckerrohr und Plantagenarbeitern. Heute fährt der »Zuckerrohrzug« wieder dieselbe Route, mit Blick aufs Meer und die Berge.

Whalers Village and Whalers Village Museum
2435 Kā'anapali Parkway. *(808) 661-5992.* *tägl. 9.30–22 Uhr.*
www.whalersvillage.com

Lahaina Kā'anapali & Pacific Railroad
Lahaina Station: Limahana Place.
Kā'anapali (Pu'ukoli'i) Station: An der Pu'ukoli'i Road. *(808) 661-0080.* *tägl.*
www.sugarcanetrain.com

Kapalua ❸

Maui Co. 400. Lahaina, (808) 669-0244. Kapalua Wine & Food Symposium (Juli), Celebration of the Arts (März/April).
www.kapaluamaui.com

KAPALUA LIEGT rund 20 Autominuten nördlich von Kā'anapali. Dies ist West-Mauis zweiter Ferienort: Die Luxushotels und 54 Fairways

Eine der wunderschönen Buchten, die typisch sind für Kapalua

sind von einer Reihe vorzüglicher halbmondförmiger Buchten und Ananasplantagen an den unteren Hängen der West Maui Mountains umgeben.

Zwei der Buchten, **Honoloa** und **Mokulē'ia**, sind zu Naturschutzgebieten erklärt worden, in denen Taucher und Schwimmer Fischen und Wasserschildkröten Gesellschaft leisten. Die Golfplätze sind von der Audubon Society geprüfte Vogelschutzgebiete, das Land oberhalb des Ortes steht unter Verwaltung der Nature Conservancy.

Im November gibt es ein PGA-Golfturnier mit Preisgeldern von über einer Million Dollar und ein Wein- und Nahrungsmittelsymposium, das Weinhändler, Köche und Genießer aus aller Welt anlockt. Dazu gehören Weinproben, Kochdemonstrationen und Seminare. Kapula bietet auch Hochzeitsarrangements an – mit Kuchen und hawai'ianischer Musik.

'Īao Valley ❹

Maui Co. MVB, Wailuku, (808) 244-3530.

OBERHALB von Wailuku führt die 'Īao Valley Road in die West Maui Mountains. Zunächst folgt sie unterhalb steiler Kliffe einem von Bäumen verdeckten Fluss und steigt hinauf ins Grün des 'Īao Valley, einer der heiligsten und ältesten Stätten Mauis. Früher waren hier die Gebeine von Königen begraben. In diesem Tal vernichteten 1790 die Truppen Kamehamehas des Großen mit westlichen Waffen die Truppen Kahekilis, des letzten unabhängigen Häuptlings der Insel.

Etwa drei Kilometer von Wailuku ins Tal hinein liegen die **Kepaniwai Heritage Gardens**, ein hübscher, bei Einheimischen beliebter Park mit schattigen Picknicktischen und einem Plantschbecken für Kinder. Überall im Park zeigen Modelle die architektonischen Stile verschiedener ethnischer Gruppen – ein strohgedecktes hawai'ianisches *hale* (Haus), ein portugiesisches Haus mit Außenkochstelle, ein einfaches japanisches Haus und ein Neuengland-Cottage: Zeugnisse der Einwanderer aus vielen Ecken der Welt.

Statue japanischer Arbeiter, Kepaniwai Heritage Gardens

Gegenüber bietet das **Hawai'i Nature Center** Wanderungen und andere Aktivitäten im Freien für Jung und Alt. Daneben gibt es Angebote für angehende Wissenschaftler schon ab drei Jahren: 1997 wurde die 'Īao Valley Interactive Science Arcade eröffnet, ein innovatives Museum mit Spielen und Ausstellungen, die Besucher über die Pflanzen- und Tierwelt auf dieser Insel informieren. Erklärt wird, weshalb sich bestimmte Arten so und nicht anders entwickelten und wie die Ökologie der gesamten Inselkette wirksam vor der Zerstörung geschützt werden kann.

Die gepflasterte Straße endet im **'Īao Valley State Park** am Fuße der 'Īao Needle, einer 365 Meter hohen Felsspitze. Die »Nadel« ist ein Erosionsrest – ein Felsen aus vulkanischem Gestein, der zurückblieb, als weicherer, umliegender Stein durch Erosion abgetragen wurde. Pfade führen in das Tal hinein, doch wegen der großen Feuchtigkeit kann es gefährlich sein, hier zu wandern. Oft erzeugen lang anhaltende Niederschläge flutähnliche Zustände.

Kepaniwai Heritage Gardens
'Īao Valley Road. (808) 270-7230. tägl.

Hawai'i Nature Center
'Īao Valley Road. (808) 244-6500. tägl. 1. Jan, Thanksgiving, 25. Dez.
www.hawaiinaturecenter.org

'Īao Valley State Park
Ende der 'Īao Valley Road, 5 km westlich von Wailuku. tägl.

BUCKELWALE

Einst Zentrum der pazifischen Walindustrie, ist Maui Country heute Schutzgebiet für Buckelwale, die hier den Winter verbringen und im warmen, seichten Wasser ihre Jungen gebären. Neugeborene sind drei bis vier Meter lang und wiegen eine bis zwei Tonnen. Ausgewachsene Tiere können bis zu 14 Meter lang und 30 bis 40 Tonnen schwer werden. Während der Paarungszeit produzieren die Männchen einen bezaubernden »Gesang« aus Pfeiftönen, Grunzen, Quietschen und Kreischen, der die Weibchen anlockt. Obwohl man nicht zu nah an die Wale heranfahren darf, nähern sich die intelligenten Wesen manchmal einem Boot auf Beobachtungsfahrt.

Einzigartiges Schauspiel: ein Wal beim Auftauchen

Wailuku 5

Maui Co. 11 000. MVB, 1727 Wili Pā Loop, (808) 244-3530.

Das in den Ausläufern der West Maui Mountains gelegene Wailuku war früher eine Königsstadt und Schauplatz blutiger Schlachten. Heute geht es in der Hauptstadt von Maui, neben dem wirtschaftlich bedeutenden Nachbarn, Kahului (der größten Stadt der Insel), eher beschaulich zu. Interessant ist der Architekturmix an der High Street mit der **Wailuku Library** des hawai'ianischen Architekten C.W. Dickey, dem alten **Wailuku Courthouse** und der **Ka'ahumanu Church**.

Bailey House Museum

2375A Main St. *(808) 244-3326.* *Mo–Sa 10–16 Uhr.* *1. Jan, Thanksgiving, 25. Dez.* www.mauimuseum.org

Das Museum, Sitz der Maui Historical Society, bietet eine Zeitreise in das Missionsleben im Hawai'i des 19. Jahrhunderts. Zwischen 1837 und 1849 befand sich in dem Gebäude das Wailuku Female Seminary, wo Edward Bailey und seine Frau Caroline unterrichteten. Als das Seminar geschlossen wurde, kaufte Bailey das Haus. In dem Museum sind u.a. *Kapa*(Baumrinde)-Stoffe, Steinutensilien, Schnitzereien, *lei* und die Maui-Gemälde des Missionars ausgestellt.

Alexander and Baldwin Sugar Museum

3957 Hansen Rd, Pu'unēnē, 5 km südöstlich von Wailuku. *(808) 871-8058.* *tägl. 9.30–16.30 Uhr.* *1. Jan, Thanksgiving, 25. Dez.* www.sugarmuseum.com

Gegenüber der 1902 von Alexander und Baldwin *(siehe S. 105)* erbauten Pu'unēnē Sugar Mill steht das Wohnhaus des Verwalters, das der Zuckerindustrie, die Hawai'i über 50 Jahre lang beherrschte, gewidmet ist. Das Museum bietet das Modell einer Zuckerrohrmühle, alte Fotos und Audioführungen.

Die gepflegten Anlagen des Maui Tropical Plantation and Country Store

Maui Tropical Plantation and Country Store

1670 Honoapi'ilani Hwy (Hwy. 30), 3 km südlich von Wailuku. *(808) 244-7643.* *tägl.* *nur Bahn.*

Einige der hier gezeigten Pflanzen, wie Bananen, Kokosnüsse, Brotfrüchte und Taro, brachten vor langer Zeit Polynesier nach Hawai'i. Orchideen aus Afrika, Papayas aus Südamerika, Sternfrüchte aus Südostasien und Macademianüsse aus Australien sind neuere Exponate. Eine offene Bahn zuckelt über die Hälfte der 45 Hektar Fläche, dabei erfährt man etwas über Herkunft und Aufzucht der Pflanzen, die man im Shop auch kaufen kann.

Skulptur, Bailey House Museum

Haleki'i-Pihana Heiau State Monument

Von der Waiehu Beach Rd landeinwärts zum Kūhiō Place, dann links zum Hea Place. *tägl.*

Die *heiau* (Tempel) des alten Hawai'i im Central Valley war ein religiös-politisches Zentrum: Das Haleki'i (»Haus der Bilder«) diente wohl Häuptlingen. Bei religiösen Zeremonien residierte die *ali'i* (Adel) in strohgedeckten Häusern, deren Wände an der Ostfassade des Tempels zu sehen sind.

Vom Pihana (»Fülle«), einem *luakini heiau* (für Menschenopfer), ist nur ein rekonstruiertes Wandelement erhalten. Kamehameha I. brachte hier nach seinem Sieg 1790 im 'Īao Valley *(siehe S. 101)* ein Opfer dar.

Kaho'olawe 6

Maui Co. *für die Öffentlichkeit.*

Die trockene, unbewohnte, knapp 18 Kilometer lange frühere Sträflingsinsel diente der US-Marine einst für Zielübungen. Doch seit den 1970er Jahren setzten sich Hawai'ianer für die Rückgewinnung der Insel ein. 1994 wurde sie von den USA dem Bundesstaat Hawai'i zugesprochen. Man fand Hunderte alter Gedenkstätten. Der Zugang ist stark reglementiert, doch Kaho'olawe ist heute ein Symbol für die Rückbesinnung auf das alte Hawai'i.

Molokini 7

Maui Co. *Mā'alaea Harbor.* *MVB, Wailuku, (808) 244-3530.*

Molokini ist ein fast völlig unter Wasser liegender Vulkan, von dem nur eine 50 Meter hohe, felsige Kraterwand zu sehen ist. Im Wasser des Meeresschutzgebietes, eines der besten Schnorchel- und Tauchgründe Hawai'is, tummeln sich Meeresfische ohne Scheu vor den Gästen der vielen Ausflugsboote.

Das Vulkaneiland Molokini ist ein beliebtes Schnorchel- und Taucherziel

Die Küste im Südosten Mauis

VON DER KLEINEN Hafenstadt Māʻalaea bis zu den versteinerten Lavaströmen der La Pérouse Bay bietet der Südosten Mauis vor allem Wassersportmöglichkeiten. Der Haleakalā schützt die Region vor Wind und Regen; die Nähe der benachbarten Inseln und das seichte Gewässer schaffen milde Bedingungen. Alle Strände auf Maui sind öffentlich zugänglich, die Strände dieser Küste eignen sich besonders gut zum Schwimmen, Schnorcheln, Tauchen und Kajakfahren.

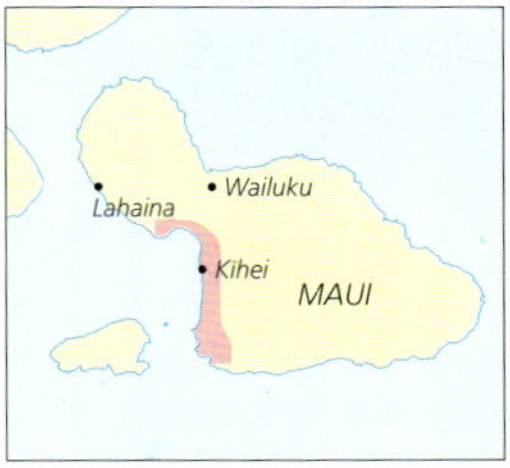

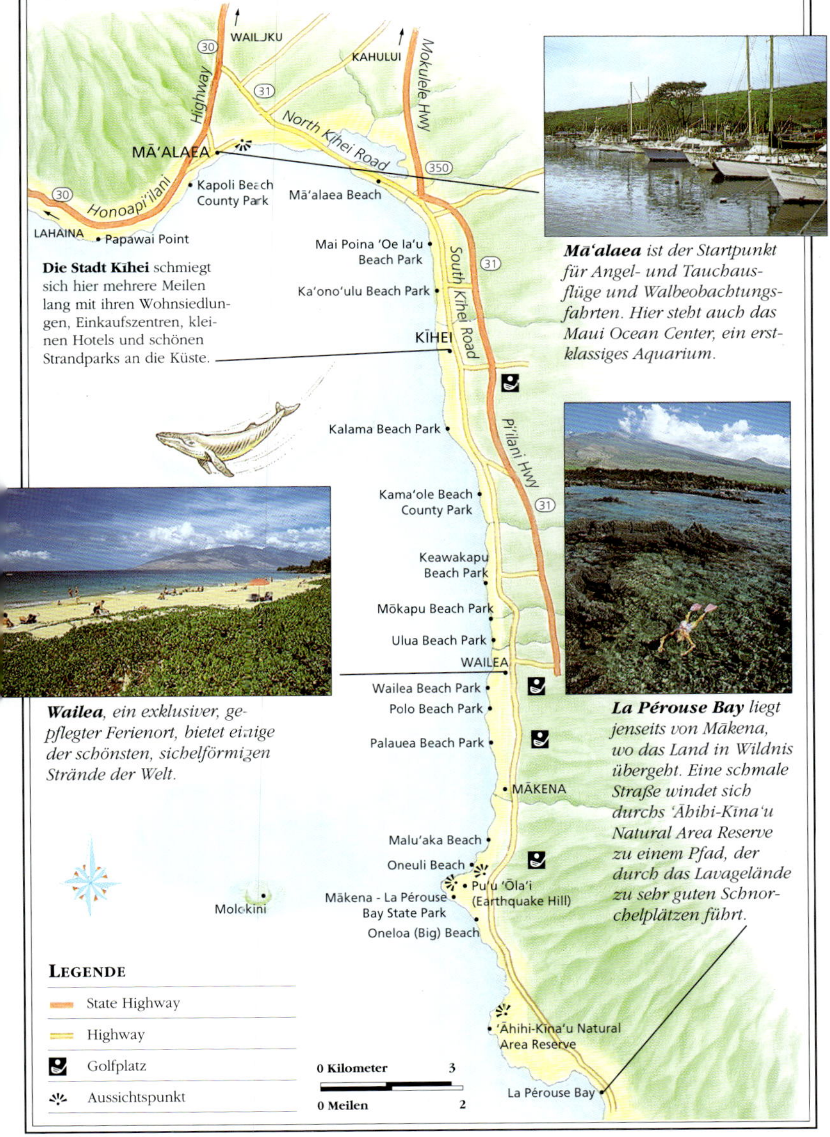

Die Stadt Kīhei schmiegt sich hier mehrere Meilen lang mit ihren Wohnsiedlungen, Einkaufszentren, kleinen Hotels und schönen Strandparks an die Küste.

Māʻalaea *ist der Startpunkt für Angel- und Tauchausflüge und Walbeobachtungsfahrten. Hier steht auch das Maui Ocean Center, ein erstklassiges Aquarium.*

Wailea*, ein exklusiver, gepflegter Ferienort, bietet einige der schönsten, sichelförmigen Strände der Welt.*

La Pérouse Bay *liegt jenseits von Mākena, wo das Land in Wildnis übergeht. Eine schmale Straße windet sich durchs ʻĀhihi-Kīnaʻu Natural Area Reserve zu einem Pfad, der durch das Lavagelände zu sehr guten Schnorchelplätzen führt.*

LEGENDE

- State Highway
- Highway
- Golfplatz
- Aussichtspunkt

Tour durch Mauis Inland ⑧

Schild vor der Tedeschi Winery

Zwischen Mauis Küstenstädten und der rauen Bergwelt des Haleakalā, dem als »Upcountry« bekannten Inselinneren, ist die Luft kühl und duftet nach Eukalyptushainen der Weidegebiete bei ʻUlupalakua und Haleakalā. Die Straßen winden sich durch eine manchmal in Nebel gehüllte Landschaft, man hat einen atemberaubenden Blick auf Central Maui, die West Maui Mountains und das Meer. Die Landschaft allein lohnt die Fahrt, vorbei an viel Geschichte, einem Weingut, einem Park, der den chinesischen Einwanderern Tribut zollt, und an einer Kirche, die wie die Krone der Königin von Portugal gebaut ist.

Baldwin Avenue ⑧
Diese landschaftlich reizvolle Route von Makawao zur Küste bei Pāʻia wird häufig für Fahrradtouren genutzt, die am Haleakalā National Park starten *(siehe S. 106f)*.

Church of the Holy Ghost ①
Diese katholische Kirche wurde Ende des 19. Jahrhunderts von Mauis portugiesischer Gemeinde errichtet. Die achteckige Form gleicht der Krone der Königin Isabella von Portugal: Eine Kopie davon, ein Geschenk Portugals, steht gegenüber dem vergoldeten Holzaltar.

Kēōkea ②
Das kleine Kēōkea besitzt eine farbenprächtige Kirche und gemütliche Läden. Von hier führt die Straße durch Weideland mit Aussicht auf West Maui, Lānaʻi, Molokaʻi, Kahoʻolawe und das winzige Molokini.

Sun Yat-sen Memorial Park ③
In dem verwilderten Park bewachen Steinlöwen die Statue des Revolutionärs Dr. Sun Yat-sen, des ersten Präsidenten der Republik China (1911), dessen Bruder als Einwanderer nach Kēōkea kam. Sun Yat-sen versteckte hier während der Chinesischen Revolution (1911/12) seine Familie.

Tedeschi Winery ④
Im Zentrum der ʻUlupalakua Ranch kann man in einem einst von König Kalākaua genutzten Cottage Weine probieren und picknicken.

…llige Hügel und flaches Land …d typisch für das Inselinnere

Routeninfos

Länge: *77 km.*
Rasten: *Einen halben Tag sollte man für das Tedeschi-Weingut, einen Spaziergang durch die Kula Botanical Gardens und Makawao einplanen. Restaurants gibt es in Makawao, Hāli'imaile (nördlich von Makawao) und Pukalani* (siehe S. 170 f). *Eine Alternative sind die Picknickplätze am Wegesrand.*

Hui No'eau Visual Arts Center ⑦
Das Kunstzentrum liegt idyllisch in einem Anwesen von 1917, das C. W. Dickey für die Familie Baldwin baute. In der Galerie und im Laden findet man Werke lokaler Künstler, bei den Kunstkursen sind Gäste willkommen.

Legende

- Routenempfehlung
- Andere Straße
- Aussichtspunkt

0 Kilometer 5
0 Meilen 3

Small Upcountry Farms ⑥
Hier wachsen vor allem Protea und süße Mauizwiebeln. Besucher können Farmen und Gärten anschauen und Protea kaufen.

Kula Botanical Gardens ⑤
In den fruchtbaren, kühlen Gärten gedeihen Hortensien und Protea. Daneben gibt es eine Sammlung mit den giftigsten Pflanzen der Welt.

Henry Perrine Baldwin

Mauis weite, grüne Zuckerrohrfelder sind vor allem der Vision von H. P. Baldwin (1842–1911), Sohn prominenter Missionare aus Lahaina, zu verdanken. 1876 bauten er und sein Partner S. T. Alexander den Hāmākua Ditch, ein neuartiges, 27 Kilometer langes Bewässerungssystem, das bis zu 150 Millionen Liter Wasser aus dem höher gelegenen Land zu ihren trockenen Feldern östlich von Pā'ia brachte. »HP« schuf so das wichtigste Unternehmen des modernen Maui (Alexander & Baldwin) und regierte damit die Insel de facto in der Übergangsphase von der Monarchie zur Annexion *(siehe S. 31f)*.

»HP« (rechts) und Partner 1898 vor der Hāmākua Poko Mill

Broncoreiten beim Makawao Rodeo, ein jährliches Vergnügen

Makawao ❾

Maui Co. *5,500.* *MVB, Wailuku, (808) 244-3530.* *Makawao Rodeo (4. Juli).*

Die Holzgebäude mit ihren Schaufassaden, das alljährliche Rodeo und die umliegenden Viehranchen verschaffen Makawao echtes Wildwest-Flair. Seit Mitte des 19. Jahrhunderts ist der Ort eine Cowboystadt, doch seit jüngster Zeit macht der *paniolo* *(siehe S. 121)* hier auch Alternativen und Künstlern Platz.

Schicke Kunstgalerien mit einheimischen Werken findet man überall im Stadtzentrum. Tagsüber kann man Glasbläsern im **Hot Island Glass** an der Baldwin Avenue zuschauen, in Cafés ausspannen oder in der **Komoda Store and Bakery** (auch Baldwin Avenue) Gebäck probieren und das alte Maui genießen.

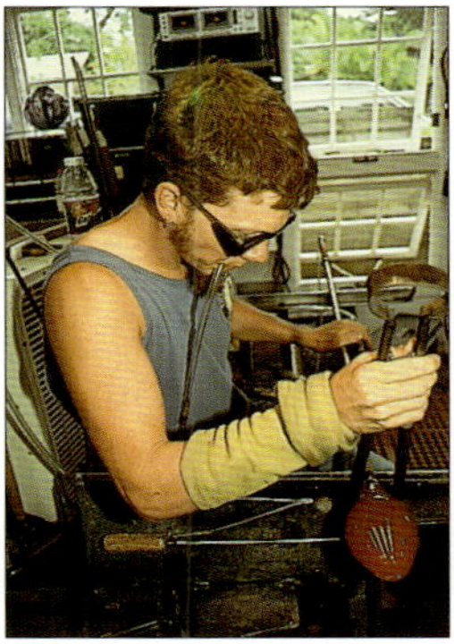

Ein Glasbläser zeigt seine Kunst bei Hot Island Glass

Haleakalā National Park ⑩

Nēnē leben am Haleakalā

DIE LANDMASSE von Ost-Maui ist im Grunde die Spitze eines riesigen Schildvulkans, der mehr als fünf Kilometer unterhalb des Meeresspiegels beginnt. Der Haleakalā (»Haus der Sonne«) spuckte vor rund 200 Jahren das letzte Mal flüssige Lava aus und ist gegenwärtig untätig, aber nach wie vor aktiv. Die durch Erosionskräfte geformte Gipfeldepression ist zwölf Kilometer lang und vier Kilometer breit. Dieses Naturwunder ist Teil des Nationalparks, zu dem auch das Kipahulu Valley und das ʻOheʻo Gulch gehören *(siehe S. 109)*. In knapp zwei Stunden fährt man vom Meeresspiegel hinauf zum 3055 Meter hohen Gipfel. Mit zunehmender Höhe sinken Temperatur und Sauerstoffgehalt drastisch ab.

Am Hosmer Grove Campingplatz gibt es einen informativen Lehrpfad.

Am Leleiwi Overlook sieht man seinen eigenen Schatten auf den Wolken im Tal, umgeben von einem Regenbogen.

Parkverwaltung

★ Puʻuʻulaʻula Summit
Auf dem Gipfel des Puʻuʻulaʻula (»Roter Hügel«) zu stehen, dem höchsten Punkt auf Maui, ist nicht nur wegen der Höhe, sondern auch wegen des Blicks auf den gesamten Vulkan ein atemberaubendes Erlebnis.

Besucherzentrum

Haleakalā Observatorien
Die nicht zugänglichen, wie Science-Fiction wirkenden Forschungsstationen in mondähnlicher Landschaft beobachten die Bewegungen der Erdkruste.

NICHT VERSÄUMEN

- ★ Puʻuʻulaʻula Summit
- ★ Silversword Loop
- ★ Sliding Sands Trail

Gipfeldepression
Früher war der Haleakalā viel höher, Wasser trug den Gipfel ab, formte die heutige Senke und lief durch zwei große Risse im Rand ab. Später wurde das Tal durch Vulkantätigkeit aufgefüllt. Hierbei bildeten sich Schlackekegel.

Halemau'u Trail
Diese anstregende, doch wunderbare Ausblicke bietende Wanderung vom Ende der Haleakalā Crater Road bis zur Hōlua Cabin und zurück dauert einen ganzen Tag.

INFOBOX

Maui Co. Haleakalā Crater Rd (Hwy 378). *24 Std.*
Parkzentrale *(808) 572-4400.* *tägl. 7.30–16 Uhr.*
Besucherzentrum *tägl. Sonnenaufgang bis 15 Uhr.*
Hütten *Reservierung per Verlosung: Cabins, Haleakalā National Park, Box 369, Makawao, HI 96768.* www.nps.gov/hale

★ Silversword Loop
Hier am Haleakalā gedeiht das Silberschwert, eine der seltensten Pflanzen der Welt, unter härtesten Bedingungen: heiße Tage, kalte Nächte und poröser Ascheboden. Die weichen silbrigen Haare auf den Blättern schützen die Pflanze vor Sonne und Wind. Es dauert fast 50 Jahre, bis sie in einem violetten Blütenkranz erstrahlt.

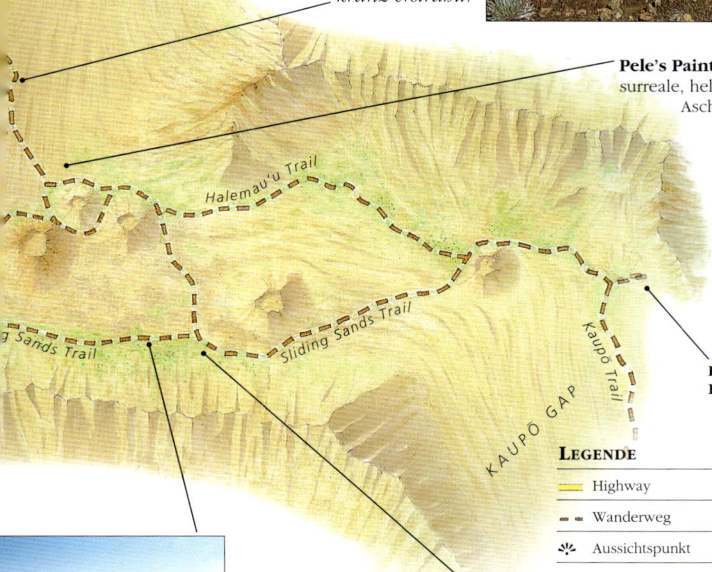

Pele's Paint Pot ist eine surreale, hell leuchtende Aschelandschaft.

Palikū-Hütte

LEGENDE

Highway
Wanderweg
Aussichtspunkt

★ Sliding Sands Trail
Die einzige Möglichkeit, die Größe und landschaftliche Vielfalt des Kraters zu erleben, ist ein Abstieg in den Vulkan (900 Meter). Der 16 Kilometer lange Trail führt vom Besucherzentrum durch karge Schlackewüste bis hin zu alpinem Buschland.

Kapalaoa Cabin
Eine von drei einfachen, mit Herd, Küchenutensilien und Kojen ausgestatten Hütten am Vulkan.

Surfer im Ho'okipa Beach County Park

Pā'ia ⓫

Maui Co. 2100. MVB, Wailuku, (808) 244-3530.

Heute ist Pā'ia eine Küstenstadt mit ausgefallenen Läden, einer internationalen Surfergemeinde und guten, einfachen Lokalen. In den 1930er Jahren hatte sie die höchste Bevölkerungsdichte der Insel. Die Zuckermühle, von der die Stadt lebte, ist noch in Betrieb. Sie liegt am Highway 390, 1,5 Kilometer östlich der einzigen Ampel. Der **Mantokuji Buddhist Temple** neben dem Hāna Highway (Hwy 360) erinnert an die Plantagenarbeiter.

Umgebung: Der beliebte, aber windige **HA Baldwin Beach County Park** westlich der Stadt eignet sich gut zum Bodysurfen. Zehn Minuten östlich von Pā'ia liegt der weltberühmte **Ho'okipa Beach County Park**. Einzigartige Bedingungen ermöglichen es den Surfern, über den sich brechenden Wellen spektakuläre Manöver zu vollführen. Man kann hier zwar nicht schwimmen, aber es macht Spaß, den Surfern bei starkem Wellengang zuzuschauen.

Ke'anae Peninsula und Wailua Valley ⓭

Maui Co. MVB, Wailuku, (808) 244-3530.

Zwischen Meile 16 und 20 liegt ein Gebiet, das gerne als »Kulturlandschaft« bezeichnet wird. Hauptattraktion sind die alten *lo'i* oder Taroteiche zwischen Meile 17 und 19. Einer Legende zufolge bestand die Halbinsel Ke'anae nur aus Lavagestein, bis der auf seinen Nachbarn in Wailua eifersüchtige Häuptling seinen Leuten befahl, die Erde von den Hügeln herabzuholen.

Wailuas katholische Kirche, **Our Lady of Fatima**, wurde 1860 aus Korallen erbaut. Es heißt, dass die Protestanten die Korallen horteten, doch Stürme sie fortschwemmten und zur katholischen Seite des Tals zurückbrachten.

Tour: Straße nach Hāna ⓬

Meilenschild

Seit 1926 verbindet die »Hāna Belt Road« den Rest von Maui mit den Regenwaldregionen der Ostküste. Die mit Jeep oder Cabriolet gleichermaßen befahrbare Straße ist sehr kurvenreich und schmal. Daher ist höchste Konzentration auf dieser Strecke ein Muss. Andererseits verlockt die Landschaft dieser Küste, die zu den regenreichsten der Welt gehört, mit ihren Wasserfällen, Schluchten und der üppigen tropischen Vegetation zum Schauen und Staunen.

Waikamoi Ridge Trail ①
Der nicht gekennzeichnete Rastplatz zwischen Meile 9 und 10 bietet einen Picknick- und Grillplatz sowie einen Naturlehrpfad mit verschiedenen Eukalyptus- und Bambusarten.

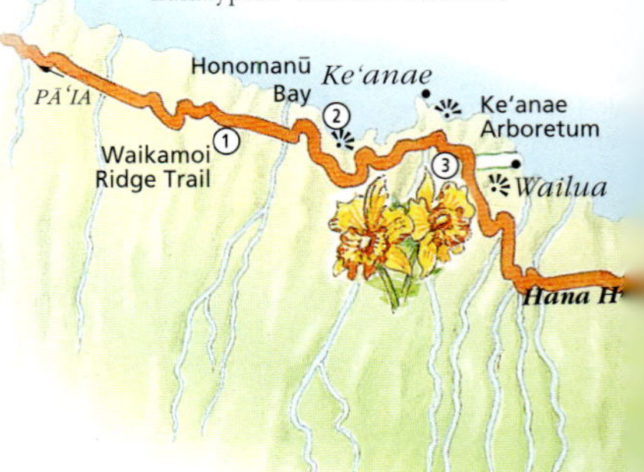

Honomanū Bay ②
Diese Bucht ist ein beliebter Surfort. In dem stürmischen Wasser zu schwimmen kann jedoch für Anfänger riskant sein.

0 Kilometer 5

0 Meilen 5

Legende

Routenempfehlung

Andere Straße

Aussichtspunkt

Ke'anae Arboretum ③
In diesen öffentlichen Gärten kurz vor Meile 17 gibt es Tarofelder und einen schönen Pfad, der durch eine Vielzahl tropischer Pflanzen aus der ganzen Welt führt.

Hāna ⓮

Maui Co. 👥 700. ✈ ℹ *MVB, Wailuku, (808) 244-3530.* 🎉 *East Maui Taro Festival (März/April).*

In Hāna, Hawai'is »hawai'ianischster« Stadt, scheint die Zeit stehen geblieben zu sein. Von jeher war die Stadt wegen ihrer herrlichen Bucht und ihres traumhaften Klimas begehrt. Die Könige von Maui und Big Island kämpften um die Herrschaft in der Stadt und nutzten den **Ka'uiki Head**, einen großen Aschekegel an der rechten Seite der Bucht, als Festungsanlage. In einer Höhle am Fuße des Kegels wurde Königin Ka'ahumanu geboren *(siehe S. 30)*.

Das **Hāna Cultural Center** präsentiert einen *kauhale* (Wohnkomplex) im alten hawai'ianischen Stil, einst einzigartig für die Gegend. Ausgestellte Artefakte zeugen von der Lokalgeschichte. Die **Wānanalua Church** am Highway (Hwy 360) wurde 1838 von Missionaren aus Korallenstöcken über einem existierenden *heiau* (Tempel) erbaut, was den Triumph des Christentums über das Heidentum symbolisierte.

Zucker wurde in Hāna von 1860 bis 1944 angebaut, als Paul Fagan aus San Francisco die Mühle schloss und Viehwirtschaft betrieb. Drei Jahre später baute er das Hotel Hāna-Maui auf einem Grundstück, das früher Missionaren gehörte. Fagans Einfluss ist bis heute spürbar, ein Gedenkkreuz steht auf dem Hügel über der Bucht.

Taro auf Hawai'i

Die lilagraue Wurzel (Knolle) der *Colocasia esculenta* war Nahrungsgrundlage des alten Hawai'i. Man glaubte, dass Taro und Menschen die gleichen Eltern hätten und dass die Götter der Pflanze befohlen hätten, für ihre Geschwister zu sorgen. Und so bot sie ihnen Nahrung, meist in Form von *poi* (Taropaste), an. Taro wächst in Gruppen von *'ohā* (Stielen), wobei die jüngeren Stiele ähnlich wie Kinder nahe bei den älteren bleiben.

Taro ist auf Hawai'i eine traditionelle Pflanze

🏛 Hāna Cultural Center
Uakea Rd. ☎ *(808) 248-8622.*
◯ *tägl. 10–16 Uhr.* ● *1. Jan, 25. Dez.* 📷 ♿ W www.hookele.com

'ilanihale Heiau ④
diesem botanischen
rten, Mauis ältestem
iner Art, wachsen Or-
ideen und andere exo-
che Pflanzen. In der
ihe steht der wunder-
r erhaltene Pi'ilani-
le Heiau, Hawai'is
ößter alter Tempel.

Wai'ānapanapa State Park ⑤
Nehmen Sie sich Zeit für die Meereshöhlen, die Kliffe, den schwarzen Strand und den »King's Trail«, der an der Küste entlang bis nach Hāna führt.

Ka Iwi o Pele ⑥
Der große Aschekegel unterhalb der Meile 51 war einst Schauplatz mythischer Kämpfe der Vulkangöttin Pele. In der Nähe liegen der Kōki und Hāmoa Beach an jener Wasserstelle, aus denen der Halbgott Maui die Inseln aus dem Meer gefischt haben soll.

'Ohe'o Gulch ⑦
Die Teiche in diesem Fluss sind ideal zum Schwimmen. Ein drei Kilometer langer Waldweg führt zu den Waimoku Falls, einem der höchsten Wasserfälle Mauis.

Palapala Ho'omau Congregational Church ⑧
In dieser gut erhaltenen Kirche (1864) wurde der berühmte US-amerikanische Flieger Charles Lindbergh bestattet.

Routeninfos

Länge: *110 km hin und zurück.*
Rasten: *Man sollte gleich morgens aufbrechen. Zwischen Pā'ia und Hāna gibt es keine Tankstellen; in Hana schließen Läden bei Dämmerung. Hāna bietet nur wenige Restaurants* (siehe S. 170) *und Hotels* (siehe S. 156)*. Campen kann man im Wai'ānapanapa State Park (Genehmigung) und 'Ohe'o Gulch (sehr einfach). Touren des Pi'ilanihale Heiau:* ☎ *(808) 248-8912.*

Big Island

DIE KULTUR UND DEN GEIST HAWAI'IS *versteht man nach einem Besuch auf Big Island (Hawai'i Island), am besten. Auf der größten Insel des Archipels siedelten die ersten Polynesier, der letzte* heiau *(Tempel) wurde hier gebaut. Captain Cook fand auf Big Island den Tod, König Kamehameha der Große stieg hier zur Macht auf, und die christlichen Missionare kamen zuerst nach Big Island.*

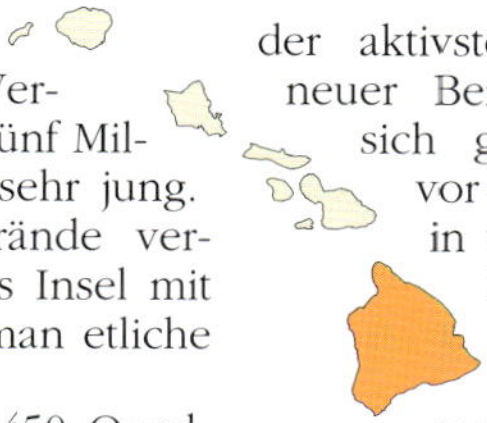

Big Island ist mit nur einer Million Jahre im Vergleich zu Inseln wie dem fünf Millionen Jahre alten Kaua'i sehr jung. Mangels endloser Sandstrände vermarktet sich Big Island als Insel mit Kulturstätten, von denen man etliche besuchen kann.

Mit einer Fläche von 10 450 Quadratkilometern ist Big Island doppelt so groß wie die Gesamtfläche aller anderen Inseln. Sie wird von dem gewaltigsten Berg der Welt dominiert, der von seiner Basis am Meeresgrund 9150 Meter misst und noch immer wächst. Der höchste Gipfel Hawai'is ist der oft schneebedeckte Mauna Kea; der Hualālai hält den Regen bringenden Passat vom trockenen Kona ab; der Kohala ist ein sanfter Hügel im nördlichen Weideland von Waimea und der Kīlauea der aktivste Vulkan der Welt. Ein neuer Berg namens Lō'ihi bildet sich gegenwärtig 32 Kilometer vor der Südostküste und wird in tausend Jahren durch die Meeresoberfläche stoßen. Auf Big Island erlebt man von alpinen Bergregionen bis zur Wüste alle möglichen Ökosysteme.

Doch die Insel ist eine der ruhigsten und verschlafensten Flecken Hawai'is – hier leben nur zehn Prozent aller Hawai'ianer. Hilo ist die größte Stadt, wurde aber durch zerstörerische Tsunamis 1946 und 1960 sowie durch den Zusammenbruch der Zuckerindustrie in den 1990er Jahren zurückgeworfen. Der Tourismus spielt die Hauptrolle, vor allem im sonnigen Kona. Big Island bietet v. a. hawai'ianische Gastfreundschaft.

***Paniolo* (hawai'ianische Cowboys) auf der Parker Ranch in der Nähe von Waimea**

◁ **Die Kuppeln der Observatorien auf dem Mauna Kea, dem höchsten Gipfel auf Big Island**

Überblick: Big Island

Osten und Westen der Insel sind gute Ausgangspunkte, um Big Island zu erkunden. Hilo eignet sich ideal für Ausflüge an die Hāmākua Coast, zum Mauna Kea, in die Region Puna und in den Hawai'i Volcanoes National Park – mit der Kīlauea-Caldera und den aktiven Lavaströmen ein Highlight. Das charmante Hilo ist mit durchschnittlich 330 Zentimeter Regen im Jahr sehr feucht. Wer die Sonne liebt, sollte eher in die Urlaubsorte im Westen, nach Kailua-Kona, fahren. Von hier aus erreicht man die Ferienanlagen von South Kohala im Norden, die Parker Ranch in Waimea, Kona im Süden und gut erhaltene historische Stätten wie Pu'uhonua O Hōnaunau.

Traditionelles Kanu, Pu'uhonua O Hōnaunau National Historical Park

Die besten Erholungsgebiete

Die folgenden Orte wurden wegen ihrer vielfältigen Freizeitaktivitäten ausgewählt. Achtung: Die Bedingungen am Meer ändern sich ständig je nach Wetter und Jahreszeit. Seien Sie vorsichtig, gehen Sie evtl. nicht ins Wasser oder fragen Sie vor Ort nach.

	Schwimmen	Schnorcheln	Tauchen	Bodysurfen	Windsurfen	Wandern	Reiten	Golf
Ahalanui Beach Park	●							
'Anaeho'omalu Bay	●	■	●	■	●			
Hāpuna Bay	●	■	●	■				■
Hawai'i Volcanoes National Park						■		
Hilo	●	■	●	■			●	■
Honoka'a								■
Ho'okena	●	■						
Ka Lae						■		
Kahalu'u Beach County Park	●	■	●					
Kailua-Kona	●	■	●	■			●	■
Kalōpā State Recreation Area						■		
Kapa'au						■		
Kawaihae Harbor					●			
Kealakekua Bay	●	■	●				●	
Kekaha Kai State Park	●	■	●			■		
Kolekole Beach County Park	●							
Lapakahi State Historical Park	●	■	●					
Mauna Kea						■	●	
Mauna Lani	●	■		■			●	■
Pāhala								■
Pepe'ekeo Scenic Drive						■		
Puakō		■						
Punalu'u Beach County Park	●	■	●					
Pu'uhonua O Hōnaunau	●	■	●					
Spencer Beach County Park	●	■	●	■				
Volcano Village								■
Waikoloa							●	■
Waimea							●	
Waipi'o Valley	●					■	●	

Siehe auch

- ***Übernachten*** S. 159f
- ***Restaurants*** S. 173f

Legende

- State Highway
- Highway
- Straße nur für Vierradantrieb
- Panoramastraße
- Fluss
- Aussichtspunkt

Sehenswürdigkeiten auf einen Blick

‘Akaka Falls State Park 19
Hāmākua Coast 18
Hāpuna Bay 8
Hawai‘i Volcanoes National Park S. 128f 28
Hāwī 11
Hilo S.124f 21
Ho‘okena 3
Ka Lae 27
Kailua-Kona 1
Kapa‘au 12
Kapoho 23
Ka‘ū District 26
Kealakekua Bay 2
Kekaha Kai State Park 5
Kohala Mountain Road 13
Lapakahi State Historical Park 10
Mauna Kea 17
Mauna Lani 7
Pāhoa 22
Pepe‘ekeo Scenic Drive 20
Puna Lava Flows 24
Pu‘uhonua O Hōnaunau National Historical Park S. 116f 4
Pu‘ukoholā Heiau National Historic Site 9
Saddle Road 16
Volcano Village 25
Waikoloa Coast 6
Waimea 14
Waipi‘o Valley 15

Ka Lae ist der südlichste Punkt der USA

Auf Big Island unterwegs

Vom Flughafen Hilo oder dem Kona International Airport nördlich von Kailua-Kona geht es per Mietwagen weiter. Die Insel wird von der Hawai‘i Belt Road umrundet, der nördliche Abschnitt (Hwy 19, später Hwy 190) führt in etwa zwei Stunden von Hilo über Waimea nach Kailua-Kona. Die Südstrecke (Hwy 11) führt in drei Stunden durch den weiten Ka‘ū-Distrikt. Die schmale, teilweise schadhafte Saddle Road verbindet Mauna Kea und Mauna Loa. Neue Lavaströme haben den Highway 130 in zwei Abschnitte zerteilt: eine Ostroute nach Puna und die Chain of Craters Road, auf der man die Ausbrüche des Kīlauea hautnah verfolgen kann.

Das bunte Innere der St. Benedict's Painted Church in Hōnaunau

Kailua-Kona ❶

Hawai'i Co. 9500. Big Island VB, West Hawai'i (808) 886-1655. Ironman Triathlon (Sa vor oder nach Vollmond im Okt).

KAILUA-KONAS Touristenmeile am Meer, der Ali'i Drive, erinnert an die bewegte hawai'ianische Geschichte. In der Kailua Bay wurde der dem Gott Lono gewidmete Tempel **Ahu'ena Heiau** gebaut. Kamehameha der Große, dessen Residenz gleich daneben lag, restaurierte ihn. Ein weiterer Nachbar ist das **King Kamehameha's Kona Beach Hotel**, in dessen Lobby hawai'ianische Artefakte ausgestellt sind.

1820 landeten die ersten Missionare in Kailua-Kona und bauten die ursprüngliche **Moku'aikaua Church** am Ali'i Drive. Die heutige Granitkirche stammt von 1837. Im hinteren Teil zeigt ein kleines Museum ein maßstabsgetreues Modell der Missionars-Brigg *Thaddeus*. Gegenüber der Kirche steht der **Hulihe'e Palace**, aus dem gleichen rauen Stein erbaut und 1885 unter König Kalākaua verputzt und verschönert. Auch der Palast dient heute als Museum und gewährt einen Einblick in den Lebensstil der Monarchie in ihrer Blütezeit.

Der Name Kailua-Kona (»Kona« dient zur Unterscheidung von Kailua auf O'ahu) ist gleichbedeutend mit Sportfischerei. Auf Charterbooten kann man das ganze Jahr über Marlin und andere Meeresriesen angeln. Im Oktober wimmelt es in der Stadt von Ausdauerathleten, Teilnehmern des mörderischen Ironman Triathlon. Kleine Strände laden zum Schwimmen, Schnorcheln und Tauchen ein. Das schönste natürliche Aquarium liegt am **Kahalu'u Beach**, sieben Kilometer südlich von Kailua.

Moku'aikaua Church
75-5713 Ali'i Drive. *(808) 329-0655. tägl.*

Hulihe'e Palace
75-5718 Ali'i Drive. *(808) 329-1877. tägl. Feiertage.*

Kealakekua Bay ❷

Hawai'i Co. Nāpō'opo'o Road, 6 km südlich von Captain Cook. Captain Cook. Big Island VB, West Hawai'i, (808) 886-1655.

IM JAHR 1778 SEGELTE Captain Cook in diese tiefe, geschützte Bucht und »entdeckte« Hawai'i. Zunächst ehrte man ihn als den zurückkehrenden Gott Lono, aber kaum einen Monat später wurde Cook getötet *(siehe S. 29)*. Am **Hikiau Heiau**, der Stelle, wo er geehrt wurde, erinnert ein Denkmal an seinen Tod. Die Bucht, ein Meeresschutzgebiet, birgt viele Fische, Meeresschildkröten und Delfine: ein Tauch- und Schnorchelparadies.

UMGEBUNG: Die Bucht liegt im Herzen des Kona-Kaffeelandes mit seinen rustikalen Farmen und Mühlen. In **Kealakekua** veranstaltet die **Kona Historical Society** Führungen durch die Zentrale im **Greenwell Store** und durch die **Uchida Farm**, eine restaurierte Kaffeefarm aus den 1930er Jahren. Die Gegend zwischen Hōlualoa und Hōnaunau ist für Ausflüge verlockend; in Hōnaunau ist die **St. Benedict's Painted Church** reich verziert mit biblischen Szenen.

Kona Historical Society
81-6551 Māmalahoa Hwy (Hwy 11). *(808) 323-3222. Mo–Fr 9–15 Uhr. Feiertage. Spende.*

St. Benedict's Painted Church
Painted Church Road, am Hwy 160 bei Meile 1. *(808) 328-2227. tägl.*

Ho'okena ❸

Hawai'i Co. Big Island VB, West Hawai'i, (808) 886-1655.

ALS DER SCHRIFTSTELLER Robert Louis Stevenson 1889 ein typisch hawai'ianisches Dorf sehen wollte, schickte ihn König Kalākaua nach Ho'okena. Dort gab es einst Kirchen, eine Schule, ein Gericht und einen Pier, von dem aus man Vieh zum Markt von Honolulu verschiffte. Seit einiger Zeit ist der Ort verfallen.

Doch damals wie heute bildet die schöne **Kauhakō Bay** mit ihrem grauen Sand und den eindrucksvollen Klippen den Lebensmittelpunkt. Im Wasser tummelt sich die Meeresfauna und lädt Interessierte zum Schnorcheln und Tauchen ein. Die Brandung kann jedoch rau sein, schützen Sie daher Ihre Füße.

Ho'okena's Kauhakō Bay, gesäumt von grauem Sandstrand

Kona-Kaffee

Seit über einem Jahrhundert bilden die Hänge von Kona das einzige Kaffeeanbaugebiet der USA. Die gewaltige Masse des Schildvulkans Mauna Loa *(siehe S. 122)* sorgt für ein Klima, das die Ernte begünstigt: Sonnige Morgenstunden werden abgelöst von bewölkten, feuchten Nachmittagen, an denen die nährstoffhaltige Vulkanerde oft mit Regen durchtränkt wird. Über 500 kleine Farmen produzieren eine Ernte von 900 000 Kilogramm Kaffee pro Jahr. An den Straßen findet man überall Cafés, Mühlen und Farmen. Das Hawai'i Visitors and Convention Bureau in Kailua-Kona hält Straßenkarten für die Region bereit. In der ersten Novemberwoche feiert man den exklusiven Kaffee mit dem Kona Coffee Culture Festival.

Die Kaffee-Ernte

Die Kaffeebohnen werden mit der Hand gepflückt, um sicherzustellen, dass nur die besten Bohnen verarbeitet werden.

*»**Kona snow**« nennt man hier die weißen, duftenden Blüten. Die ersten Coffea-arabica-Pflanzen wurden 1828 von dem amerikanischen Missionar Samuel Ruggels eingeführt.*

***Kaffeekirschen** reifen in mehreren Phasen von August bis März, deshalb müssen sie mühsam mit der Hand geerntet werden. Sie sind erst grün und werden bei ihrer Reife rot.*

Eine **kuriba** *(Mühle) trennt das Fruchtfleisch der Kirschen von den mit harten Hüllen überzogenen Bohnen. Sie werden eingeweicht, gereinigt und in der Sonne getrocknet.*

Ein **hoshidana** *ist eine Fläche zum Trocknen, mit einem Tuch, das über die Bohnen gelegt wird, wenn es regnet. Bis zu zwei Wochen werden die Bohnen täglich durchgerecht.*

***Mühlen** entfernen Pergamenthaut und »Silberhaut« von den harten Bohnen. Rohe Bohnen, so genannter grüner Kaffee, werden dann sortiert und können geröstet werden.*

Gastarbeiter

Den Erfolg seines Kaffees verdankt Kona neben dem Wetter seinen Einwohnern. Ende des 19. Jahrhunderts, nach Jahrzehnten der beherrschenden Übermacht großer Plantagen, begannen auch kleine Familienbetriebe Kaffee anzubauen, vor allem japanische Einwanderer, die vor den sklavischen Bedingungen auf den Plantagen flohen. Heute arbeiten ihre Nachkommen im Kaffeegeschäft.

***Kona-Kaffeebohnen** sind bei Kennern für ihr volles, reiches Aroma bekannt, das durch den Röstungsprozess erzeugt wird: Bohnen, die länger und bei höheren Temperaturen geröstet werden, sind dunkler und schmecken intensiver. Man kann als Geschmacksnote gleich nach dem Rösten zum Beispiel Schokolade hinzugeben.*

Geröstete Kaffeebohnen

Pu'uhonua O Hōnaunau National Historical Park ❹

DAS SOZIALE LEBEN bestimmte ab dem 11. Jahrhundert das *Kapu*(Tabu)-System *(siehe S. 28).* Tabubrüche, wenn man z. B. den Schatten eines Häuptlings betrat oder eine Frau eine Banane aß, wurden mit dem Tode geahndet. Gesetzesbrecher konnten aber durch Flucht in einen *pu'uhonua* (Zufluchtsort) der Strafe entgehen. Der größte lag in Hōnaunau, einem zwei Hektar großen Tempelverbund des 16. Jahrhunderts. Er bot allen Schutz, die den Männern des Häuptlings entkamen. Das Heiligtum verlor 1819 mit der Auflösung des *Kapu*-Systems seine Funktion. Teilweise restauriert, bietet es heute Einblick in das alte Hawai'i.

Heleipālala Fish Ponds
In den Teichen wurden Fische für die königliche Tafel gezüchtet.

Hālau
A-förmige, strohgedeckte, Häuser dienten als Speicher und Arbeitsschuppen.

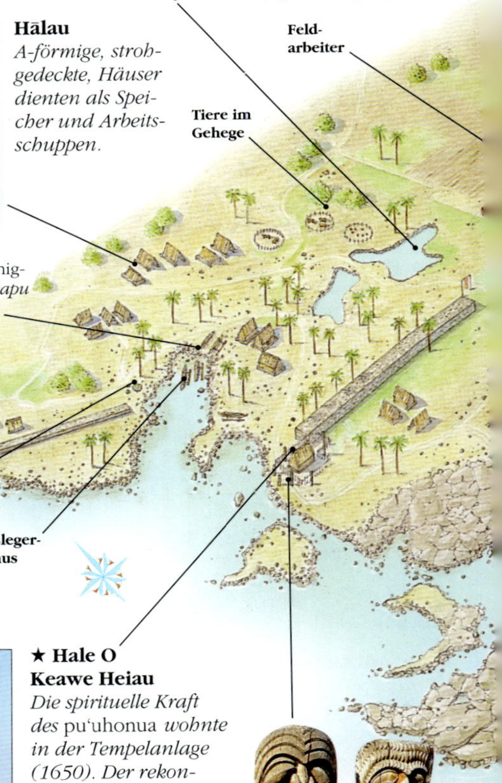

Keone'ele Cove war die königliche Kanuanlegestelle und *kapu* (tabu) für das gemeine Volk.

Papamū
Diese Steintafel mit Gravuren wurde beim kōnane *verwendet, einer Art Damespiel.*

★ Hale O Keawe Heiau
Die spirituelle Kraft des pu'uhonua *wohnte in der Tempelanlage (1650). Der rekonstruierte* heiau *(Tempel) bewahrte die Gebeine und damit die* mana *(heilige Kraft) großer Häuptlinge.*

Hölzerner Ki'i
Die geschnitzten Götterfiguren außerhalb des Hale O Keawe Heiau sind Kopien nach Beschreibungen der Originale.

NICHT VERSÄUMEN
- ★ Hale O Keawe Heiau
- ★ The Great Wall

Nachbau eines Segelkanus

INFOBOX

Hawai'i Co. Hwy 160, an der Hawai'i Belt Rd (Hwy 11). *(808) 328-2326.* *Mo–Do 6–20, Fr 6–23 Uhr.* **Besucherzentrum** *8–17 Uhr.* www.nps.gov/puho

'Āle'ale'a Heiau entstand vor der Great Wall (16. Jh.). Dies war bis zum Bau des Hale O Keawe das Zentrum spiritueller Kraft.

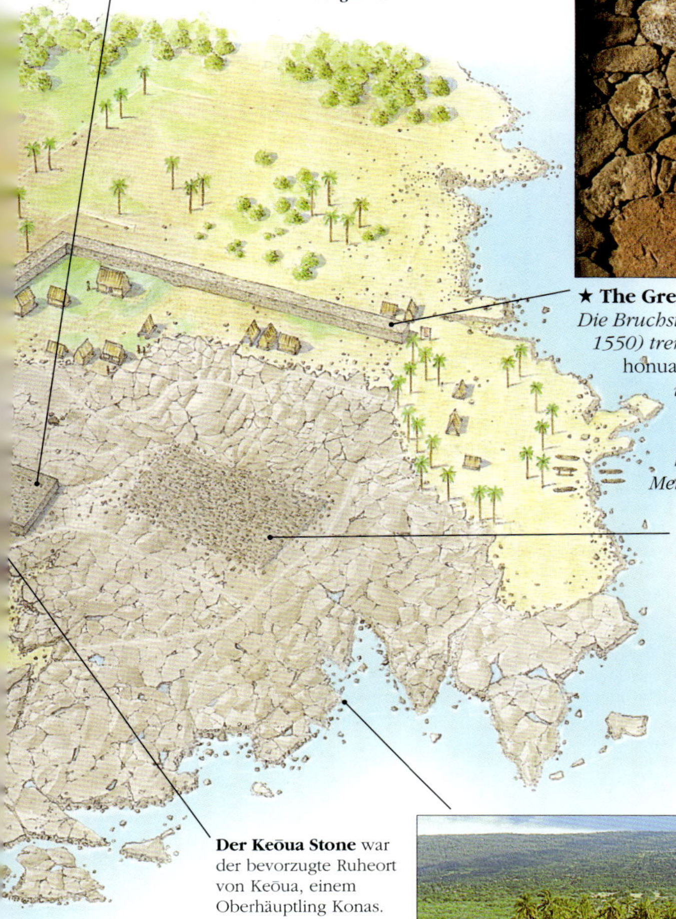

★ The Great Wall
Die Bruchsteinmauer (um 1550) trennte den pu'uhonua *vom landeinwärts liegenden Palastbereich. Sie ist drei Meter hoch und fünf Meter breit.*

Der alte *heiau* wurde wahrscheinlich von dem tahitianischen Priester Pā'ao im 13. Jahrhundert erbaut *(siehe S. 28).* Heute sind hier nur noch Ruinen zu sehen.

0 Meter 50

0 Yard 50

Der Keōua Stone war der bevorzugte Ruheort von Keōua, einem Oberhäuptling Konas.

REKONSTRUKTION

So stellte sich ein Künstler den *pu'uhonua* vor, als hier noch der regierende Häuptling mit seinem Hof und Dienern lebte. Manches wurde vom National Park Service rekonstruiert. Man kann den Handwerkern beim Arbeiten zuschauen.

Halbinsel aus schwarzer Lava
Die zerklüftete Küste erschwerte es Tabubrechern, sich vom Meer aus zu nähern.

Grüne Meeresschildkröte in den Gewässern am Strand von Makalawena

Kekaha Kai State Park 5

Hawai'i Co. Am Queen Ka'ahumanu Highway (Hwy 19), 14 km nördlich von Kailua-Kona. *Division of State Parks, (808) 974-6200.* *Do–Di.*

NÖRDLICH VON KAILUA verläuft die Straße durch trockene Lavafelder, Überreste der Eruption des Mount Hualālai 1801. Oft kann man Straße und Landschaft kaum unterscheiden. Der staatliche Park mit seinen Picknickplätzen und dem sichelförmigen schwarz-weißen Strand wirkt in dieser Öde wie eine Oase – ideal zum Schwimmen, Schnorcheln, Tauchen und Surfen.

Kurz vor dem Parkeingang führt rechts eine unbefestigte Straße 2,5 Kilometer zum einsam gelegenen Strand von **Makalawena**. In diesen schönen Schnorchelgewässern stößt man mit etwas Glück auf Schildkröten, Delfine, Robben und sogar Wale.

Waikoloa Coast 6

Hawai'i Co. Westl. Queen Ka'ahumanu Highway (Hwy 19),39 km nördlich von Kailua-Kona. *Kohala Coast Resort Association, (808) 886-4915.*

DAS WAIKOLOA BEACH Resort umfasst einige der besten Plätze für einen Familienurlaub an der von Kokospalmen gesäumten **'Anaeho'omalu Bay**. Am ruhigen Sandstrand der »A-Bay« kann man Wassersportausrüstung wie Kajaks und Segelboote mieten oder Unterricht im Windsurfen und Tauchen nehmen sowie Tauchfahrten und Ausflüge buchen.

Vom Strand führen Küstenpfade zu Fischteichen, Höhlen und natürlichen Becken, wo sich Süß- und Salzwasser zu einem einzigartigen Ökosystem mischen.

Ein kurzer Spaziergang nördlich führt zum **Hilton Waikoloa Village** *(siehe S. 160)*, einem riesigen Ferienresort, 1988 für 360 Millionen Dollar erbaut, das man in lautlosen Monorailbahnen und Kanalbooten erkundet. Sehenswert sind die Kunstsammlung, ein künstlicher Strand mit Lagune und Wasserfällen – und man kann mit Delfinen schwimmen.

Urlauber genießen die Lagune im Hilton Waikoloa Village

Hilton Waikoloa Village
425 Waikoloa Beach Drive.
(808) 886-1234. *tägl.*
www.hiltonwaikoloavillage.com

Mauna Lani 7

68–140 Mauna Lani Dr.
(808) 885-6622. *tägl.*
www.maunalani.com

DAS WEITLÄUFIGE Erholungsgebiet umfasst zwei Luxushotels, preisgekrönte Golfplätze, einige Tennisplätze und kleine, weiße Sandstrände sowie einige kulturell bedeutende Stätten.

Der **Kalāhuipua'a Trail** führt auf 20 Minuten Wanderung an Felszeichnungen, Lavaröhren und alten Wohnstätten vorbei zu Fischteichen. Weiter geht es auf einem Küstenpfad 1,5 Kilometer südlich zur geschützten **Honoka'ope Bay**, ideal zum Schwimmen und Schnorcheln.

Felszeichnung

Am nördlichen Ende der Region führt ein kürzerer Wanderweg zu den **Puakō Petroglyphs**, einer der größten Ansammlungen geheimnisvoller Felszeichnungen. Der Weg endet in einem großen Feld krustiger, roter Lavaplatten, auf denen zwischen 1000 und 1800 n. Chr. über 3000 Symbole eingraviert wurden. Der Weg ist schattig, man braucht feste Schuhe.

Hāpuna Bay 8

Hawai'i Co. Am Queen Ka'ahumanu Highway (Hwy 19), 11 km nördlich der Waikoloa Coast.

DER BREITE, lange weiße Sandstrand macht Hāpuna Bay zum beliebtesten Strand auf Big Island. Hier kann man herrlich schwimmen, schnorcheln und tauchen. Bei guter Brandung treffen sich hier Surfer und

Traditionelle Zeremonie an der Pu'ukoholā Heiau National Historic Site

Bodyboardsurfer; die Wellen sind auch gut für Anfänger geeignet – dennoch sollte man vorsichtig bleiben: Die starke Strömung forderte schon Todesopfer.

Am Strand kann man Schnorchelausrüstung und Bodyboards mieten. Rettungsschwimmer sind den ganzen Tag vor Ort. In der **Hāpuna Beach State Recreation Area** rund um den Strand kann man in Hütten übernachten, picknicken und Snacks kaufen.

Etwa 1,5 Kilometer nördlich, zu erreichen über das Mauna Kea Beach Hotel, liegt der schöne, halbmondförmige **Kauna'oa Beach**, wo man ganzjährig hervorragend schwimmen und schnorcheln kann.

Hāpuna Beach State Recreation Area

Hāpuna Beach. *Division of State Parks, (808) 974-6200.* *tägl.*

Pu'ukoholā Heiau National Historic Site ❾

Hawai'i Co. Am Akoni Pule Hwy (Hwy 270), 1,5 km südlich von Kawaihae. *(808) 882-7218.* *tägl. 7.30–16 Uhr.* *nur Besucherzentrum.*

Im Jahr 1790 war Kamehameha I. in seinem Kampf für die Vereinigung der Inseln an einem Tiefpunkt. Ein Orakel riet ihm, **Pu'ukoholā Heiau** zu errichten, das er Kūkā'ilimoku, dem Kriegsgott seiner Familie, weihte. Es war der letzte Tempel dieser Art. Zum Weihefest lud der gerissene König seinen Rivalen Keoua, den Häuptling von Ka'ū, ein. Als Keoua sein Kanu verließ, wurde er ermordet und war das erste Opfer auf dem neuen Altar.

Heute steht das massive Denkmal unbeschädigt auf einer Anhöhe über der Kawaihae Bay und den Ruinen des **Mailekini Heiau**, das für Kamehamehas Ahnen errichtet wurde. Der dritte *heiau*, **Haleokapuni**, den Haigöttern gewidmet, soll in den Gewässern versunken liegen. Die hier dargebrachten Opfergaben waren bald Haifutter. Ein Weg führt vom Besucherzentrum an den zwei *heiau* vorbei. Direkt südlich des *heiau* lädt der **Spencer Beach County Park** zum Campen, Schnorcheln und Tauchen ein. Das ruhige Wasser und der saubere, weiße Strand sind ideal für Kinder.

Lapakahi State Historical Park ❿

Hawai'i Co. Am Akoni Pule Hwy (Hwy 270), 19 km nördlich von Kawaihae. *(808) 974-6200.* *tägl.* *Feiertage.*

Die Ruinen dieser Siedlung geben Einblick in ein altes hawai'ianisches Fischerdorf. Es entstand im 14. Jahrhundert und war 500 Jahre lang bewohnt, bevor die Bewohner wegen des sinkenden Wasserspiegels und veränderter wirtschaftlicher Verhältnisse das Dorf aufgaben.

Die strohgedeckten Wände und Dächer stehen nicht mehr, nur die Lavasteinfundamente, *hālau* (Kanuschuppen), *kū'ula ko'a* (Fischschrein) und ein *Kōnane*-Steinbrettspiel sind erhalten. Das Meer steht hier unter Naturschutz.

Der beliebte Sandstrand der Hāpuna Bay an der südlichen Kohala Coast von Big Island

Das Gebäude der Tong Wo Society erinnert an chinesische Einwanderer

Hāwī ⓫

Hawai'i Co. *950.* *Big Island VB, West Hawai'i , (808) 886-1655.*

DIE STADT HĀWĪ erlebte ihre Blütezeit in der Ära von »König Zuckerrohr«, als fünf Zuckerplantagen Kohala, dem nördlichen Distrikt der Insel, Reichtum bescherten. Nach der Schließung der Mühlen 1975 schrumpfte Hāwī auf seine heutige Größe – eine malerische Stadt mit Holzbürgersteigen und leuchtend bunten Läden. Hāwīs entspannter Charme und die grüne Umgebung ziehen heute Alternative wie Wohlhabende an: Die Stadt hat einen Bioladen und einige schicke Restaurants.

Traditionelle *bale* (Grashütte) am Mo'okini Heiau

UMGEBUNG: Über eine unbefestigte Straße erreicht man den flechtenbedeckten **Mo'okini Heiau**, einen der ältesten Tempel der Insel (5. Jh.). 1250 wurde die heute friedliche Ruine erneut als *luakini heiau* (für Menschenopfer) geweiht.

Mo'okini Heiau
Am Akoni Pule Highway (Hwy 270), Meile 20, dann am Flugplatz links.

Kapa'au ⓬

Hawai'i Co. *1100.* *Big Island VB, West Hawai'i , (808) 886-1655.*

DAS KLEINE Kapa'au besitzt die Originalstatue von Kamehameha dem Großen, von der eine Kopie vor dem Ali'iōlani Hale in Honolulu steht *(siehe S. 42)*. Ein großer Felsblock, **Kamehameha Rock**, liegt an der Straße in Richtung Osten. Der Legende nach soll der große Häuptling diesen zum Beweis seiner Kraft selbst getragen haben – doch kein Straßenarbeiter konnte den Stein bis heute bewegen. In der Nähe steht das raffiniert bemalte Gebäude der **Tong Wo Society**, das letzte seiner Art auf Big Island. Chinesische Einwanderer trafen sich in solchen Klubs.

UMGEBUNG: Am Ende des Highway 270 gibt es einen Ausblick auf das idyllische **Pololū Valley**. Ein Fußweg führt zwischen grün überwucherten Canyon-Wänden in 20 Minuten zu einem schwarz-weißen Strand.

Kohala Mountain Road ⓭

Hawai'i Co. Highway 250.

DIE 32 KILOMETER lange Straße von Hāwī nach Waimea folgt dem westlichen Gebirgskamm der niedrigen, abgetragenen Kohala Mountains durch Weideland, vorbei an eleganten Farmhäusern, grasendem Vieh und Pferden und gelegentlicher Aussicht auf die Kohala Coast.

Die **Parker Ranch** ist das größte Unternehmen der Gegend und bis heute die größte private Ranch in den USA. Ihre Wurzeln liegen in der Zeit des Wilden Westens, als ein junger amerikanischer Abenteurer namens John Palmer Parker 1809 die Freundschaft von Kamehameha dem Großen gewann und eine seiner Enkelinnen heiratete. Er gründete eine kleine Dynastie, die die Geschichte der Region Kohala prägte. Heute nimmt die Ranch ein Zehntel der Insel ein und besitzt mehr als 50 000 Rinder.

Waimea ⓮

Hawai'i Co. *6000.* *Waimea Preservation Association, Main St., (808) 885-6707.* *Parker Ranch Rodeo (4. Juli).*

WAIMEA LIEGT inmitten ausgedehnten Weidelands in einer kühlen Höhe von 820 Metern und bildet einen verblüffenden Kontrast zu Hilos Regenwald und den flachen Lavafeldern der Kona Coast. Für hawai'ianische Verhältnisse ist Waimea ein großer, moderner Ort. Vor der Stadt erhebt sich das **Keck Observatory Center** mit einigen der stärksten Teleskope der Welt *(siehe S. 123)*.

In der Stadtmitte bietet das **Parker Ranch Visitor Center** ein Video und Exponate zur *Paniolo*(Cowboy)-Kultur sowie zur einflussreichen Familie Parker.

Zu den **Historic Parker Ranch Homes** zählen Puopelu, ein schlichtes Ranchergebäude mit Regency-Interieur und europäischer Kunst, und Mānā Hale, ein

Fassade von Puopelu, einem der Historic Parker Ranch Homes

Paniolo-Kultur

Paniolo **auf seinem Pferd**

Als George Vancouver 1794 acht Rinder nach Big Island brachte, rannten die Eingeborenen vor diesen »Bestien« davon. 50 Jahre später waren die wilden Rinderherden eine solche Plage, dass Kamehameha III. drei mexikanische *Vaqueros* (Cowboys) anheuerte. Deren Bräuche ließen die Tradition des *paniolo* (von *español*) entstehen, die von ihnen eingeführten Gitarren prägten später den Grundklang der hawai'ianischen-Musik. Heute gibt es auf allen Inseln Ranchen und alljährlich Rodeos in Honoka'a, Nā'ālehu, Waimea und Waikoloa. Mauis *paniolo* veranstalten eine Parade und am 4. Juli ein Rodeo in Makawao *(siehe S. 105)*.

Haus im Neuengland-Stil mit Einrichtung aus *Koa*-Holz. Hier kann man auch Fotos der Familie Parker betrachten.

Keck Observatory Center
65-1120 Māmalahoa Hwy (Hwy 19). *(808) 885-7887. Mo–Fr 8–16.30 Uhr. Feiertage.*

Parker Ranch Visitor Center
Parker Ranch Shopping Center, Māmalahoa Hwy (Hwy 19). *(808) 885-7655. Mo–Sa 9–17 Uhr. Feiertage.*

Historic Parker Ranch Homes
Am Māmalahoa Hwy (Hwy 190). *(808) 885-5433. Mo–Sa 10–17 Uhr. Feiertage. teilweise.* www.parkerranch.com

Waipi'o Valley ⑮

Hawai'i Co. *BIVB, East Hawai'i, (808) 961-5797.*

Wenn es einen Ort gibt, der das spirituelle Herz des alten Hawai'i ist, dann das Waipi'o Valley, das »Tal der Könige«. Das größte von sieben weiten Tälern direkt an der Küste ist 1,5 Kilometer breit erstreckt sich zehn Kilometer ins Landesinnere. Die steilen Hänge, durchschnitten von Wasserfällen wie dem atemberaubenden Hi'ilawe, sind bis zu 600 Meter hoch. In der üppigen, grünen Talsohle fließt der Waipi'o Stream, vorbei an Tarofeldern bis in das raue Meer.

Die Straße vom Aussichtspunkt am Ende des Highway 240 hinunter ins Tal ist nur 1,5 Kilometer lang, aber so steil, dass man einen Wagen mit Vierradantrieb benötigt; zu Fuß dauert es 30 Minuten. Ausflüge, auch hoch zu Pferd oder auf von Maultieren gezogenen Kutschen, starten im Dorf Kukuihaele.

Früher lebten im Waipi'o Valley über 10 000 Menschen. Das Tal galt als heiliger Ort und verfügte über etliche wichtige *heiau*, darunter einen *pu'uhonua* (Zufluchtsort) ähnlich dem in Hōnaunau *(siehe S. 116f)*. In diesem Tal spielte Kamehameha der Große als Junge, gewann die Unterstützung des schrecklichen Kriegsgotts Kūkā'ilimoku und besiegte später seinen Cousin und Rivalen Keoua. Heute bauen die wenigen Einwohner Waipi'os Taro, Lotus, Avokados, Brot- und Zitrusfrüchte an und bewahren und ehren mit großer Ernsthaftigkeit den alten Geist Hawai'is.

Umgebung: Das nahe gelegene Städtchen **Honoka'a** war einst das blühende Zentrum der Plantagenwirtschaft der Hāmākua Sugar Company. Das Unternehmen schloss jedoch 1994. Heute gibt es in der beschaulichen Stadt einige Secondhand- und Antiquitätenläden.

Das abgelegene Waipi'o Valley, einst ein heiliger Ort, ist heute bei Wanderern und Naturfreunden beliebt

Straße zur Mauna-Loa-Wetterstation, von der Saddle Road abgehend

Saddle Road ⑯

Hawai'i Co. Hwy 200 von Waimea nach Hilo. *BIVB, East Hawai'i, (808) 961-5797.*

Die 89 Kilometer lange Fahrt auf der Saddle Road von Hilo nach Waimea ist wie eine Reise auf den Schultern eines Riesen: Die Gipfel des **Mauna Kea** erheben sich im Norden, der breite **Mauna Loa** thront im Süden. Einige Autovermieter verbieten die Benutzung der kaum ausgebauten zweispurigen Saddle Road, die jedoch besser ist als ihr Ruf – man sollte bei Tageslicht und nicht zu schnell fahren.

Auf der Fahrt erhält man einen Eindruck von den Naturgewalten, die das Inselinnere prägen: Die kühlen Regenwälder um Hilo mit *'Ōhi'a*-Bäumen, *koa* und Riesenfarnen, die subalpinen Lavafelder am 2000 Meter hohen Gipfel und die weiten, ausgedörrten Weideflächen bei Waimea. Die zwei Militäranlagen an der Straße sorgen für entsprechend viel Verkehr.

Der höchste Aussichtspunkt liegt an einer Wetterstation 3350 Meter über dem Meeresspiegel. Man erreicht ihn über eine enge, gepflasterte Straße, die in der Nähe des höchsten Punktes der Saddle Road beginnt und dann 27 Kilometer hinauf zum Gipfel führt. (Um die Entstehung von Dampfblasen auf dieser Höhe zu vermeiden, sollte man den Tankdeckel lockern.) Die 45-minütige Fahrt ist recht anstrengend, dafür wird man mit einem unvergesslichen Blick auf den Mauna Kea belohnt. Von der Wetterstation führt ein stark zerklüfteter Pfad in einer vier- bis sechsstündigen Wanderung zum Gipfelkrater des Mauna Loa in stolzen 4169 Metern Höhe.

Mauna Kea ⑰

Hawai'i Co. An der Saddle Road abgehend (Highway 200) Meile 28. *BIVB, East Hawai'i, (808) 961-5797.*

Auf halber Strecke zwischen Hilo und Waimea windet sich eine unmarkierte, aber gut gepflasterte Straße durch einen *Māmane*-Wald – von wilden Ziegen und Schafen gründlich abgenagt – zum Mauna Kea. Die Straße wird so steil, dass die meisten Autos die 15-minütige Fahrt zum **Onizuka Center for International Astronomy** nur kriechend bewältigen. Im kleinen Besucherzentrum, benannt nach dem aus Kona stammenden Astronauten, der bei der Explosion der *Challenger* 1986 starb, gibt es Snacks, Ausstellungen über die Ökologie des Mauna Kea und ein Video über die Observatorien – sowie eine schöne Aussicht, wenn auch das Panorama am Gipfel besser ist. Den höchsten Punkt des Mauna Kea erreicht man jedoch nur mit Vierradantrieb. Als Alternative kann man zu Fuß gehen, eine anstrengende, zehn Kilometer lange Wanderung über 1400 Meter.

An der Straße zum Gipfel lohnt es sich, anzuhalten: Sehenswert sind das **Mauna Kea Ice Age Natural Area Reserve** mit dem Steinbruch, aus dem die alten Hawai'ianer Steine für Äxte und Beile holten; das **Moon Valley**, wo die *Apollo*-Astronauten in den 1960er Jahren ihr Mondfahrzeug testeten; der **Lake Waiau**, der dritthöchste See der USA; und schließlich **Pu'u Poli'ahu**, der legendäre Wohnort von Peles Schwester Poli'ahu, der Schneegöttin.

Der Mauna Kea wird von mehreren Kuppeln gekrönt, darunter denen des **W. M. Keck Observatory**. Astronomen aus aller Welt erforschen hier die letzten Geheimnisse des Weltalls.

Onizuka Center for International Astronomy
10 km nördlich von Meile 28 an der Saddle Road (Hwy 200). **Visitor Center** *(808) 961-2180.* *tägl. 9–22 Uhr.* *nach Vereinbarung.*

Blick von der Mauna-Loa-Wetterstation auf den Mauna Kea, einen mächtigen Schildvulkan ***(siehe S. 10f)***

Hāmākua Coast ⓲

Hawai'i Co. Hawai'i Belt Rd (Hwy 19), Waipi'o Valley nach Hilo. *Honoka'a, Laupāhoehoe, Honomū, Pepe'ekeo.* *BIVB, East Hawai'i, (808) 961-5797.*

DIE HAWAI'I BELT ROAD (Hwy 19) führt an den Klippen der Westküste entlang. Die vielen Seitenstraßen laden zum Erkunden ein, so dass man für die 89 Kilometer zwischen Waimea und Hilo einen Tag braucht.

Hoch in den Bergen südlich von Honoka'a liegt die **Kalōpā State Recreation Area** mit einem Waldweg und einem Arboretum einheimischer und eingeführter Pflanzen. 19 Kilometer weiter ist der **Laupāhoehoe Point**, eine grün bewachsene, ins Meer ragende Lavanase, die einen herrlichen Blick auf die Küste bietet. Die große Siedlung hier zerstörte 1946 ein Tsunami *(siehe S. 125)*. Im **Kolekole Beach County Park**, südlich von Meile 15, fließt ein malerischer Strom ins Meer: ideal zum Picknicken und Schwimmen.

Kalōpā State Recreation Area

An der Hawai'i Belt Rd (Hwy 19), 3 km südlich von Honoka'a. *Division of State Parks, (808) 974-6200.* *tägl.*

'Akaka Falls State Park ⓳

Hawai'i Co. Highway 220, 5,5 km westlich von Honomū. *Honomū.* *Division of State Parks, (808) 974-6200.* *tägl.*

ZWEI DER faszinierendsten Wasserfälle kann man im 'Akaka Falls State Park in den Bergen über der Küste von Hāmākua bewundern. Ein Rundweg (ca. 30 Minuten) verbindet die 120 Meter hohen **Kahūnā Falls** mit den **'Akaka Falls** (130 Meter). Am Hauptaussichtspunkt übertönt das Wasser sogar das unablässige Klicken der Kameras.

Neben den Wasserfällen ist auch der 27 Hektar große Park eine Attraktion: Vielfältiger Baumbestand, Bambus, Ingwer, Orchideen und andere exotische Pflanzen wetteifern mit dem Rauschen der kühlen Flüsse.

Die Zugangsstraße biegt vom Highway 19 an der alten Zuckerstadt **Honomū** ab, deren Bevölkerung von 3000 in den 1930er Jahren auf etwas über 500 zusammengeschmolzen ist. Das Stadtleben konzentriert sich auf die Hauptstraße mit der **Ishigo General Store and Bakery** (1910) und verwitterten Holzgebäuden mit Cafés und Souvenirläden. Die **Honomū Henjoji Mission**, ein Tempel der Buddhist Shingon Esoteric Sekte aus den 1920er Jahren, hat einen mit schwarzem Lack und Gold verzierten Altarraum. Besucher sind willkommen

Die 'Akaka Falls stürzen hoch über der Hāmākua Coast herab

Honomū Henjoji Mission

28-1668 Government Main Road, Honomū. *(808) 963-6308.* *Details telefonisch erfragen.*

Pepe'ekeo Scenic Drive ⓴

Hawai'i Co. Am Hawai'i Belt Road (Hwy 19), 6,5 km nördlich von Hilo. *Pepe'ekeo.* *BIVB, East Hawai'i, (808) 961-5797.*

DIESER LANDSCHAFTLICH schöne, 6,5 Kilometer lange Abstecher von der Hawai'i Belt Road entführt in tropisches Grün mit Palmen, Mango-, Bananen- und *Hala*-Bäumen und kreuzt einige Flüsse. Auf halber Strecke, an der schönen Onomea Bay, befindet sich der **Hawai'i Tropical Botanical Garden** mit Pfaden durch Regenwaldabschnitte mit Lilienteichen und tropischen Pflanzen.

Hawai'i Tropical Botanical Garden

3 km vom Straßenende. *(808) 964-5233.* *tägl. 9–16 Uhr.* *1. Jan, Thanksgiving, 25. Dez.* www.htbg.com

W. M. KECK OBSERVATORIUM

Mauna Kea ist wegen seiner Höhenlage, der sauberen Luft und dem Fehlen von Lichtern und Luftverschmutzung das beste Observatorium der Welt. Die Teleskope Keck I (1992 erbaut) und Keck II (1996), die wie ein Paar großer Augen auf der Bergspitze sitzen, sind viermal so stark wie das weltweit nächstgrößte Teleskop in Kalifornien. Statt nur eines monolithischen Spiegels besitzt jedes Observatorium ein Mosaik flexibler Spiegelsegmente, die computergesteuert gemeinsam auf ein Ziel eingestellt werden können.

Zwillingskuppeln des W. M. Keck Observatory auf dem Mauna Kea

Hilo 21

MIT 38 000 EINWOHNERN, einer bedeutenden Schifffahrts- und Fischindustrie sowie einem Campus der University of Hawai'i verdient Hilo den Status als zweitwichtigste Stadt des Inselstaates. Doch das Flair im »verregneten« Hilo steht im Kontrast zum sonnigen, urbanen Honolulu. Die Häuser in der Innenstadt sind wunderschön restauriert und stammen aus dem frühen 20. Jahrhundert. Die Straßen sind ruhig, das Tempo ist langsam und die Atmosphäre locker. Sehenswert sind Gärten, ein Wasserfall, Strandparks und Fischteiche.

Überblick: Hilo

Dass Hilo bis heute ein so beschauliches Städtchen ist, verdankt es der Natur: Zum einen regnet es hier an 278 Tagen im Jahr – nicht gerade eine Empfehlung für sonnenhungrige Urlauber. Und als ob das Wasser von oben nicht reichen würde, bestrafte das Meer 1946 und 1960 mit zwei zerstörerischen Tsunamis die ganze Stadt. Hilo hat sich daher vom Meer zurückgezogen, riesige grüne Parks liegen als Puffer an der Küste.

Hilo ist freundlich und multikulturell. Wie an den Lokalen zu erkennen, sind viele Bewohner japanischer oder philippinischer Abstammung. Das Merrie Monarch Festival, der wichtigste *Hula*-Wettbewerb, wird alljährlich in der Woche nach Ostern gefeiert. Der Regen macht Hilo zu einem Garten voller Orchideen und Anthurien.

Downtown

Viele der leuchtend bunten, restaurierten (und denkmalgeschützten) Gebäude im alten Geschäftsviertel drängen sich am Wailuku River. Das **Hawaiian Telephone Company Building** verbindet Stilelemente des traditionellen hawai'ianischen Hauses *(hale)* und der kalifornischen Missionsarchitektur: Es stammt von C.W. Dickey, der als Vordenker der regionalen hawai'ianischen Architektur gilt. Eine Broschüre gibt es im Hawai'i Visitors and Convention Bureau und Lyman House.

Das Hawaiian Telephone Company Building

Farmers' Market

Ecke Mamo St und Kamehameha Ave. *Mi, Sa.*

An zwei Morgen pro Woche verwandelt sich die Kreuzung Mamo Street und Kamehameha Avenue in einen vielsprachigen Marktplatz. Bauern verkaufen Produkte wie Kürbisblüten, Speiseeisbananen, Orchideen und Matten aus *lauhala* (Blätter des Schraubenbaums). Es gibt auch gute Frühstückshäppchen.

Frisches Obst und Gemüse auf dem lebhaften Farmers' Market

Pacific Tsunami Museum

130 Kamehameha Ave. *(808) 935-0926* *Mo–Sa 9–16 Uhr.* *Feiertage.*
www.tsunami.org

Das Museum im historischen First Hawaiian Bank Building, das nach einem Entwurf von C.W. Dickey 1930 erbaut wurde, überstand beide Tsunamis (Flutwellen) und zeigt seit 1970 Ausstellungen über Ursachen und Entstehung von Tsunamis.

Mokupāpapa Discovery Center

308 Kamehameha Ave, Suite 109. *(808) 933-8195.* *Di–Sa 9–16 Uhr.* *Feiertage.*
www.hawaiireef.noaa.gov/center

Naturwissenschaft, Kultur und Geschichte der abgelegenen nordwestlichen Hawai'i-Inseln sowie das Meeresleben werden in diesem Ausstellungszentrum erklärt (Eintritt frei). In dem 9500-Liter-Salzwasseraquarium leben Fische aus den einheimischen Korallenriffen.

Wailoa Center

In Wailoa River State Park, Piopio St. *(808) 933-0416.* *Mo–Fr 8.30–16.30, Mi 12–16.30 Uhr.* *Feiertage.*

Diese oktagonale Galerie steht auf einer weiten Rasenfläche – dort, wo früher das japanische Viertel war. Die Stadt weigerte sich, es nach dem Tsunami von 1960 wieder aufzubauen. Im Untergeschoss zeigt eine Fotoausstellung die Verwüstung durch die gigantischen Wellen.

Lyman Museum and Mission House

276 Haili St. *(808) 935-5021.* *Mo–Sa 9.30–16.30 Uhr.* *1. Jan, 4. Juli, Thanksgiving, 25. Dez.* *nur Museum.*
www.lymanmuseum.org

Das frühere Haus des Missionarspaars David und Sarah Lyman aus den 1830er Jahren ist gut erhalten. Es überrascht mit viktorianischen Kuriositäten, einer Wiege und Quilts. Ein Hawai'i-Museum zeigt

Tsunamis in Hilo

1946 löste ein Erdbeben in Alaska einen Tsunami aus, der die Haiwai'i-Inseln am Morgen des 1. April unvorbereitet traf: 17 Meter hohe Wellen rissen Hilos Gebäude am Strand aus ihren Fundamenten, spülten sie landeinwärts und töteten 96 Menschen. Am 23. Mai 1960 schlug erneut ein Tsunami zu: Drei riesige Flutwellen zerstörten Hilo und hinterließen einen Schaden von 23 Millionen Dollar. Trotz Warnung blieben viele Menschen in der Stadt, 61 starben.

Die großen Zerstörungen durch den Tsunami von 1946

Infobox

Hawai'i Co. 38 000. 5 km östlich Kamehameha Ave, bei Mamo St, (808) 961-8744. BIVB, 250 Keawe St, (808) 961-5797. Merrie Monarch Festival (März oder Apr).

u. a. eine Ausstellung über vulkanische Geologie und Artefakte aus den Jahren der Einwanderung, wie beispielsweise eine *braginha* – die portugiesische Vorläuferin der *'ukulele*.

Waiākea Peninsula

Banyan Drive.

Die Waiākea Peninsula in der Hilo Bay bietet einen Neun-Loch-Golfplatz, Hoteltürme und die **Lili'uokalani Gardens** mit einem japanischen Park, Fischteichen, Pagoden und Bogenbrücken. Eine Fußgängerbrücke führt zum **Coconut Island**, einem Park und Anglerparadies: einst ein Heilort und als Moku Ola (Insel des Lebens) bekannt. Der **Banyan Drive** umrundet die Halbinsel unter dem Schatten riesiger Banyans, die von Berühmtheiten wie Amelia Earhart und Babe Ruth gepflanzt wurden.

Rainbow Falls

Waiānuenue Avenue, 3 km westlich von Downtown.

Die Rainbow (Waiānuenue) Falls machen ihrem Namen morgens alle Ehre, wenn die Sonne durch den Nebel des 24 Meter hohen Wasserfalls scheint. Die Höhle am Fuß ist die legendäre Heimstatt von Hina, Mauis Mutter. An den Wanderwegen gibt es einige schöne Aussichtspunkte.

Strände im Osten

Kalaniana'ole Ave.

Die Kalaniana'ole Avenue führt an der Ostseite der Hilo Bay an einigen Strandparks und Fischteichen vorbei. Der **James Kealoha Beach Park** (auch als Four Mile Beach bekannt) ist an seiner geschützten Ostseite zum Schnorcheln und Schwimmen geeignet; auf der Hilo-Seite, wo im Winter auch gesurft wird, werfen Fischer ihre Netze aus. Im **Richardson Ocean Park** laden die natürlichen, geschützten, lagunenähnlichen Becken zum Schwimmen ein.

Ein Fischer wirft in den stürmischen Gewässern des James Kealoha Beach Park sein Netz aus

Pāhoas altes Akebono Theater, heute ein beliebter Ort für Konzerte

Pāhoa ㉒

Hawai'i Co. 👥 *1100.* 🚌 ℹ *BIVB, East Hawai'i, (808) 961-5797.*

DIE HAUPTSTRASSE von Pāhoa, dem Zentrum des Distrikts Puna, bietet gleich zwei Überraschungen: Gebäude im »Wildwest«-Stil mit erhöhten Bürgersteigen und niedrigen Markisen und dazwischen allerlei Läden, die psychedelischen Schnickschnack verkaufen – Hanfprodukte, Espressokaffee und New-Age-Bücher. Das beliebte **Akebono Theater** (1917) wurde für Rock- und Reggaekonzerte wiederbelebt.

Fünf Kilometer südöstlich von Pāhoa versucht ein geothermisches Energieprojekt Elektrizität aus der Hitze des weltweit aktivsten Vulkans zu gewinnen. Die öffentliche Empörung über die Umweltzerstörung hat das Projekt in gerichtlichen Streit verwickelt.

Kapoho ㉓

Hawai'i Co. ℹ *BIVB, East Hawai'i, (808) 961-5797.*

DIE STADT Kapoho wurde 1960 durch Lava einer 795 Meter entfernten Eruption zerstört. Die Spuren sieht man auf einer drei Kilometer langen Schlackestraße zum **Cape Kumukahi**, wo ein Leuchtturm verschont blieb. Die Vulkanaktivität in Kapoho ist Stoff für Legenden: Eine erzählt von einem Häuptling, der eine wunderschöne Frau zu einem Schlittenrennen in den Kapoho Krater aufforderte und voller Schrecken erkannte, dass er sich mit Pele, der Vulkangöttin, maß, die auf einer Lavawelle ritt.

1790 wogte eine solche Welle durch einen nahe gelegenen Wald, der in Stein eingeschlossene *'Ōhi'a*-Stämme zurückließ; daneben sind neue Bäume gewachsen. Zusammen bilden sie das **Lava Tree State Monument**, einen schattigen Park mit einem Weg rund um die schwarzen Bäume. Diesen friedlichen Ort kann man nur mit Moskitoschutz genießen.

Lavabaumhülle

Lava Tree State Monument
Highway 132, 4 km östlich von Pāhoa. ☎ *Division of State Parks, (808) 974-6200.* 🕒 *tägl.* ♿

***Clidemia hirta* (Kosters Fluch) wächst in einer Lavabaumhülle**

Puna Lava Flows ㉔

Hawa'i Co. Hwy 137, 23 km südwestlich von Kapoho. ℹ *County Parks & Recreation, (808) 961-8311.*

DER SCHMALE Highway 137 verläuft an der Küste Punas entlang der East Rift Zone von Kīlauea: Hier bricht das dichte Blattwerk gelegentlich durch die versteinerten Lavaflüsse – stumme Mahnungen daran, dass die Einwohner Punas der Gnade Peles ausgeliefert sind.

Im **Ahalanui Beach Park** wurde eine Thermalquelle in einem Kokospalmenhain zu einem 18 Meter breiten Pool verwandelt – dank des sandigen Bodens und der Wellen der beste Badeort im Distrikt. Der **Isaac Hale Beach Park** bietet Camping, eine Bootsrampe und einen zerklüfteten Strand mit wuchtiger Brandung. Die **MacKenzie State Recreation Area** mit Campingplatz liegt auf einer Klippe und bietet Zugang zu einem alten hawai'ianischen Küstenpfad sowie zu einer langen Lavaröhre.

Die Küstenstraße endet südwestlich von hier unvermittelt. Sie ist, wie die gesamte umgebende Landschaft, unter erstarrten Lavamassen begraben: Eine Eruption zerstörte 1990 Kalapana und den Sandstrand Kaimū.

Ahalanui Beach Park
Hwy 137, 1,5 km nordöstlich der Kreuzung Pāhoa-Pohoiki Rd. 🕒 *tägl.*

Isaac Hale Beach Park
Kreuzung Hwy 137 und Pāhoa-Pohoiki Rd. 🕒 *tägl.*

MacKenzie State Recreation Area
Hwy 137, 3 km südlich der Kreuzung mit Pāhoa-Pohoiki Rd. 🕒 *tägl.*

Volcano Village ㉕

Hawai'i Co. 👥 *1500.* 🚌 ℹ *BIVB, East Hawai'i, Hilo, (808) 961-5797.*

DAS DORF LIEGT an der Windseite des *'Ōhi'a*-Regenwalds von Mauna, 1,5 Kilometer vom Eingang des **Hawai'i Volcanoes National**

Der schwarze Strand im Punalu'u Beach Park, südwestlich von Pāhala

Park *(siehe S. 128f)* entfernt. Im Gemischtwarenladen und in der Tankstelle (der einzigen in der Gegend) sollte man sich vor dem Parkbesuch Proviant besorgen.

Umgebung: Nur drei Kilometer westlich vom Parkeingang führt eine Straße nordwestlich zum **Volcano Golf and Country Club** mit Golfplatz und Restaurant. Am Ende der Straße kann man in einer Kellerei *(siehe S. 177)* Weine kosten.

Östlich des Volcano Village liegen die **Akatsuka Orchid Gardens**, die man auf eigene Faust erkunden kann.

Straßenschild in Nā'ālehu

Akatsuka Orchid Gardens

Hawai'i Belt Rd (Hwy 11), 8 km östlich des Volcano Village. *(808) 967-8234.* *tägl. 8.30–17 Uhr.* *Feiertage.*
www.akatsukaorchid.com

Ka'ū District 26

Hawai'i Co. *Pāhala, Punalu'u, Nā'ālehu und Wai'ōhinu.* *County of Hawai'i, (808) 961-8311.*

Der lange südliche Bogen der Hawai'i Belt Road (Hwy 11) zwischen dem Volcano Village und Kailua-Kona durchquert den weiten und kaum bevölkerten Ka'ū-Distrikt. Hier liegen drei kleine Orte: Im landwirtschaftlich geprägten **Pāhala**, wo Macadamianüsse, Zuckerrohr und Orangen wachsen, wird die Ruhe nur durch gelegentliches Hähnekrähen gestört. **Nā'ālehu**, die südlichste Stadt der USA, ist Ka'ū's größte Ortschaft mit kleinen Läden. **Wai'ōhinu** ist wegen seines Krukenbaums bekannt, den Mark Twain 1866 pflanzte und der 1957 einem Sturm zum Opfer fiel, aber aus Ablegern wieder nachwuchs. Das Juwel der Südküste ist der **Punalu'u Beach Park** mit schwarzem Strand und Kokospalmen. Hier und im **Whittington Beach Park**, acht Kilometer südlich, kann man campen.

Punalu'u Beach Park

An Hwy 11, 8 km südwestlich von Pāhala. *tägl.* *Dept of Parks and Recreation, Hilo, (808) 961-8311.*

Ka Lae 27

Hawai'i Co. S Point Rd, am Hwy 11, 10 km westlich von Wai'ōhinu.
BIVB, East Hawai'i, Hilo, (808) 961-5797.

Ka Lae ist auch als »South Point« bekannt, weil dies der südlichste Punkt der USA ist. Heftige Windböen wehen hier über das mitgenommene Grasland, das sich zur felsigen Küste öffnet. Auf halber Strecke der 18 Kilometer langen Zufahrtsstraße geben drei Reihen propellerbetriebener Stromgeneratonen ein ohrenbetäubendes Pfeifkonzert.

Obwohl die mächtigen Wellen einschüchternd wirken, war dies lange eine wichtige Fischereiregion. Die Kanuanleger, die die alten Hawai'ianer in die Küstenfelsen schlugen, sind noch heute sichtbar; sie gehören zu den ältesten Spuren der polynesischen Besiedlung Hawai'is.

Eine Straße, die nur für Vierradantrieb geeignet ist, führt vier Kilometer nordöstlich zum **Green Sands Beach**, der aus grünem Granatsand besteht.

Windbetriebene Stromgeneratoren an der Straße nach Ka Lae

Hawai'i Volcanoes National Park ㉘

Felszeichnung, Pu'u Loa nahe der Küste

Der Nationalpark mit einer Fläche von 100 000 Hektar umfasst den 4169 Meter hohen Mauna Loa, 240 Kilometer an Wanderwegen und eine Wildnis mit einigen der seltensten Tiere und Pflanzen der Welt. Doch die meisten Besucher zieht es zur Kīlauea-Caldera und zu den Lavaströmen der ungezähmten East Rift Zone. Zwei Straßen – der Crater Rim Drive rund um die Caldera und die Chain of Craters Road durch die jüngsten Lavafelder – führen durch dieses Freiluftmuseum. Die heutige Eruptionsphase begann 1983 und bringt langsam fließende Lava hervor, die für Besucher keine Gefahr darstellt. Dennoch sollte man gesperrte Bereiche unbedingt meiden: Niemand weiß, wie lange ein Lavafluss anhält und wo der nächste austreten wird.

Lavafontänen beim Ausbruch des Kīlauea 1983

★ Halema'uma'u Overlook
Aus dem einstigen kochenden Lavasee steigen heute Schwefeldämpfe empor. Hier wohnt die Vulkangötin Pele (siehe S. 14).

Professor Jaggar (1871–1953)

Thomas A. Jaggar war ein Pionier der Vulkanologie. Der Geologieprofessor am Massachusetts Institute of Technology gründete 1912 an der Kīlauea-Caldera das Hawaiian Volcano Observatory (heute Teil des Jaggar Museum). Vier Jahre später überzeugten er und der Verleger Lorrin Thurston aus Honolulu den US-Kongress, das Gebiet als Nationalpark zu schützen. Jaggar entwickelte Techniken zur Sammlung vulkanischer Gase und zur Messung von Erdneigung, seismischer Aktivität und Lavatemperatur. Dank seiner Arbeit ist der Kīlauea umfassend erforscht.

Professor Jaggar an seinem Schreibtisch, 1916

Nicht versäumen

★ **Halema'uma'u Overlook**

★ **Thurston Lava Tube**

Kīlauea Iki Overlook
1959 füllte sich der Krater unter dem Aussichtspunkt mit brodelnder Lava, die bis zu 580 Meter hochschoss. Heute führt ein Wanderweg über den kalten Kraterboden.

INFOBOX

Hawai'i Co. Hawai'i Belt Road (Hwy 11). *24 Std.* **Kīlauea Visitor Center** *(808) 985-6000. tägl. 7.45–17 Uhr.* **Jaggar Museum** *(808) 985-6049. tägl. 8.30–17 Uhr.* **Volcano Art Center** *(808) 967-7565. tägl. 9–17 Uhr. 25. Dez.* **Volcano House Hotel** *(808) 967-7321.* www.nps.gov/havo

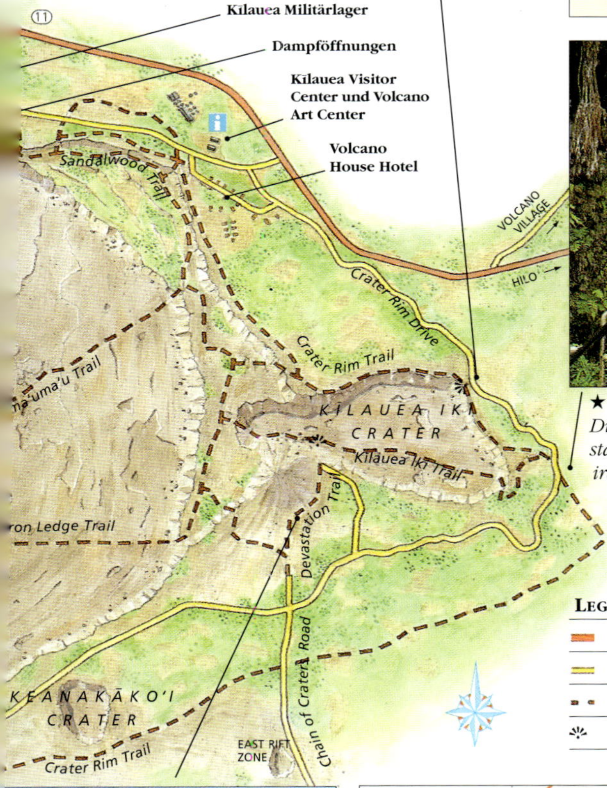

★ Thurston Lava Tube
Dieser riesige Tunnel entstand durch einen unterirdischen Lavastrom. Ein Weg führt durch den Tunnel und einen Hain aus Riesenfarn.

LEGENDE

- State Highway
- Highway
- Wanderweg
- Aussichtspunkt

Devastation Trail
Der kurze Wag führt durch Reste eines Regenwaldes, den die Asche des Kīlauea-Iki'-Ausbruchs 1959 auslöschte.

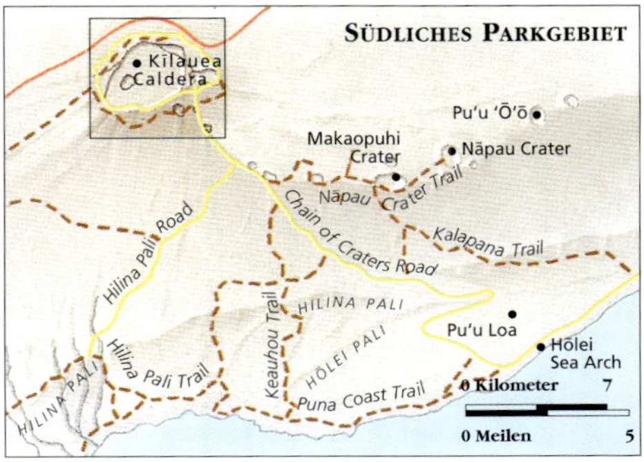

KAUA‘I

ES IST KEIN ZUFALL, *dass die älteste der großen Inseln Hawai‘is auch als die schönste gilt. Wind und Wasser hatten sechs Millionen Jahre Zeit, um die atemberaubenden, faltenartigen Felskliffe und steilen Abgründe zu formen und die fruchtbare Erde der »Garteninsel« in dichte Vegetation zu hüllen. Sandstrände und Korallenriffe machen Kaua‘i zu einem unwiderstehlichen Reiseziel.*

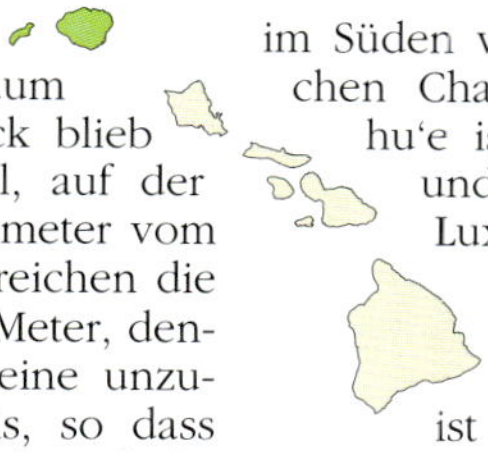

Der Vulkan, aus dem Kaua‘i entstand, ist kaum noch zu erkennen. Zurück blieb eine fast kreisrunde Insel, auf der kein Ort mehr als 19 Kilometer vom Meer entfernt ist. Zwar erreichen die höchsten Gipfel nur 1500 Meter, dennoch ist das Inselinnere eine unzugängliche, feuchte Wildnis, so dass die 55 000 Einwohner sich auf die flachen Küstengebiete verteilen.

Kaua‘i blickt voller Stolz auf seine Geschichte zurück. Die Insel wurde von einer separaten polynesischen Einwandererwelle besiedelt, vielleicht von den legendären kleinen *menehune* *(siehe S. 135)*, und nie von einer anderen Insel erobert. Hier landete Captain Cook zuerst, hier entstanden Sandelholz- und Zuckerrohrwirtschaft. Einige alte Tempel kann man am Wailua River an der Ostküste sehen, Plantagenstädte wie Hanalei im Norden und Hanapēpē im Süden verleihen der Insel ländlichen Charme. Die Hauptstadt Līhu‘e ist verschlafen, Princeville und Po‘ipū sind mit ihren Luxushotels die Ausnahme.

Die Hauptattraktion ist jedoch die Landschaft: Vor allem die Nordküste ist einzigartig, mit wunderschönen Stränden im Osten und der hoch aufragenden Nā Pali Coast im Westen. Hoch oben liegt der Kōke‘e State Park, dessen Wanderwege auf die Täler blicken und durch den Alaka‘i Swamp mit seiner seltenen Tier- und Pflanzenwelt führen. Die Straße zum Park erklimmt die Flanken des Waimea Canyon.

1992 suchte der Hurrikan Iniki die Insel heim, tötete zwei Menschen und zerstörte über 70 Prozent der Häuser – längst ist die Infrastruktur wiederhergestellt, Kaua‘i hat zum Alltag zurückgefunden.

Bauern ernten Taro, eine traditionelle hawai‘ianische Pflanze, im Hanalei Valley auf Kaua‘i

◁ Die Felsen der Nā Pali Coast sind nur über wilde Wanderwege, mit Boot oder Hubschrauber erreichbar

Überblick: Kaua'i

Die Urlaubsorte konzentrieren sich auf drei Gebiete: Po'ipū an der Südküste ist wegen traumhafter Strände und moderner Hotels eine typische Feriengegend für Familien. An der Ostküste sind die Strände zwischen Līhu'e und Kapa'a ebenso schön, die Hotels aber preiswerter und nahe bei Sehenswürdigkeiten. In Līhu'e gibt es elegante Häuser aus der Plantagenzeit, auf den Landstraßen rund um Kapa'a kann man Geschichte und wilde Natur genießen. Die regenreiche Nordküste zieht Sportler an, die in Hanalei und Princeville surfen oder Golf spielen und an der spektakulären Nā Pali Coast Kanu fahren oder wandern. Nicht versäumen sollte man den Waimea Canyon und die atemberaubende Aussicht vom Kōke'e State Park.

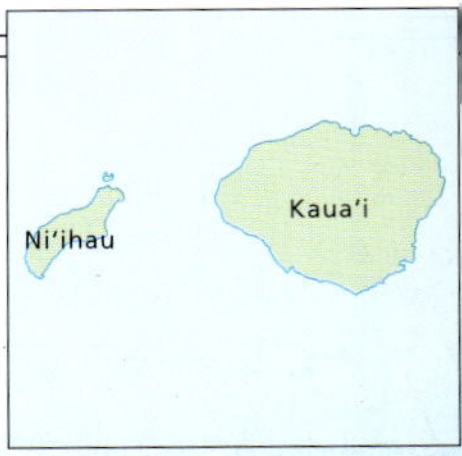

Zur Orientierung
Siehe S. 147

Die besten Erholungsgebiete

Die folgenden Orte wurden wegen ihrer vielfältigen Freizeitaktivitäten ausgewählt. Achtung: Die Bedingungen am Meer ändern sich ständig je nach Wetter und Jahreszeit. Seien Sie vorsichtig, gehen Sie evtl. nicht ins Wasser oder fragen Sie vor Ort nach.

	Schwimmen	Schnorcheln	Tauchen	Bodysurfen	Windsurfen	Wandern	Reiten	Golf
Anahola Bay	●							
'Anini Beach	●				●			
Hanalei Bay	●			■				
Kalapakī Beach	●	■		■	●			■
Kalihiwai Beach	●			■				
Keālia Beach				■				
Kē'ē Beach	●	■						
Kōke'e State Park						■		
Lumaha'i Beach						■		
Lydgate State Park	●	■						
Nā Pali Coast State Park		■				■		
Pali Ke Kua (Hideaways) Beach		■						
Po'ipū Beach County Park	●	■	●	■	●			■
Princeville	●	■					●	■
Pu'upōā Beach	●	■						
Salt Pond Beach County Park		■			●			
Secret Beach						■		
Tunnels Beach	●	■	●					

Auf Kaua'i unterwegs

Kaua'is wichtigster Highway führt wegen der Nā-Pali-Klippen nicht um die ganze Insel. Auf der Kūhiō Highway (Hwy 56) genannten Route nördlich von Līhu'e und dem Kaumuali'i Highway (Hwy 50) Richtung Westen verkehrt der preiswerte Kaua'i-Bus (keine großen Koffer oder Rucksäcke). Doch für eine richtige Inselerkundung ist ein Mietwagen unabdingbar, zu mieten an den Flugplätzen von Līhu'e oder Princeville. Jeder Ort der Insel ist mit dem Auto in drei Stunden erreichbar.

Mount Wai'ale'ale, einer der feuchtesten Orte der Erde

Sehenswürdigkeiten auf einen Blick

Allerton Garden 22
Anahola 8
Fern Grotto 3
Hā'ena Beach und Kē'ē Beach 15
Hanalei 12
Hanapēpē 21
Kalalau Valley 17
Kalihiwai 10
Kapa'a 7
Kīlauea Point 9
King's Highway 4
Līhu'e S. 134f 1
Limahuli Garden 14
Lumaha'i Beach 13
Mount Wai'ale'ale 6
Po'ipū 23
Polihale Beach 19
Princeville 11
Sleeping Giant 5
Wailua Falls 2
Waimea 20
Waimea Canyon und Kōke'e State Park S. 144f 18

Tour

Kalalau Trail 16

Der einsame Polihale Beach vor den hohen Nā-Pali-Felsen

Siehe auch

- ***Übernachten*** S. 160f
- ***Restaurants*** S. 174f

Legende

- State Highway
- Highway
- Straße nur für Allradantrieb
- Panoramastraße
- Fluss
- Aussichtspunkt

Līhu'e ❶

OBWOHL LĪHU'E als Verwaltungs- und Geschäftszentrum von Kaua'i dient, ist der Ort wenig mehr als ein Plantagendorf. Es entstand Mitte des 19. Jahrhunderts als Schlafstadt für die Arbeiter der Līhu'e Sugar Mill, die – inzwischen ziemlich angerostet – noch heute die Innenstadt prägt. Līhu'es multikulturelles Erbe aus dieser Zeit spiegelt sich in den Läden und Restaurants wider. Rund um die Innenstadt liegen einige reizvolle Viertel: So hat sich das Hafenviertel von Hurrikan Iniki 1992 erholt. Und obwohl das Kaua'i Marriott Resort den Kalapakī Beach beherrscht, können hier auch andere Urlauber schwimmen oder Surfunterricht nehmen.

Hamura Saimin Stand, asiatisches Lokal in Līhu'e *(siehe S. 175)*

Überblick: Līhu'e
Die Außenbezirke der Stadt bieten versteckte Reize. Im Westen liegt der Hulē'ia Stream, ein Schutzgebiet mit wilden Tieren vor der Kulisse eines bedrohlich aufragenden Bergkamms. Im Osten liegt Hanamā'ulu mit einem hübschen kleinen Strand an einer sichelförmigen Bucht. Das Wasser ist leider zu verschmutzt zum Schwimmen.

Kaua'i Museum
4428 Rice St. *(808) 245-6931.*
Mo–Fr 9–16, Sa 10–16 Uhr.
1. Jan, Labor Day, 4. Juli , Thanksgiving, 25. Dez.
Die zwei Komplexe des Museums widmen sich der Inselgeschichte. Im Wilcox Building sieht man eine Ausstellung traditioneller Artefakte, die von der Missionarsfamilie Wilcox gesammelt wurden, u.a. große *Koa*-Holzschalen und *kāhili*, Federstandarten des hawai'ianischen Adels. Das neuere Rice Building erzählt u.a. mit alten Waffen und Filmen zur Geologie *The Story of Kaua'i.* Dioramen zeigen, wie die Insel vor dem Kontakt mit den Europäern ausgesehen haben könnte. Auch das harte Leben der Plantagenarbeiter wird veranschaulicht. Im Museum gibt es auch einen Souvenirladen und ein Café.

Grove Farm Homestead
Nāwiliwili Road. *(808) 245-3202.*
Mo, Mi, Do. *Feiertage.* *Spende.* *nach Vereinbarung.*
Am Standort des heutigen Līhu'e gab es früher keine Siedlung. 1864 gründete George Wilcox, Sohn früher Missionare, hier die Grove Farm Plantage. Hawai'is Zuckergeschäft erlebte damals seinen ersten Boom, und trotz des knappen Wassers wurde Wilcox reich, da er Bewässerungskanäle errichten ließ, die bis tief in die Berge führten.

Wilcox lebte hier bis in die 1930er Jahre zufrieden in einem bescheidenen Landhaus. Seine Nachfahren bauten das eindrucksvolle Anwesen mit schwerer, dunkler *Koa*-Holzeinrichtung, dem heutigen Herzstück der Grove Farm Homestead. Eine zweistündige Tour führt Besucher durch das Haus, die engen Unterkünfte der Diener sowie in Wilcox' Orchideengarten. Eine Besichtigung ist nur nach telefonischer Reservierung (eine Woche im Voraus) möglich.

Kalapakī Beach
An der Wa'apā Road (Hwy 51), Kaua'i Marriott Resort & Beach Club.
Līhu'e wurde in den 1920er Jahren dank des neuen Tiefwasserbeckens in der Nāwiliwili Bay Kaua'is Haupthafen. Die Wellenbrecher und der Hafen reizen heute nur noch eingefleischte Fischer, der weiße Kalapakī Beach im Osten begeistert dagegen wohl jeden.

Der Strand ist der sicherste dieser Gegend und daher ideal für Familien – ebenso wie Kaua'i Marriott Resort & Beach Club *(siehe S. 161)* und einige Restaurants. Geübte Surfer wirbeln in der Bay, die küstennahen Gewässer sind für Kinder jedoch sicher. Am Westende des Strands mündet der Nāwiliwili Stream. Etwas entfernt lädt der palmenbeschattete Rasen des Nāwiliwili Beach County Park zum Picknick ein.

Kilohana Plantation
3-2087 Kaumuali'i Hwy (Hwy 50), 2,5 km westlich von Līhu'e. *(808) 245-5608.* *tägl. 9.30–21.30 Uhr.*
Erdgeschoss.
Das große als Kilohana Plantation bekannte Haus wurde wie Grove Farm Homestead von der Pflanzerfamilie Wilcox erbaut. Es stammt aus

Die schattige *Koa*-Holzveranda in Grove Farm Homestead

Kutsche aus dem späten 19. Jahrhundert, Kilohana Plantation

Infobox

Kaua'i Co. 5500. 3 km östlich. Rice St, (808) 241-64 10. KVB, 4334 Rice St, Suite 101, (808) 245-3971. Kaua'i-Polynesian Festival (Mitte Aug). www.kauivisitorsbureau.com

den 1930er Jahren. Es ähnelt einem englischen Landgut und ist der perfekte Rahmen für eines der elegantesten Restaurants *(siehe S. 175)* der Insel sowie eine kleine Einkaufspassage mit Kunsthandwerksläden und Kunstgalerien. Hurrikan Iniki hat etliche Bäume des Anwesens hinweggefegt, so dass man heute einen freien Blick auf den Kilohana im bergigen Inselinneren hat. Pferdekutschen fahren durch die Zuckerrohrfelder, Kutschtouren führen ins Hinterland.

Menehune Fish Pond Lookout

Hulemalū Road, 2,5 km südlich von Līhu'e. *für die Öffentlichkeit.*

Westlich des Nāwiliwili Harbor führt eine Nebenstraße zu einer idyllischen Weidelandschaft. Unterhalb des Aussichtspunktes an der Straße macht der Hulē'ia Stream eine scharfe Rechtskurve: Die alten Hawai'ianer bauten an dieser natürlichen Krümmung einen 275 Meter breiten Damm aus runden Felsbrocken und schufen so den Fischteich Alakoko (»Kräuselndes Blut«).

Die erfahrenen Fischzüchter mästeten hier Meeräschen, die mit zunehmender Größe nicht mehr durch die Gitterschleuse passten.

Dieses prähistorische Bauwerk ist als »Menehune Fish Pond« bekannt; der Überlieferung nach soll es, wie angeblich viele Bauwerke Hawai'is, von den kleinen *menehune* errichtet worden sein: Diese mythischen Figuren werden in Legenden als haarige Zwerge beschrieben, die schon vor Ankunft der polynesischen Einwanderer harte Arbeit verrichteten. Heute ist der Fischteich in Privatbesitz, so dass man ihn nur von weitem sehen kann. Kaum zugänglich ist auch das **Hulē'ia National Wildlife Refuge** flussaufwärts, wo auf alten Taro- und Reisterrassen Wasservögel leben. Das Gebiet lässt sich nur per Kanu erkunden.

Wailua Falls ❷

Kaua'i Co. Mā'alo Road (Hwy 583), 8 km nördlich von Līhu'e. *Līhu'e.*

Nördlich des Zentrums von Līhu'e bis zur südlichen Gabelung des Wailua River wächst bis heute Zuckerrohr. Durch die Felder windet sich eine kurvenreiche Straße, die links vom Highway 1,5 Kilometer nördlich von Līhu'e abzweigt und zu den Wailua Falls (24 Meter) führt.

Vom Parkplatz an der Straße kann man die Kaskaden bewundern, die von einem glatten Felsvorsprung herabstürzen. Nach starkem Regen bringt das Wasser aus natürlichen Tunneln den Fluss fast zum Bersten. Das Becken unterhalb des Wasserfalls erreicht man nur schwer, da der schlammige Berghang sehr steil ist. Wagemutige hangeln sich an den Stricken eines Pfades (fünf Minuten zurück an der Straße) hinab.

Blick von der Straße auf die Zwillingskaskaden der Wailua Falls

Die Ruinen von Poli'ahu Heiau, einem Opfertempel am King's Highway

Fern Grotto ❸

Kaua'i Co. Wailua River.
Smith's Motor Boat Service, (808) 821-6892. *Waipouli.*
tägl.

OBWOHL MAN wegen einer Brücke den Wailua River vom Meer nicht hinaufsegeln kann, bieten Veranstalter von einem Yachthafen weiter stromaufwärts einen drei Kilometer langen Ausflug zur Fern Grotto an. Diese große Höhle hinter farnverhangenen Felsen ist für ihre Schönheit berühmt. Ein gepflasterter Weg führt zu der Grotte, wo man unter Umständen den *Hawaiian Wedding Song* hört, denn täglich lassen sich hier durchschnittlich drei Paare trauen. Der längste Bootsausflug auf einem hawai'ianischen Fluss gibt Gelegenheit, die Landschaft zu genießen – das Ufer ist von palmenähnlichen Pandanusspflanzen und Piri-Gras bedeckt. Auf dem Rückweg wird gerne gesungen.

King's Highway ❹

Kaua'i Co. *Waipouli.* *KVB, Lihu'e, (808) 245-3971.*

DAS WAILUA VALLEY war das Machtzentrum des alten Kaua'i; die Küste in der Nähe ist bis heute das bevölkerungsreichste Inselzentrum. Ein Weg mit heiligen Stätten, bekannt als King's Highway, führt vom Meer zum Gipfel des Mount Wai'ale'ale. Er beginnt südlich des Wailua River im heutigen **Lydgate State Park**, einem beliebten Strand. Nur wenige Spuren blieben vom mächtigen **Hikinaakalā Heiau** (»aufgehende Sonne«) übrig, in dem die Dämmerung angebetet wurde. Am Highway landeinwärts liegt Kaua'is größter Tempel, **Malae Heiau**, unter einem Erdhügel.

Nördlich des Flusses, ein kurzes Stück die Kuamo'o Road (Hwy 580) hinauf, liegt der **Holoholokū Heiau**, ein so kleiner Tempel, dass man auf allen vieren hineinkroch. Hier wurden die ersten Menschenopfer auf Kaua'i dargebracht. Weiter die Straße hinauf liegen einige Geröllbrocken, die **Birthing Stones**: Nur Kinder von Müttern, die zwischen den Steinen eingekeilt gebaren, konnten Kaua'i regieren. 1,5 Kilometer über den Kuamo'o (»Eidechsen«) Ridge, auf einem flachen Vorgebirge mit toller Aussicht, findet man die Steinmauern des **Poli'ahu Heiau**. 800 Meter weiter macht die Landschaft dem Fluss 'Ōpaeka'a (»Rollende Garnele«) Platz, der sich in die **'Ōpaeka'a Falls** ergießt. Man sollte den Anblick jedoch nur vom Aussichtspunkt an der Straße genießen.

Lydgate State Park
Leho Drive, am Kūhiō Hwy (Hwy 56), südlich des Wailua River.

Sleeping Giant ❺

Kaua'i Co. 2,5 km nordwestlich von Wailua. *Waipouli.*

DIE HAUPTWOHNGEGEND der Ostküste liegt fünf Kilometer vom Meer landeinwärts hinter der sanft geschwungenen Bergkette Nounou Moun-

Sleeping Giant, dessen Umrisse wie eine schlafende Figur wirken

tain. Der lang gestreckte Hügel ist im Volksmund wegen seiner Ähnlichkeit mit einem auf dem Rücken liegenden, Menschen als »Sleeping Giant« bekannt. Drei Wanderwege führen von Osten, Westen und Süden hinauf. Man erreicht sie vom Kūhiō Highway (Hwy 56), von der Kāmala Road (Hwy 581) und der Kuamo'o Road (Hwy 580). Die Wege vereinen sich und folgen dem beängstigend schmalen Bergkamm bis zu einer wiesenähnlichen Lichtung am Gipfel. Dieser ausgezeichnete Picknickplatz bietet Panoramablicke in alle Richtungen. Man kann weiter zum Kopf des Giganten wandern, muss aber vorsichtig sein, denn der Bergkamm ist an manchen Stellen sehr steil und anfällig für Felsrutsche.

Mount Wai'ale'ale ❻

Kaua'i Co. 18 km westlich von Wailua.

Einen Katzensprung von Kapa'as sonnigen Stränden entfernt liegt einer der feuchtesten Orte der Erde: Mount Wai'ale'ale, »Überfließendes Wasser«. Im Mittel fallen hier jährlich 1100 Zentimeter Niederschlag, der kaskadenartig in Wasserfällen über die samtig-grünen Felswände nach unten stürzt. Der ständig in Nebel gehüllte Gipfel war die letzte Station des heiligen King's Highway; die Hawai'ianer mussten die messerscharfen Felsen zum *heiau* (Tempel) hinaufklettern.

Den Wai'ale'ale kann man nur von unten sehen – es sei denn, man chartert einen Hubschrauber. Folgen Sie der Kuamo'o Road (Hwy 580) an den 'Ōpaeka'a Falls und dem Keahua Forestry Arboretum vorbei: Unbefestigte Straßen führen durch den Wald zum Sockel, wo der Wailua River vom 1570 Meter hohen Gipfel herabtost. Die Straßen sind nach schwerem Regen unpassierbar.

Regenmessgerät aus den 1920er Jahren

Der kurvenreiche Donkey Beach, beliebt bei Nudisten und Surfern

Kapa'a ❼

Kaua'i Co. 8200. KVB, Līhu'e, (808) 245-3971.

Die touristische Erschließung der Ostküste Kaua'is, auch als Coconut Coast bekannt, konzentriert sich auf einen acht Kilometer langen Streifen nördlich des Wailua River. Auf Karten sind zwar die Orte Wailua und Waipouli eingezeichnet, doch die einzige richtige Ortschaft ist Kapa'a weiter nördlich. Obwohl die meisten der mit Schaufassaden verkleideten Gebäude touristenorientierte Läden, Restaurants und Ausrüstungsverleiher beherbergen, wirkt der Ort doch wie ein Plantagendorf aus dem 19. Jahrhundert. Die am Wasser gelegenen Strandparks bieten wenig Interessantes.

Umgebung: Der erste der schöneren Strände nördlich von Kapa'a liegt vom Highway nicht einsehbar 800 Meter von der Straße entfernt. Man erreicht ihn über einen Waldpfad, der rechts nicht weit vom Meilenstein 11 abzweigt. Dieser hübsche, ziemlich menschenleere Sandstrand ist als **Donkey Beach** (»Eselsstrand«) bekannt: Früher arbeiteten auf den angrenzenden Zuckerfeldern Lasttiere, die abends am Strand grasen durften. Heute wachsen hier Wildblumen; schattenspendende Bäume für die Sonnenanbeter gibt es jedoch nicht. Der Strand ist trotz des FKK-Verbots in Hawai'i bei Nudisten beliebt. Die Brandung ist zum Schwimmen zu stark, doch geübte Surfer können sich über die Wellen freuen.

Anahola ❽

Kaua'i Co. 1200. KVB, Līhu'e, (808) 245-3971.

Das kleine Dorf Anahola blickt auf die geschwungene, palmenbewachsene Anahola Bay, wo seit je gesurft wird. Nördlich der Stadt, landeinwärts vom Highway, findet man die malerische **Anahola Baptist Church** vor schönen Bergen als Hintergrund – das perfekte Fotomotiv.

Der nahe Anahola Beach ist wunderschön gelegen, leicht erreichbar und sicher – aber dennoch oft menschenleer. Zu diesem Strand am sichersten Abschnitt der Anahola Bay gelangt man über eine Nebenstraße, die in einer Schleife vom Kūhiō Highway (Hwy 56), kurz nach Meile 13, hinabführt. Der Bereich bei den Duschen ist für Familien gedacht, weiter nördlich, wo die Wellen höher sind, tummeln sich Surfer.

Seit ein paar Jahren protestieren hawai'ianische Aktivisten am Strand: Sie fordern von der Regierung bezahlbaren Wohnraum für Einheimische. Ihre Kampagne richtet sich jedoch nicht gegen Urlauber.

Der Secret Beach in der Nähe von Kīlauea Point ist ein einladender goldener Sandstrand

Kīlauea Point ❾

Kaua'i Co. Kīlauea Road, am Kūhiō Highway (Hwy 56), 16 km nordwestlich von Anahola. *Kīlauea.* *KVB, Līhu'e, (808) 245-3971.*

DER HAWAI'IANISCHE Name Kīlauea (»viel Gespucke«) passt nicht nur zum südlichsten Vulkan auf Big Island, sondern auch zum nördlichsten Punkt des hawai'ianischen Archipels, dem Kīlauea Point. Dort bezieht sich der Name nicht nur auf die spritzende Lava, sondern auch auf die tosenden Wellen am Felsvorsprung.

Zusammen mit einigen Inselchen bildet die Felshöhe das **Kīlauea Point National Wildlife Refuge**, ein Schutzgebiet für die Meeresvögel des Pazifiks. Die Austellung im Besucherzentrum bringt einem die Fregattvögel, Laysan-Albatrosse und verschiedene Tropenvögel näher.

Ein kurzer Spaziergang führt vom Besucherzentrum zum rot-weißen Leuchtturm **Kīlauea Lighthouse**, der den Beginn von Kaua'is Nordküste markiert. Als er 1913 erbaut wurde, besaß er die weltweit größte Muschellinse, die jedoch durch eine kleinere ersetzt wurde. Wenn man sich dem Ende der Landspitze nähert, kann man in westlicher Richtung scheinbar unendlich weit über den Secret Beach und Princeville hinaus zu den Nā-Pali-Klippen schauen. Die Küste fällt nach Osten hin ab und ist von Tausenden weißer Meeresvögel bevölkert. Man kann dort auch mit erfahrenen Rangern wandern.

Offizieller Wegweiser zum Leuchtturm

UMGEBUNG: Die aufregendsten Blicke auf das Kīlauea Lighthouse und im Winter auch auf die gewaltigen Wellen hat man vom wenig besuchten **Secret Beach**. Der Weg dorthin führt rechts auf der Kalihiwai Road, 800 Meter westlich der Abzweigung nach Kīlauea und dann weiter auf einer unbefestigten, roterdigen Straße, die ziemlich schnell rechts abgeht. An ihrem äußersten Ende führt ein Zickzackweg durch den Wald. Nach zehn Minuten kommt man zu einer herrlichen tropischen Bucht. Sogar im Sommer, wenn sich der 1,5 Kilometer lange Sandstrand auf seine doppelte Breite ausgedehnt hat, ist das Meer hier zum Schwimmen zu gefährlich. Ein Spaziergang lohnt dennoch: Die weiße Gischt spritzt gegen die Lavafelsen, und am äußersten Ende, nahe dem Leuchtturm, beeindruckt ein Wasserfall.

Kīlauea Point National Wildlife Refuge
Kilauea Point. *(808) 828-1413.* *Mo–Fr 10–16 Uhr.* *1. Jan, Thanksgiving, 25. Dez*

Kalihiwai ❿

Kaua'i Co. *450.* *KVB, Līhu'e, (808) 245-3971.*

VOM KŪHIŌ HIGHWAY (Hwy 56) gehen im Abstand von 2,5 Kilometern zwei Abzweigungen ab, die die Kalihiwai Road bilden. Die zwei Teilstücke dieser Straße durch eine kleine Siedlung waren einst miteinander verbunden, bis 1957 ein Tsunami die Brücke über den Kalihiwai River wegspülte. Die letzten 100 Meter des östlichen Teils, kurz vor der Flussmündung, verlaufen am **Kalihiwai Beach**. Er liegt geschützt hinter Eisenholzbäumen und eignet sich zum Surfen, Bodysurfen und Baden. Der Kūhiō Highway kreuzt den Fluss etwa 800 Meter vor dem Ozean; landeinwärts hat man von der Brücke einen wunderbaren Blick auf die **Kalihiwai Falls**.

Umgebung: Der zweite (westliche) Abschnitt der Kalihiwai Road führt am Kalihiwai River in eine Sackgasse; hier gibt es keinen Strand. Eine nicht gekennzeichnete Nebenstraße führt jedoch links zum ruhigen **'Anini Beach**. Hier findet man zwischen einem fünf Kilometer langen, goldfarbenen Sandstrand und Korallenriffen 180 Meter vor der Küste das sicherste Schwimmgebiet an Kaua'is Nordküste. An den Korallenriffen kann man hervorragend schnorcheln. Zwischen den Bäumen befindet sich ein idyllischer Campingplatz. Auf dem großen Rasen an der Straße landeinwärts finden im Sommer vor begeisterten Zuschauern am Sonntagnachmittag Polospiele statt.

Die Mündung des Kalihiwai River mit dem Kalihiwai Beach dahinter

Das Princeville Hotel liegt zwischen Golfplätzen direkt am Meer

Princeville ⓫

Kaua'i Co. 1250.
KVB, Līhu'e, (808) 245-3971.

Die ehemalige Zuckerplantage und Ranch Princeville liegt auf den sanft gewellten Weiden einer Landzunge über der Hanalei Bay. In den 1960er Jahren wurde sie verkauft, heute ist sie Kaua'is exklusivste Hotelanlage. Das opulente **Princeville Hotel** *(siehe S. 161)* bei einem Fort, das der deutsche Abenteurer Georg Schäffer 1816 *(siehe S. 146)* erbaute, nimmt den Mittelpunkt ein.

Die weitläufige Aussicht auf die Berge der Nordküste wird heute von zwei Golfplätzen, Hotels, Wohn- und Ferienhäusern und einem Einkaufszentrum getrübt. Unterhalb der Steilklippen findet man einige schöne Strände. Am reizvollsten ist der **Pu'upoā Beach**, den man über Wege vom Princeville Hotel und dem benachbarten Hanalei Bay Resort aus erreicht. Er bietet eine herrliche Aussicht auf die Hanalei Bay und die Feuchtgebiete, die sich hinter Hanalei *(siehe S. 140)*, bis zu den Berggipfeln ziehen. Das seichte Wasser ist ideal für Familien mit Kindern geeignet. Der Pu'upoā Beach reicht bis zur Mündung des Hanalei River, den man stromaufwärts mit einem Kajak erkundet. Surfer aus Princeville und Schnorchler gehen gerne zum **Pali Ke Kua Beach**, auch Hideaways Beach genannt. Der Weg führt von einem Tennisplatz der Pali-Ke-Kua-Anlage hinunter zum Strand.

Kaua'i im Film

Die herrliche Landschaft Kaua'is diente in zahlreichen Hollywood-Filmen als Kulisse: vom Karibikparadies in *Inseln im Strom* (1977) über Südamerika in *Jäger des verlorenen Schatzes* (1981) oder als Vietnam in *Die verwegenen Sieben* (1983). Seit Esther Williams eines ihrer berühmten Wasserballette in Hanalei Bay in *Heidnisches Liebeslied* (1950) inszenierte, kamen die Leinwandstars auf die Insel. Pīla'a Beach, östlich von Kīlauea, war der kriegsgebeutelte Pazifikstrand für Frank Sinatra in *Lohn der Mutigen* (1965). Elvis Presleys Kassenschlager *Blue Hawaii* (1961) hatte seinen Höhepunkt in der kitschigen Hochzeitszeremonie im Coco Palms Resort. Das einsame Honopū Valley an der Nā Pali Küste diente als Skull Island für die 1977er Verfilmung von *King Kong*, und bevor der Hurrikan Iniki Dreharbeiten unmöglich machte, wurden große Teile von *Jurassic Park* (1993) im Hanapēpē Valley gefilmt. Kaua'i wurde aber wohl am bekanntesten durch die Rodgers & Hammerstein-Musicalverfilmung *South Pacific* (1958). Die Szene mit dem Song *Some Enchanted Evening* wurde in der Hanalei Bay gedreht; Mitzi Gaynor sang den Hit des Musicals, *I'm Gonna Wash That Man Right Out of My Hair*, am Lumaha'i Beach.

Filmplakat mit Elvis Presley in *Blue Hawaii*

Hanalei ⓬

Kaua'i Co. 500. KVB, Līhu'e, (808) 245-3971.

Blick vom Aussichtspunkt am Highway auf die Tarofelder im Hanalei Valley

NUR EIN STRAND Hawai'is trägt den Namen Hanalei, »halbmondförmige Bucht« – und diese friedliche, schmale Traumbucht mit ihrem goldenen Sandstrand und den hohen grünen Klippen westlich von Princeville verdient ihren Namen!

Der flache Talboden des Hanalei River war einst eine der Hauptanbauflächen für Taro. Später haben hier chinesische Einwanderer die Felder zum Reisanbau aufgeteilt. Heute wird unter Kontrolle des **Hanalei National Wildlife Refuge** wieder Taro angebaut, um den bedrohten Wasservögeln Lebensraum zu bieten. Das von Bewässerungskanälen und unzugänglichen Inseln durchzogene Gebiet wird nun von einer stets wechselnden Population von Blesshühnern, Reihern, Stelzenläufern und Zugvögeln bevölkert. Die sattgrüne Landschaft des Tals kann man am besten von einem Aussichtspunkt am Kūhiō Highway (Hwy 56), westlich der Abzweigung Richtung Princeville, aus bewundern.

Die schmale Brücke über den Hanalei River ist die erste einer Reihe einspuriger Brücken, die den Verkehr an der Nordküste unendlich verlangsamen, dafür die Gegend vor übermäßiger Entwicklung schützen. Das Dorf **Hanalei** auf der anderen Seite ist ein stiller Ort, immer noch als Plantagensiedlung erkennbar, aber heute mehr mit dem Wohl und der Verpflegung von Surfern und Nā-Pali-Abenteurern beschäftigt.

Die Fassade der Wai'oli Hui'ia Church

Ein Trio imposanter Berge bildet einen beeindruckenden Hintergrund – Hīhīmanu im Osten, Māmalahoa im Westen und im Zentrum der Nāmolokama, zerfurcht von über 20 Wasserfällen, die sich zum Wai'oli Stream vereinen.

Auf den ersten Blick sieht **Hanalei Bay** wie ein idealer Hafen aus, aber am Riff sind schon so viele Schiffe auf Grund gelaufen, dass nur Sportyachten an der Ostseite ankern. Auch die Badebedingungen am drei Kilometer langen Strand werden vom Riff bestimmt; am unbedenklichsten ist der Abschnitt am Westende, westlich der Mündung des Wai'oli Stream. Erfahrene Surfer, die das Risiko suchen, stürzen sich am Wai'oli Beach, im Pinetrees Park, direkt in der Mitte der Bucht in die Wellen.

Hanaleis deutlichste Erinnerung an die Vergangenheit ist der Missionskomplex auf einem Rasen westlich des Stadtzentrums. Das älteste christliche Bauwerk, die **Wai'oli Church**, entstand 1841. Unter dem hohen Schrägdach wirkt das Holzgebäude winzig. Heute dient es als Gemeindehaus und liegt etwas abseits von seinem Nachfolger, der **Wai'oli Hui'ia Church** von 1912. Mit den grünen Schindeln, den Buntglasfenstern und dem Glockenturm mit der grauen Kuppel unter einer ausladenden Palme ist Wai'oli Hui'ia zweifellos das hübscheste Gebäude auf Kaua'i. Dahinter versteckt liegt das **Wai'oli Mission House**, in dem mehrere Generationen zweier Missionarsfamilien lebten, u.a. die Familie Wilcox *(siehe S. 134)*, deren Nachfahren hier bis in die späten 1970er Jahre wohnten. Obwohl das Originalmobiliar nicht mehr vorhanden ist, vermittelt die Einrichtung einen Eindruck von Hanalei vor 100 Jahren.

Wai'oli Mission House
Kūhiō Hwy (Hwy 56). (808) 245-3202. Di, Do, Sa 9–15 Uhr. Feiertage. Spende. Erdgeschoss.

Lumaha'i Beach ⓭

Kaua'i Co. Am Kūhiō Highway (Hwy 56), 3 km westlich von Hanalei. *Hanalei.*

GLEICH HINTER DER Hanalei Bay markiert eine Haltebucht den Beginn eines steilen, schlammigen Pfades hinunter zum bezaubernden Lumaha'i Beach. Dank seiner Rolle im Film *South Pacific (siehe S. 139)* gilt er als der romantischste Strand Hawai'is. Irgendwo liegt dort immer ein Liebespaar, aber der Strand ist lang und weit genug, um stets die Illusion der Ungestörtheit zu empfinden. Außer an sehr ruhigen Tagen sollte man sich nicht in die Brandung wagen. Im Film beherrschte die Bergspitze des Bali Hai den Strand – das war jedoch ein technischer Trick. In Wirklichkeit sieht man den kleinen Hügel Makana am Ende eines Bergkamms 6,5 Kilometer weiter westlich.

Limahuli Garden ⓮

Kaua'i Co. Kūhiō Hwy (Hwy 56), 10 km westlich Hanalei. *(808) 826-1053.* *Di–Fr, So 9.30–16 Uhr.* *1. Jan, Thanksgiving, 25. Dez.*

Der sattgrüne Limahuli Garden befindet sich 400 Meter vor dem Ende des Kūhiō Highway in einem hoch gelegenen Tal. In alten Zeiten war das Limahuli Valley Teil eines autonomen *ahupua'a* (ein keilförmiges Stück Land, das vom Berg zum Meer ging). Seitdem blieb es menschenleer – bis auf das berüchtigte »Taylor Camp«, eine Kommune, die sich 1969 bis 1977 auf dem Land von Elizabeth Taylors Bruder breit machte.

Ein Teil des Tals, das als botanisches Schutzgebiet dient, blieb unberührt. Hier gedeihen einheimische Flora und Pflanzen, die die ersten polynesischen Siedler auf die Inseln brachten. Das Schutzgebiet wird vom National Tropical Botanical Garden versorgt, das einheimische Arten vermehren will.

Hibiskus im Limahuli Garden

Besucher können nur einen etwa sieben Hektar großen Bereich sehen. Er beginnt an der Straße und erstreckt sich landeinwärts. An der regenreichen Bergseite wurden Taroterrassen rekonstruiert. Fußwege führen durch einen Wald mit so exotischen Bäumen wie dem aus Polynesien stammenden *kukui* (Wachsnussbaum), einst wegen seines Öls und seiner *'ōhi'a 'ai* (Bergäpfel) sehr wichtig. Von den höher gelegenen Böschungen hat man einen herrlichen Blick auf die Küste und die zerklüfteten Nā-Pali-Klippen im Westen. Im Landesinneren türmen sich am Limahuli Stream seltsam erodierte Berge auf und überschatten das Limahuli Preserve.

Traditioneller Anbau von Taro auf den Terrassen im Limahuli Garden

Hā'ena Beach und Kē'ē Beach ⓯

Kaua'i Co. Am Kūhiō Hwy (Hwy 56), 11 km westlich von Hanalei.

Am Ende des Highways an der Nordküste liegen zwei ähnlich benannte, aber sehr unterschiedliche Strandparks: Der **Hā'ena Beach County Park** bietet einen Campingplatz in einem Kokospalmenhain, Schwimmen ist an dem ungeschützten Strand zu gefährlich. Ein zehnminütiger Spaziergang gen Osten führt zum **Tunnels Beach**, dessen ausgedehntes Riff eines der beliebtesten Schnorchelgebiete Kaua'is ist. Der Name bezieht sich auf die röhrenförmigen Wellen, die die Surfer im Winter locken. Westlich von hier liegt der zweite Park, der **Hā'ena State Park**, kaum zugänglich, da er zum Schutz dieses Küstenabschnitts eingerichtet wurde. Der **Kē'ē Beach**, am Ende der Straße, aber noch im Park, gehört mit seinem gelben Sand und der tropischen Vegetation zu den schönsten Parks an der Nordküste. In der türkisfarbenen Lagune kühlen sich Wanderer bei der Rückkehr vom Kalalau Trail *(siehe S. 142f)* ab. Sie lädt zum Schwimmen und Schnorcheln ein. Allerdings sind die Gewässer hier jenseits des Riffs oft aufgewühlt und nicht ungefährlich.

Schnorcheln am Tunnels Beach

Um diesen abgelegenen Strand ranken sich etliche Legenden: Angeblich soll dies der Geburtsort des *hula* sein. Die Vulkangöttin Pele *(siehe S. 14)* soll hier in einem Traum von der süßen Musik des jungen Kriegers Lohi'au von Kaua'i verführt worden sein. Als sie aufwachte, schickte sie ihre Schwester Hi'iaka, um Lohi'au zu ihr zu bringen, aber prompt verliebten sich die beiden. In der Nähe des Kalalau Trail markieren teilweise eingestürzte Mauern im Gebüsch Lohi'aus Heim, während die Landspitze im Westen des Strandes die Überreste der ersten *hālau hula* (Hula-Schule) beherbergt. Hier gab Hi'iaka die Kunst des *hula* an alle wissbegierigen hawai'ianischen Anhänger dieses Tanzes weiter.

Tour: Kalalau Trail ⑯

Wegen der steil abfallenden Klippen der Nā Pali Coast endet die Straße am Kē'ē Beach. Doch Wanderer können von hier aus den schmalen, 18 Kilometer langen Kalalau Trail bis in das abgelegene Kalalau Valley weiter verfolgen. Dies ist sicher einer der spektakulärsten Wanderwege der Welt – mit unvergesslichen Ausblicken auf eine überwältigende, unermesslich weite Landschaft. Die Wanderung ist anstrengend, doch in einem halben Tag hat man den Rundweg zum Hanakāpī'ai Valley bewältigt. Weiter westlich wird der Weg trockener. Zu Beginn ist er sehr schlammig, aber auch üppig mit Vegetation überwuchert. Der Weg durch diesen *Hala*(Pandanuss)-Wald verläuft kreuz und quer über Felsvorsprünge und Baumwurzeln.

Start des Wegs ①
Der Weg führt steil vom Ende des Kūhiō Highway bergauf und bietet eine herrliche Aussicht auf die zerklüftete Küste.

Makana Peak ②
Bei besonderen Anlässen schleuderten Hawai'ianer früher von diesem Gipfel Feuerscheite in den Nachthimmel. Dieser Frühform des Feuerwerks schaute man von Booten aus zu.

Ke Ahu A Laka ③
Einst Hawai'is berühmteste *hālau hula* (*Hula*-Schule), in der die Schüler meist mehrere Jahre die Tanzkunst erlernten. Der alte Tempel in der Nähe wurde wahrscheinlich für die Abschlussfeiern genutzt.

Hanakāpī'ai Valley ④
Im Sommer erstreckt sich hier ein unberührter Sandstrand, im Winter ist der Taleingang mit Kieseln bedeckt. Wegen der gefährlichen Strömung sollte man nicht ins Wasser gehen.

Ende des Wegs ⑨
Auf den letzten acht Kilometern verläuft der Weg gefährlich nah an der Sandklippe, die sich wegen der grasfressenden Ziegen bei jedem Schritt mehr in Staub verwandelt. Der Ausblick vom Kalalau Valley ist die Belohnung für die Mühe.

ROUTENINFOS

m Weg gibt es weder Verpfle-ung noch Wasser. Wer in Hana-āpīʻai, Hanakoa oder Kalalau Val-y zeltet, braucht die Genehmi-ung des State Parks Office, 3060 Ēiwa St, Līhuʻe, HI 96766, (808) 74-3444. Man kann die Nord-üste auch vom Boot oder Hub-chrauber aus genießen. Eine Liste nit Veranstaltern erhält man beim VB, Līhuʻe, (808) 245-3971.

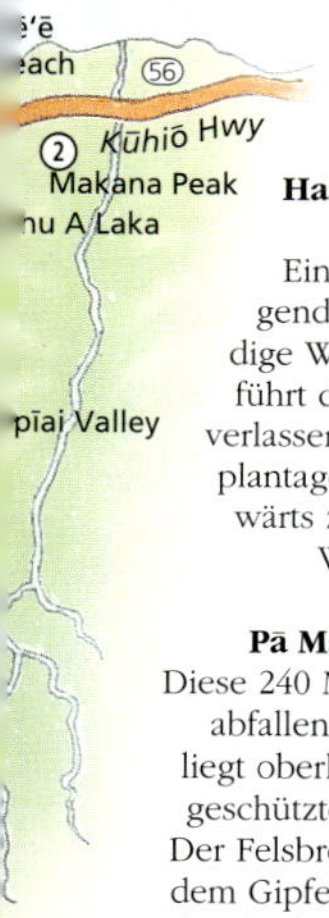

Hanakāpīʻai Falls ⑤

Eine anstrengende einstündige Wanderung führt durch eine verlassene Kaffeeplantage landeinwärts zu diesem Wasserfall.

Pā Ma Waʻa ⑥

Diese 240 Meter steil abfallende Klippe liegt oberhalb einer geschützten Höhle. Der Felsbrocken auf dem Gipfel markiert den höchsten Punkt des Kalalau Trails.

Hanging Valleys ⑦

wischen Hanakāpīʻai und Hanaoa taucht der Weg in eine Reihe von »hängenden Tälern« ein, in lenen sich die Flüsse ihren Weg zum Meer bahnen.

anakoa Valley ⑧

er Campingplatz liegt zwischen en Ruinen früherer Taroterrassen *(siehe S. 109)* ohne Zugang m Meer. Bis zum 600 Meter ohen Wasserfall am Talende nd es nur 550 Meter – ein kurer, schlammiger Weg.

0 Kilometer **2**

0 Meilen **1**

LEGENDE

Wanderweg

Highway

Aussichtspunkt

Koʻolau, der Leprakranke (ganz rechts)

Kalalau Valley ⑰

Kauaʻi Co. *KVB, Līhuʻe, (808) 245-3971.*

WENN MAN DEN letzten, schwierigen Abschnitt des Kalalau Trail nicht bewältigt, kann man die majestätische Senke des Kalalau Valley nur aus der Ferne sehen. Die meisten Besucher betrachten das Tal vom Boot, aus dem Hubschrauber oder auch von den zwei Aussichtspunkten am Ende der Kōkeʻe Road *(siehe S. 144f)* aus.

Über 1000 Jahre lang lebten hier Tarobauern. Nach dem Kontakt mit den Europäern reduzierten Krankheiten und die Reize der Stadt die Bevölkerung. Die letzten Bewohner zogen 1919 fort. Später wurde Kalalau eine Viehranch, und in den 1960er Jahren eine Hippiekolonie. Um die Hippies zu vertreiben, schuf man den Nā Pali Coast State Park. Heute ist der Zugang zum Park und dem Campingplatz eingeschränkt.

Die Gipfel des Tals waren der ideale Zufluchtsort für den Leprakranken Koʻolau aus der Geschichte von Jack London *(siehe S. 15)*. Koʻolau, ein Cowboy aus Waimea, floh Ende des 19. Jahrhunderts aus Angst vor Verbannung und Tod aus der Leprakolonie Molokaʻiʻ *(siehe S. 86f)* in das Tal. Koʻolaus Frau verließ Kalalau, nachdem ihr Ehemann und ihr Sohn an Lepra gestorben waren.

Vögel auf Kauaʻi

Der winzige *ʻanianiau*

Dichter Regenwald zieht sich über die hintersten Winkel der Nā-Pali-Täler, die Sümpfe und Schluchten hoch oben auf Kauaʻi, das letzte Refugium der einheimischen Flora und Fauna: Bevor Menschen Hawaiʻi besiedelten, lebten hier nur wenige Vogelarten – wahrscheinlich Nachkommen vom Wind hierher verschlagener Nachzügler auf der Suche nach trockenem Land. Ihre Schnäbel passten sich den gebogenen einheimischen Blumenarten an, um den Nektar auszusaugen; andere entwickelten kurze, starke Schnäbel, um Nüsse und Samen zu knacken. Vögel, die auf den anderen Inseln schon ausgestorben sind, leben noch heute in den *ʻŌhiʻa*-Wäldern des Alakaʻi-Sumpfes. Hier zwitschern Tangaren, darunter vor allem der leuchtend rote *ʻiʻiwi* mit seinen schwarzen Schwingen und einem sichelförmigen, lachsfarbenen Schnabel sowie der ähnliche, aber kurzschnabelige *ʻapapane* und der winzige, gelbe *ʻanianiau*. Interessant ist auch der gesellige rostfarbene *ʻelepaio*, der Wanderern durch den Wald folgt. Am auffälligsten sind an der Küste die in die Luft steigenden Tropikvögel, im trockeneren Kōkeʻe State Park sieht man schreiende *nēnē* und Kauaʻis häufigsten Vogel, den roten *moa*.

Rotschnäbeliger Tropikvogel

Das Dschungelhuhn *moa*

Waimea Canyon und Kōke'e State Park ⓲

WAIMEA CANYON, BEKANNT ALS der »Grand Canyon des Pazifiks«, entstand durch ein Erdbeben, das Kaua'i fast in zwei Hälften spaltete. Im Laufe der Zeit formte sich durch heftige Regenfälle die 915 Meter tiefe Schlucht, die bis heute weiter erodiert wird: Gelegentliche Erdrutsche vernichten Teile der üppigen grünen Vegetation, und der Fluss Waimea spült den roten Schlamm fast täglich ins Meer. Viele Besucher sehen den Canyon nur von den Aussichtspunkten an der Kōke'e Road; Wanderwege führen jedoch tief hinab in den Canyon. Am nördlichen Ende des Waimea Canyon liegt der Kōke'e State Park mit Wanderwegen und dem zugänglichen Teil des Alaka'i-Sumpfes. Die Straße endet an zwei herrlichen Aussichtspunkten, 1220 Meter über der Nā-Pali-Küste.

Blick vom Waimea Canyon Drive auf blanke, erodierte Erde

Kōke'e Natural History Museum
Das Museum widmet sich dem Tierleben und der Lokalgeschichte. Im Museumsshop erhält man Wanderinfos, Bücher und Wanderkarten.

★ Waimea Canyon Lookout
Der tiefstgelegene Aussichtspunkt bietet einen unschlagbaren Blick: im Norden die Schluchten mit dem Waiahulu und dem Po'omau, im Süden Waimea bis zur weit entfernten Küste.

NICHT VERSÄUMEN

- ★ Alaka'i Swamp
- ★ Pu'u O Kila Lookout
- ★ Waimea Canyon Lookout

Iliau Nature Loop
Der Pfad beginnt bei Meile 9 und ist nach der hier heimischen Iliau-*Pflanze benannt. Auch andere einheimische Pflanzen am Rundweg sind gekennzeichnet.*

INFOBOX

Kaua'i Co. Kōke'e Road (Hwy 550). *Kaua'i Division of State Parks, (808) 274-3444.* **Kōke'e State Park** *tägl.* **Kōke'e Museum** *(808) 335-9975. Spende. tägl. 10–16 Uhr.* **Kōke'e Lodge** *(808) 335- 6061. Hütten mietbar.*

★ Pu'u O Kila Lookout

Das Kalalau Valley (siehe S. 143) *öffnet sich zum Meer hin in gewaltiger Breite. Einen Zugang zur Küste gibt es an dieser Stelle nicht.*

Der Pihea Trail schlängelt sich über 6,5 Kilometer zur Landspitze hoch über dem Nu'alolo Valley.

Der Alaka'i Swamp Trail ist ein Holzsteg zu den Klippen über dem Wainiha Valley, mit Blick auf Hanalei.

★ Alaka'i Swamp

Diese Senke wird jährlich von bis zu 1270 Zentimetern Regen getränkt. Ein Großteil davon speist Kaua'is Wasserfälle; der Rest wird von einer undurchlässigen Schicht Vulkangestein aufgestaut. Teils Regenwald, teils vernebeltes Moor – im Alaka'i Swamp findet man einige der seltensten Vögel Hawai'is wie den 'i'iwi *oder Naschvogel.*

Kukui Trail

Der recht einfache Weg, eine Verlängerung des Iliau-Nature-Rundwegs, führt steil in den Canyon bis zum Waimea River hinab.

LEGENDE

- State Highway
- Highway
- Straße nur für Allradantrieb
- Wanderweg
- Fluss
- Aussichtspunkt
- Picknickplatz

Polihale Beach ⓳

Kaua'i Co. 8 km nach dem Ende des Kaumuali'i Hwy (Hwy 50).

Kaua'is westlichste Region liegt geschützt im Regenschatten der Berge. Typisch sind hier weite, flache Sandflächen. Ein großes Areal beansprucht das US-Militär, zu dessen hochentwickelten Anlagen auch ein ausgefeiltes System gehört, das vor Angriffen auf Pearl Harbor warnen soll.

Fahren Sie an den Sicherheitszäunen vorbei landeinwärts; 24 Kilometer nordwestlich von Waimea erreicht man den ausgedehnten Polihale Beach. Die Brandung ist zu heftig zum Schwimmen, allerdings kann man wunderbar auf den Klippen der Nā Pali Coast im Norden spazierengehen. Wenn Sie sich am Ende der Straße westlich halten, gelangen Sie zu den **Barking Sands** (»Bellender Sand«) genannten Dünen, deren Gräser bei Wind oder Sturm »stöhnen«.

Waimea ⓴

Kaua'i Co. 1900. KVB, Līhu'e, (808) 245-3971.

Waimea zählt zu den historischen Städten Kaua'is. Hier setzten 1778 Captain Cook und seine Leute als erste Europäer ihren Fuß auf hawai'ianischen Boden – nachdem sie einen Einheimischen erschossen hatten. Cook meinte: »Ich habe niemals so erstaunliche Indianer gesehen und war belustigt darüber, dass die Sprachen der Einheimischen und der in der Südsee lebenden Polynesier sich ähnelten.«

Der Strand, an dem Cook landete, ist – vielleicht im Hinblick auf die problematischen Folgen seines Besuches (z. B. Geschlechtskrankheiten) – nicht nach Cook, sondern nach Lucy Wright benannt, Waimeas erster einheimischer Lehrerin. Waimea liegt westlich des Flusses Waimea (»Rötliches Wasser«), der viel Schlamm aus dem Waimea Canyon mit sich führt.

Auf einer Landspitze hinter dem Fluss liegen die Reste des **Russian Fort Elizabeth**. Das Gebäude wurde 1816 von Georg Schäffer gebaut. Der deutsche Arzt und Abenteurer gab sich als Naturforscher aus, war aber Spion der Russian American Company. Er gewann das Vertrauen des Häuptlings von Kaua'i, Kaumuali'i, und entschloss sich zu einem Doppelspiel: Mit Kaumuali'i ersann er einen Plan, um den Archipel zu erobern und zwischen dem Zaren und dem Häuptling aufzuteilen. Schäffer floh, als er glaubte, die USA und Russland befänden sich im Kriegszustand. Sein Fort diente danach 50 Jahre lang der Regierung.

Statue von Captain Cook in Waimea

Hanapēpē ㉑

Kaua'i Co. 1400. KVB, Līhu'e, (808) 245-3971.

Auf halber Strecke zwischen Waimea und Po'ipū verlockt Hanapēpē zu einem Abstecher: Zwar wurde einst Taro in diesem Tal angebaut, doch verdankt das Dorf sein Aussehen den chinesischen Reisbauern, die hier im späten 19. Jahrhundert – nach ihrer Arbeit auf den Zuckerplantagen – lebten. Später wurde Hanapēpē fast gänzlich vergessen, doch inzwischen haben sich Kunstgalerien, Handwerksläden und gute Restaurants angesiedelt.

Allerton Garden ㉒

Kaua'i Co. *(808) 742-2623. tägl. Feiertage. mit Voranmeldung. Anmeldung im Besucherzentrum gegenüber dem Spouting-Horn-Parkplatz, Lāwa'i Road, Po'ipū.* www.ntbg.org

Hinter der kleinen Bucht Lāwa'i Kai, drei Kilometer westlich Po'ipūs, erstreckt sich Lāwa'i Valley. Ursprünglich von Tarofarmern, später von chinesischen Reisbauern bewohnt, wurde das Tal ein Lieblingsort Königin Emmas. In den 1930er Jahren kauften die Allertons, eine Bankiersfamilie aus Chicago, das Tal und ließen einen Teil nahe dem Meer zum Allerton Garden gestalten.

Der letzte Allerton hinterließ die Anlage 1987 dem National Tropical Botanical Garden, doch 1992 zerstörte der Hurrikan Iniki das Tal. Es wird noch einige Zeit dauern, bis Allertons Haus am Meer oder Königin Emmas Landsitz vollständig restauriert sind, doch Allerton Garden ist schon jetzt ein Glanzstück. Anders als beim Limahuli Garden *(siehe S. 141)* konzentriert man sich eher auf die Augenfreude als auf einheimische Pflanzen.

Die Zufahrt zu der entlegenen Gegend erfolgt mit »Hilo

Becken und Pavillon der Diana Fountain im Allerton Garden

sampans«, Oldtimern mit niedrigen Dächern und offenen Seiten (ab Besucherzentrum, danach zu Fuß). Die Allertons konzipierten eine Reihe separater »Räume«: Jeder Bereich, etwa der ruhige Diana Fountain oder der italienisch anmutende Art-déco-Nixenbrunnen, hat seinen eigenen Charakter. Doch die wirklichen Stars sind die Pflanzen – von leuchtenden Bromelien bis zu den verschiedenen tropischen Früchten in den Obstgärten. Bekannte Hauspflanzen aus kühleren Lagen wuchern hier wild und gedeihen prächtig; anmutige Palmen säumen den ruhigen Fluss, der durch das Zentrum des Tales fließt.

Botaniker können in der Gärtnerei seltene Arten sehen, z.B. die *Kanaloa kahoolawensis*, einen holzigen Strauch, von dem nur zwei wilde Arten bekannt sind; sie wurden in den 1980er Jahren auf Kaho'olawe *(siehe S. 102)* entdeckt. Für den Besuch ist eine Voranmeldung erforderlich, Kinder unter fünf Jahren haben keinen Zutritt.

Po'ipū ㉓

Kaua'i Co. 1000. 2 am Tag. KCVB, Līhu'e, (808) 245-3971.

PO'IPŪ ZU BEIDEN Seiten der Waikomo-Mündung ist das beliebteste Urlaubsziel auf Kaua'i. 1992 hob der Hurrikan Iniki die Dächer von den Hotels, füllte die Lobbys mit Sand und zerstörte Autos. Heute ist Po'ipū wie früher eine Ansammlung von Hotels, Apartments und Restaurants.

Wasserfontänen des Spouting Horn

Mittelpunkt des Strandes ist der **Po'ipū Beach Park** mit seinen Rettungsschwimmern und einem Kinderspielplatz. Direkt am Strand ist das Schwimmen ungefährlich, an den Felsen am Westende kann man ausgezeichnet schnorcheln. **Brennecke's Beach** im Osten ist eher ein Treffpunkt junger Surfer. Hinter dem Makahū'ena Point beginnt die Sanddünenwüste. Man fand hier Fossilien ausgestorbener, flugunfähiger Vögel, der Māhā'ulepū. Außerdem gedeihen hier Pflanzen, die nur hier und nirgends sonst existieren.

UMGEBUNG: Po'ipū selbst ist modern, aber die einfache Mole an der Waikomo-Mündung, der Kūloa-Anleger, wird seit Mitte des 19. Jahrhunderts genutzt. Sie diente der Versorgung der ersten Zuckerrohrplantage Hawai'is, die 1835 in **Kōloa**, drei Kilometer landeinwärts angelegt wurde. Kūloa spielt heute für Po'ipū eine sekundäre Rolle, eignet sich aber gut für einen Bummel über Holzstege und vorbei an Läden mit Schaufassaden. 1,5 Kilometer östlich der Stadt beherrscht eine riesige, 1913 erbaute Zuckermühle die Gegend. Sie wurde 1996 geschlossen.

Die Küstenstraße westlich Po'ipū endet nach 1,5 Kilometern am **Spouting Horn**, einem natürlichen Luftloch in einem schwarzen Lavariff direkt am Meer: Die gegen die Felsen schlagenden Wellen werden unterirdisch kanalisiert und schießen dann in weißen Schaumfontänen bis zu 15 Meter durch das Loch in die Luft, bevor sie auf die Besucher niederregnen. Bleiben Sie daher am besten auf dem Aussichtspunkt und klettern Sie nicht hinab!

NI'IHAU, DIE »VERBOTENE INSEL«

Hawai'is kleinste bewohnte Insel liegt 24 Kilometer südwestlich von Kaua'i – nur 250 Menschen leben hier. Die Insel gehört der Familie Robinson, Nachkommen von Elizabeth Sinclair, die 1864 Kamehameha V. 10 000 Dollar für die Insel bezahlt hatte. Tourismus ist hier unbekannt; die Insel erreicht man nur mit einem Hubschrauber, der die bewohnten Gegenden meiden muss *(siehe S. 197)*. Es gibt kein Hotel, keinen Flughafen und keine Autos. Die Bewohner waren zwar wütend über den Verkauf ihrer Heimat an eine Fremde, doch hat die Isolation dazu geführt, dass die Insel heute die letzte Hochburg hawai'ianischer Kultur ist – Hawai'ianisch ist hier noch immer die erste Landessprache. Wenn sie kein Vieh für die N'ihau Ranch hüten, leben die Insulaner vom Fischen, vom Ackerbau und von der Herstellung bunter Ketten aus *pūpū* (Muscheln) – bei nur 30 Zentimetern Niederschlag im Jahr gibt es kaum Landwirtschaft. Der einzige Ort, Pu'uwai (»Herz«), ist ein Netz von Schotterstraßen mit Bungalows und Gärten.

Westküste von Ni'ihau mit dem Städtchen Pu'uwai

Zu Gast in Hawai‘i

ÜBERNACHTEN

Die Unterkünfte auf Hawai'i reichen von Megaresorts am Meer mit 1000 Gästezimmern bis zum Baumhaus im Waipi'o Valley auf Big Island. Die Preisspannen sind entsprechend groß. Da der Strand für die meisten Besucher der Hauptanziehungspunkt ist, sind die Hotels in Strandnähe am teuersten. Klimaanlagen gehören zur Grundausstattung, außer in älteren Unterkünften, wo Ventilatoren Kühlung verschaffen. Neben den Hotelanlagen gibt es auch kleinere Hotels, Apartments, Gasthäuser und Bed & Breakfasts. Sie sind meist günstiger und bieten häufig viel Charme und persönlichen Service: Einige wie das Old Wailuku Inn in Ulupono auf Maui befinden sich sogar in historischen Gebäuden.

Hotelpage, Mauna Lani

Hotelketten- und »Boutique-Hotels«

Die meisten großen Hotels auf Hawai'i gehören zu bekannten Ketten wie **Hilton**, **Hyatt** und **Sheraton**. Einige verfügen über ein so großes Angebot, dass viele Besucher das Gelände überhaupt nicht verlassen. Wer Service liebt, sollte Schmuckstücke wie das Halekūlani in Waikīkī *(siehe S. 153)* oder das Four Seasons Resort *(siehe S. 158)* auf Maui in Betracht ziehen.

Günstiger sind einheimische Ketten wie **Aston Hotels & Resorts**, **Outrigger Hotels Hawai'i** und **Marc Resorts Hawai'i** sowie kleine, individuelle Unterkünfte und Privathotels, die vor allem durch Service punkten. Letztere sind auch als »Boutique-Hotels« bekannt.

Apartments

Ein Apartment oder »Condo« (Condominium) eignet sich ideal für Familien und Reisende, die ihr Geld lieber für Aktivitäten und Besichtigungen ausgeben als für Unterkunft und Verpflegung. Auf O'ahu findet man Condos meist in Hochhäusern *mauka* (landeinwärts) von Waikīkī. Auf den Nachbarinseln sind sie im Allgemeinen in niedrigen Komplexen, häufig in Strandnähe, untergebracht.

Ihre Größe reicht von Studios bis zu Einheiten mit drei Schlafzimmern für bis zu acht Erwachsene oder eine Familie. Sie verfügen über eine Küche und sind vom Geschirr bis zu Stranddecken voll ausgestattet. Die meisten Apartments gehören Privatleuten und können über Agenturen wie **Sunquest Vacations** auf Big Island oder **Destination Resorts Hawai'i** auf Maui *(siehe S.158)* gebucht werden. Apartments in kleineren Anlagen bucht man direkt über die Hausverwaltung. Der Reinigungsservice kommt meist alle drei bis vier Tage.

Rezeption, Kaua'is Princeville Hotel *(siehe S.161)*

Gasthäuser und Bed & Breakfast

Hawai'is wenige Pensionen sind eine Alternative zu den großen Hotels und betonen den persönlichen Service: Das Lahaina Inn auf Maui, ein restauriertes viktorianisches Juwel, ist dafür ein ausgezeichnetes Beispiel *(siehe S. 157)*.

In den letzten Jahren haben Hunderte von B&Bs (Bed & Breakfasts) auf Hawai'i eröffnet. Manche sind einfach nur Zimmer in Privathäusern, andere bezaubernde Hütten. Reservierungen sind über zwei Agenturen möglich: **Hawai'i's Best Bed & Breakfasts** mit den 100 besten Angeboten des Staates, sowie **All Islands Bed & Breakfast**.

Camping und Herbergen

Campingplätze gibt es in Strandparks und an Vulkankratern. Für alle staatlichen Parks, teilweise mit einfachen Hütten, benötigt man einen Ausweis, den **County Departments of Parks and Recreation** oder das **State Department of Land and Natural Resources** gegen

Wasservergnügen im Hilton Waikoloa Village Resort *(siehe S. 160)*

◁ **Urlauber genießen Meer und Sonne an einem von Hawai'is goldenen Sandstränden**

Idyllischer Campingplatz am 'Anini Beach an der Nordküste von Kaua'i

Gebühr erteilen. Auf jeden Fall sollte man frühzeitig buchen. Auf den Hauptinseln gibt es auch Herbergen mit Schlafsälen. Weitere Informationen erteilt das Hawai'i Visitors and Convention Bureau *(siehe S. 191)*.

Preise und Reservierung

Hawai'i bietet Unterkünfte für jeden Geschmack und Geldbeutel. Die Preise sind zwischen Dezember und April am höchsten, am niedrigsten im Mai, Juni, September und Oktober. Günstiger sind Apartments für bis zu vier Personen für 150 bis 250 Dollar pro Nacht. Einige Gasthöfe und B&Bs bieten Doppelzimmer für unter 100 Dollar pro Nacht.

Am besten bucht man über sein Reisebüro, Infos erteilen auch das Hawai'i Visitors and Convention Bureau und die Resort and B&B Reservation Services. Man kann auch direkt buchen, Kostenlose Nummern beginnen in den USA mit 800 oder 888.

Bungalow im Mauna Lani, Kohala Coast *(siehe S. 160)*

Versteckte Preisaufschläge

Für jede Unterkunft in Hawai'i muss man eine Steuer von 11,42 Prozent bezahlen. Kinder, die im Zimmer der Eltern schlafen, zahlen meist nichts. Telefonanrufe und Faxe sind vom Hotelzimmer aus sehr teuer, fast alle Hotels in Honolulu verlangen eine Parkgebühr für Pkw. Handtuchverleih und Minibar kosten ebenfalls extra. Um böse Überraschungen zu vermeiden, sollte man sich beim Einchecken genau erkundigen. Trinkgelder sind kein Muss, üblich sind 2–3 Dollar pro Tag für das Zimmermädchen, 1–2 Dollar für Portier und Parkwächter.

Hütte im Haleakalā National Park

Behinderte Reisende

Alle Hotels und viele kleinere Unterkünfte haben zumindest einige behindertengerechte Zimmer und problemlos zugängliche öffentliche Räume. Die Commission on Persons with Disabilities *(siehe S. 191)* bietet auf ihrer Website eine Übersicht an (www.hawaii.gov/health/dcap).

Reisen mit Kindern

Familien mit Kindern buchen am besten eines der großen Urlaubshotels mit Kinderprogramm oder ein Apartment. Die meisten Hotels erheben dafür zwar eine Extragebühr, Spitzenhotels bieten auch eine hervorragende Kinderbetreuung ohne Gebühr.

Auf einen Blick

Hotelketten

Aston Hotels & Resorts
(800) 321-2558.
www.astonhotels.com

Hilton Hotels
(800) 445-8667.
www.hilton.de

Hyatt Hotels & Resorts
(800) 233-1234.
www.hyatt.de

Marc Resorts Hawai'i
(800) 535-0085.
www.marcresorts.com

Outrigger Hotels Hawai'i
(800) 688-7444.
www.outrigger.com

Sheraton Hotels & Resorts
(800) 325-3535.
www.sheraton.de

Apartment-Reservierung

Destination Resorts Hawai'i
(800) 367-5246.
www.drhmaui.com

Sunquest Vacations
(800) 367-5168.
www.sunquest-hawaii.com

Bed & Breakfast

All Islands Bed & Breakfast
(800) 542-0344.
www.all-islands.com

Hawai'i's Best Bed & Breakfasts
(800) 262-9912.
www.bestbnb.com

Camping

County Departments of Parks and Recreation
Hawai'i County. *(808) 961-8311.* www.hawaii-county.com

Honolulu County.
(808) 523-4527.
www.co.honolulu.hi.us/parks

Kaua'i County. *(808) 241-4463.* www.kauai.hawaii.gov

Maui County.
(808) 270-7389.

State Department of Land and Natural Resources
(808) 587-0300.

Hotelauswahl

DIE AUFGELISTETEN HOTELS wurden wegen ihrer guten Ausstattung und schönen Lage ausgewählt. Bei den Zimmerpreisen ist die jeweils niedrigste Kategorie genannt. Die Anzahl der Suiten steht in Klammern hinter der Zahl der Zimmer. Die Hotels sind nach Regionen geordnet, die Sie leicht an den farbigen Griffmarken erkennen. Eine Restaurantauswahl finden Sie auf S. 166ff.

HONOLULU UND WAIKĪKĪ

Hotel	Preis	Kreditkarten	Meerblick	Kinderfreundlich	Gutes Hotelrestaurant
WAIKĪKĪ: *The Breakers Hotel* 250 Beach Walk, HI 96815. **Stadtplan** 4 D4. *(808) 923-3181, (800) 426-0494.* FAX *(808) 923-7174.* W www.breakers-hawaii.com Eine Oase hawai'ianischen Stils und Gastfreundlichkeit wie in den 1950er Jahren. Bar und Grill gleich am Swimmingpool. ***Zimmer:*** *64 (15)*	$$	AE MC V			
WAIKĪKĪ: *Hawaiiana Hotel* 260 Beach Walk, HI 96815. **Stadtplan** 4 D4. *(808) 923-3811, (800) 367-5122.* FAX *(808) 926-5728.* W www.hawaiianahotelatwaikiki.com Die flachen Hotelgebäude von 1955 vermitteln echtes Hawai'i-Gefühl: Morgens wird am Pool Konakaffee und Ananassaft serviert. ***Zimmer:*** *93*	$$	AE MC V			
WAIKĪKĪ: *Waikīkī Sand Villa Hotel* 2375 Ala Wai Boulevard, HI 96815. **Stadtplan** 4 E4. *(808) 922-4744.* FAX *(808) 922-3562.* W www.waikikisandvillahotel.com Das zehnstöckige Hotel nahe Waikīkī Beach bietet nette Studioapartments. ***Zimmer:*** *214*	$$	AE MC V	●		
WAIKĪKĪ: *Island Colony Hotel* 445 Seaside Ave, HI 96815. **Stadtplan** 4 E4. *(808) 923-2345, (800) 535-0085.* FAX *(808) 921-7105.* W www.castleresorts.com Einfaches Hotel um die Ecke der Kalākaua Avenue nahe Ala Wai Canal. ***Zimmer:*** *271 (76)*	$$$	AE MC V	●		●
WAIKĪKĪ: *Outrigger Waikīkī on the Beach* 2335 Kalākaua Ave, HI 96815. **Stadtplan** 4 E5. *(808) 923-0711, (800) 688-7444.* FAX *(808) 921-9749.* W www.outrigger.com Vorzeigehotel der Outrigger-Kette am Meer mit Restaurants und Lounges. ***Zimmer:*** *530 (32)*	$$$	AE MC V	●	■	●
WAIKĪKĪ: *Pacific Beach Hotel* 2490 Kalākaua Ave, HI 96815. **Stadtplan** 4 F5. *(808) 922-1233, (800) 367-6060.* FAX *(808) 922-8061.* W www.pacificbeachhotel.com Hauptattraktion der Zwillingstürme gegenüber Kūhiō Beach ist das dreistöckige Aquarium – daneben diniert man im Oceanarium Restaurant. ***Zimmer:*** *830 (8)*	$$$	AE MC V	●	■	●
WAIKĪKĪ: *Queen Kapi'olani Hotel* 150 Kapahulu Ave, HI 96815. **Stadtplan** 4 F5. *(808) 922-1941, (800) 367-2317.* FAX *(808) 922-2694.* W www.queenkapiolani.com Blick auf Kapi'olani Park und Diamond Head, gutes Preis-Leistungs-Verhältnis. ***Zimmer:*** *315*	$$$	AE MC V	●		●
WAIKĪKĪ: *Radisson Waikīkī Prince Kūhiō* 2500 Kūhiō Ave, HI 96815. **Stadtplan** 4 E4. *(808) 922-0811, (800) 333-3333.* FAX *(808) 921-5507.* W www.radisson.com/waikikihi Ein Block vom Strand und zwei vom Kapi'olani Park, aber weit genug vom Trubel Waikīkīs entfernt. Tolle Zimmer mit Marmorbad. ***Zimmer:*** *620 (6)*	$$$	AE MC V	●		●
WAIKĪKĪ: *Royal Garden at Waikīkī* 440 'Olohana St, HI 96815. **Stadtplan** 4 D4. *(808) 943-0202, (800) 367-5666.* FAX *(808) 945-7407.* W www.royalgardens.com Dieses ruhige Boutique-Hotel, einen halben Block vom Ala Wai Canal entfernt, verströmt echten Luxus und bietet schön ausgestattete Zimmer. ***Zimmer:*** *208 (19)*	$$$	AE MC V		■	●
WAIKĪKĪ: *Waikīkī Beach Marriott Resort* 2552 Kalākaua Ave, HI 96815. **Stadtplan** 4 F5. *(808) 922-6611, (800) 367-5370.* FAX *(808) 921-5255.* W www.marriott.com Diese fünf Hektar große Anlage neben Kūhiō Beach bietet nette Zimmer. Mehrere Restaurants, zwei Swimmingpools und viele Läden. ***Zimmer:*** *1310 (13)*	$$$	AE MC V D	●	■	●
WAIKĪKĪ: *Waikīkī Joy Hotel* 320 Lewers St, HI 96815. **Stadtplan** 4 D4. *(808) 923-2300, (800) 922-7866.* FAX *(808) 924-4010.* W www.astonhotels.com Eines der kleineren Boutique-Hotels mit schönen Zimmern und interessanten Extras wie Jacuzzis und ultramodernen Stereoanlagen. ***Zimmer:*** *47 (47)*	$$$	AE MC V, D			●

Stadtplan siehe Seiten 62–67

Preise für ein Doppelzimmer pro Nacht in der Hochsaison (Dez–Apr), inklusive Steuern:

- $ unter 85 $
- $$ 85–150 $
- $$$ 150–250 $
- $$$$ 250–400 $
- $$$$$ über 400 $

KREDITKARTEN
Folgende Kreditkarten werden akzeptiert: *AE* American Express; *MC* MasterCard; *V* Visa.

MEERBLICK
Das Hotel bietet auch Zimmer mit Meerblick.

KINDERFREUNDLICH
Hotels mit Babysitter-Service, Kindermenüs sowie Unterhaltungsprogrammen für Kinder und/oder Video- oder Spieleraum.

GUTES HOTELRESTAURANT
Empfehlenswertes Restaurant im Hotel mit guter Speisekarte, oft in attraktiver Umgebung oder mit schöner Aussicht.

	Kreditkarten	Meerblick	Kinderfreundlich	Gutes Hotelrestaurant
WAIKĪKĪ: *Aston Waikīkī Beachside Hotel* $$$ 2452 Kalākaua Ave, HI 96815. **Stadtplan** 4 E5. *(808) 931-2100, (800) 922-7866.* FAX *(808) 931-2129.* www.astonhotels.com Elegantes Boutique-Hotel mit reich dekorierten, kleinen Zimmern und großzügigen öffentlichen Bereichen. Das Frühstück ist im Preis inbegriffen. P ***Zimmer:*** *79.*	AE MC V	●		
WAIKĪKĪ: *Aston Waikīkī Sunset* $$$ 229 Paoakalani Ave, HI 96815. **Stadtplan** 4 F4. *(808) 922-0511, (800) 922-7866.* FAX *(808) 923-8580.* Einen Block vom Strand und zwei vom Zoo entferntes Suitenhotel mit Pool und Tennisplatz. P ***Suiten:*** *435*	AE MC V	●		
WAIKĪKĪ: *Waikīkī Beachcomber Hotel* $$$$ 2300 Kalākaua Ave, HI 96815. **Stadtplan** 4 E5. *(808) 922-4646, (800) 622-4646.* FAX *(808) 923-4889.* www.waikikibeachcomber.com Hauptattraktionen sind Strandnähe, Royal Hawaiian Shopping Center, International Market Place und natürlich Don Ho *(siehe S. 181).* P ***Zimmer:*** *494 (6)*	AE MC V	●		●
WAIKĪKĪ: *Halekūlani* $$$$ 2199 Kālia Rd, HI 96815. **Stadtplan** 4 D5. *(808) 923-2311, (800) 367-2343.* FAX *(808) 926-8004.* www.halekulani.com Das Halekūlani ist das elegante Luxushotel schlechthin: gepflegter Tropengarten, stilvolle Einrichtung und die Spitzenküche des La Mer. 24 P ***Zimmer:*** *412 (44)*	AE MC V	●		●
WAIKĪKĪ: *Hyatt Regency Waikīkī* $$$$ 2424 Kalākaua Ave, HI 96815. **Stadtplan** 4 E5. *(808) 923-1234, (800) 233-1234.* FAX *(808) 923-7839.* www.hyatt.com Eindrucksvolle Anlage im Zentrum von Waikīkī mit zwei 40-geschossigen Türmen sowie großem Atrium mit rauschendem Wasserfall. P ***Zimmer:*** *1230 (24)*	AE MC V	●	■	●
WAIKĪKĪ: *The Outrigger Reef on the Beach* $$$$ 2169 Kālia Rd, HI 96815. **Stadtplan** 4 D5. *(808) 923-3111, (800) 688-7444.* FAX *(808) 924-4957.* www.outrigger.com Attraktives Hotel am Strand in mittlerer Preislage. Abends gibt es in der Lounge hawai'ianische Unterhaltung. P ***Zimmer:*** *837 (46)*	AE MC V	●		●
WAIKĪKĪ: *Sheraton Moana Surfrider* $$$$ 2365 Kalākaua Ave, HI 96815. **Stadtplan** 4 E5. *(808) 922-3111, (800) 325-3535.* FAX *(808) 923-0308.* www.sheraton.com Der Haupttrakt der »First Lady of Waikīkī« stammt von 1901 und verbindet modernen Komfort mit klassischer Eleganz *(siehe S. 52).* 24 P ***Zimmer:*** *791 (46)*	AE MC V	●	■	●
WAIKĪKĪ: *Sheraton Waikīkī Hotel* $$$$ 2255 Kalākaua Ave, HI 96815. **Stadtplan** 4 D5. *(808) 922-4422, (800) 325-3535.* FAX *(808) 923-8785.* www.sheraton.com Dieses riesige Hotel direkt an einem kleinen Strand befindet sich mitten im Trubel von Waikīkī. 24 P ***Zimmer:*** *1659 (128)*	AE MC V	●	■	●
WAIKĪKĪ: *Waikīkī Parc Hotel* $$$ 2233 Helumoa Rd, HI 96815. **Stadtplan** 4 D5. *(808) 921-7272, (800) 422-0450.* FAX *(808) 923-1336.* www.waikikiparc.com Freundlich, intim und mit bezahlbarem Luxus in schöner Lage. Im Halekūlani, dem Schwesterhotel, genießen die Gäste Sonderkonditionen. P ***Zimmer:*** *297*	AE MC V	●		●
WAIKĪKĪ: *Aston Waikīkī Beach Tower* $$$$$ 2470 Kalākaua Ave, HI 96815. **Stadtplan** 4 F5. *(808) 926-6400, (800) 922-7866.* FAX *(808) 926-7380.* www.aston-hotels.com Luxuriöses Suitenhotel mit großen *lānai*, gegenüber vom Strand. P ***Suiten:*** *98*	AE MC V	●		
WAIKĪKĪ: *The Royal Hawaiian* $$$$$ 2259 Kalākaua Ave, HI 96815. **Stadtplan** 4 D5. *(808) 923-7311, (866) 500-8313.* FAX *(808) 931-7098.* www.royalhawaiian.com Das elegante Wahrzeichen von Waikīkī, 1927 erbaut, und liebevoll »Pink Palace of the Pacific« genannt *(siehe S. 50f).* 24 P ***Zimmer:*** *528 (52)*	AE MC V	●	■	●

Zeichenerklärung siehe hintere Umschlagklappe

Preise für ein Doppelzimmer pro Nacht in der Hochsaison (Dez–Apr), inklusive Steuern:

- $ unter 85 $
- $$ 85–150 $
- $$$ 150–250 $
- $$$$ 250–400 $
- $$$$$ über 400 $

KREDITKARTEN
Folgende Kreditkarten werden akzeptiert: *AE* American Express; *MC* MasterCard; *V* Visa.

MEERBLICK
Das Hotel bietet auch Zimmer mit Meerblick.

KINDERFREUNDLICH
Hotels mit Babysitter-Service, Kindermenüs sowie Unterhaltungsprogrammen für Kinder und/oder Video- oder Spieleraum.

GUTES HOTELRESTAURANT
Empfehlenswertes Restaurant im Hotel mit guter Speisekarte, oft in attraktiver Umgebung oder mit schöner Aussicht.

Hotel	Preis		Kreditkarten	Meerblick	Kinderfreundlich	Gutes Hotelrestaurant
GROSSRAUM HONOLULU: *W Honolulu – Diamond Head* 2885 Kalākaua Ave, HI 96815. *(808) 922-1700.* FAX *(808) 923-2249.* W www.whotels.com Ein Hotel der beliebten W-Boutique-Hotelkette (das einzige auf Hawai'i), unaufdringlich und stilvoll. ***Zimmer:*** *51*	$$$$	AE MC V	●		●	
GROSSRAUM HONOLULU: *Mānoa Valley Inn* 2001 Vancouver Drive, HI 96822. *(808) 947-6019.* FAX *(808) 946-6168.* W www.manoavalleyinn.com Schön gelegenes Hotel mit dem verblichenen Charme von 1915, unweit von Waikīkī. ***Zimmer:*** *7* ***Hütten:*** *1*	$$	MC V				
GROSSRAUM HONOLULU: *Hawaiian Monarch Hotel* 444 Niu St, HI 96815. **Stadtplan 3 C3.** *(808) 949-3911, (800) 535-0085.* FAX *(808) 955-3506.* W www.castleresorts.com Hochhaus am Westende von Waikīkī, drei Blocks vom Strand, fünf vom Ala Moana Center. ***Zimmer:*** *221*	$$	AE MC V	●		●	
GROSSRAUM HONOLULU: *Pagoda Hotel and Terrace* 1525 Rycroft St, HI 96814. **Stadtplan 3 A3.** *(808) 941-6611, (800) 367-6060.* FAX *(808) 955-5067.* W www.pagodahotel.com Das Pagoda bietet schmucklose aber solide Zimmer inmitten schöner Wassergärten und mit einem schwimmenden Restaurant. ***Zimmer:*** *200* ***Apartments:*** *160*	$$	AE MC V			●	
GROSSRAUM HONOLULU: *Ala Moana Hotel* 410 Atkinson Drive, HI 96814. **Stadtplan 3 A4.** *(808) 955-4811, (800) 367-6025.* FAX *(808) 944-2974.* W www.alamoanahotel.com 36-stöckiges Hotel nahe Ala Moana Beach Park, Hawai'i Convention Center und Ala Moana Center; vier Restaurants. ***Zimmer:*** *1152 (67)*	$$$	AE MC V	●		●	
GROSSRAUM HONOLULU: *Doubletree Alana Waikīkī Hotel* 1956 Ala Moana Blvd, HI 96815. **Stadtplan 3 C4.** *(808) 941-7275, (800) 222-8733.* FAX *(808) 949-0996.* W www.alana-doubletree.com Bei den Inselbewohnern beliebt ist dieses das beste kleine Hotel. Es liegt in der Nähe des Ala Moana Center. Schöne Raumausstattung. ***Zimmer:*** *268 (45)*	$$$	AE MC V	●		●	
GROSSRAUM HONOLULU: *The New Otani Kaimana Beach Hotel* 2863 Kalākaua Ave, HI 96815. *(808) 923-1555, (800) 356-8264.* FAX *(808) 922-9404.* W www.kaimana.com Das Boutique-Hotel am schönen Sans Souci Beach hat kleine, aber schöne Zimmer und zwei Restaurants mit Meerblick – das Japanese Miyako und das Hau Tree Lānai. ***Zimmer:*** *102 (22)*	$$$	AE MC V	●		●	
GROSSRAUM HONOLULU: *The Renaissance 'Ilikai* 1777 Ala Moana Blvd, HI 96815. **Stadtplan 3 B4.** *(808) 949-3811, (800) 245-4524.* FAX *(808) 947-4523.* W www.ilikaihotel.com Etwas entfernt von den Stränden Waikīkīs, nahe Ala Moana Center und Beach Park, mit Tenniszentrum und Laserarena. ***Zimmer:*** *696 (52)*	$$$	AE MC V	●		●	
GROSSRAUM HONOLULU: *Hawai'i Prince Hotel Waikīkī* 100 Holomoana St, HI 96815. **Stadtplan 3 A4.** *(808) 956-1111, (800) 321-6248.* FAX *(808) 946-0811.* W www.princeresortshawaii.com Jedes Zimmer hat Meerblick, allerdings gibt es nur wenige *lānai*. Nahe Ala Moana Center gelegen; das Restaurant hat einen guten Ruf. ***Zimmer:*** *464 (57)*	$$$$	AE MC V	●		●	
GROSSRAUM HONOLULU: *Hilton Hawaiian Village* 2005 Kālia Rd, HI 96815. **Stadtplan 3 C4.** *(808) 949-4321, (800) 774-1500.* FAX *(808) 947 7898.* W www.hilton.com Das Hilton ist eher eine kleine Stadt als ein Hotel – ein Strand, drei Pools, 100 Läden und 20 Lounges und Restaurants; besonders empfehlenswert sind das Golden Dragon und das Bali-by-the-Sea. ***Zimmer:*** *2182 (363)*	$$$$	AE MC V	●	■	●	
GROSSRAUM HONOLULU: *Kāhala Mandarin Oriental, Hawai'i* 5000 Kāhala Ave, HI 96816. *(808) 739-8888, (800) 367-2525.* FAX *(808) 739-8800.* W www.mandarinoriental.com Das moderne, stilvolle Hotel an einem Badestrand ist in der Nähe von 20 öffentlichen Golfplätzen und wegen einer Lagune mit Delfinen bekannt. ***Zimmer:*** *371 (33)*	$$$$$	AE MC V	●	■	●	

Stadtplan siehe Seiten 62–67

O‘AHU

KAHUKU: *Turtle Bay Condominiums* $$
56-565 Kamehameha Hwy, PO Box 248, HI 96731. *(808) 293-2800, (888) 266-3690.* FAX *(808) 293-2169.* W www.turtlebaycondos.com Auf dem gleichen Gelände wie das Resort (unten) gelegen, mit ruhigen Apartments für Familien. **Einheiten:** *52*
AE MC V

KAHUKU: *Turtle Bay Resort* $$$$
57-091 Kamehameha Hwy, HI 96731 *(808) 293-8811, (800) 203-3650.* FAX *(808) 293-9147.* W www.turtlebayresort.com. Das einzige All-inclusive-Hotel an der Nordküste bietet einen Championship-Golfplatz, einen Tenniskomplex, Reit- und Wassersportmöglichkeiten. **Zimmer:** *417 (24)*
AE MC V ● ●

KAILUA: *Lanikai Bed & Breakfast* $$
1277 Mokulua Drive, HI 96734. *(808) 261-7895, (800) 258-7895.* FAX *(808) 262-2181.* W www.lanikaibeachrentals.com Komfortable Zimmer in einem schicken Viertel gegenüber dem hübschen Lanikai Beach. **Zimmer:** *2 (2)*
MC V

KAILUA: *Pat's Kailua Beach Properties* $$
204 S Kalāheo Ave, HI 96734. *(808) 261-1653.* FAX *(808) 261-0893.* W www.patskailua.com Die O'Malleys unterhalten Häuser und Cottages in den schönen Wohnvierteln Kailua und Lanikai. **Häuser:** *34*
AE MC V ●

KAILUA: *Hawaii's Hidden Hideaway* $$
1369 Mokolea Drive, Kailua, HI 96734. *(808) 262-6560, (1-877) 443-3299.* FAX *(808) 262-6561.* W www.ahawaiibnb.com Unweit der Strände Lanikai und Kailua gelegen. Gut ausgestattete, privat vermietete Wohneinheiten mit Blick auf das Meer oder die Gärten. **Zimmer:** *3 (1)*

KĀNE‘OHE: *Ali‘i Bluffs Windward Bed & Breakfast* $
46-251 ‘Iki‘iki St, HI 96744. *(808) 235-1124, (800) 235-1151.* FAX *(808) 236-4877.* W www.hawaiiscene.com/aliibluffs Europäisches B&B mit Kunst und Antiquitäten, O‘ahus bester Strand ist wenige Autominuten entfernt. **Zimmer:** *2*
MC V ●

KĀNE‘OHE: *Schrader's Windward Marine Resort* $$$
47-039 Lihikai Drive, HI 96744. *(808) 239-5711, (800) 735-5711.* FAX *(808) 239-6658.* W www.hawaiibid.com/schraderswindwardmarineresort Viel Ruhe und persönlicher Service auf einer ländlichen Halbinsel. Man kann direkt von seiner *lānai* angeln. **Zimmer:** *22*
AE MC V ●

SUNSET BEACH: *North Shore Vacation Homes* $$$
66-250 Kamehameha Hwy, STE.D-103, Hale‘iwa, HI 96712. *(808) 637-3507, (800) 982-8602.* FAX *(808) 637-8881.* W www.teamrealestate.com Strandhäuser im Hawai‘i-Stil in einem ruhigen Abschnitt des North Shore. **Häuser:** *4*
MC V ●

WAIMEA: *Kē Iki Beach Bungalows* $$$
59-579 Kē Iki Rd, Hale‘iwa, HI 96712. *(808) 638-8829, (866) 638-8229.* FAX *(808) 637-6100.* W www.keikibeach.com Bequeme Strandhütten in einheimischem Besitz. Ruhiges, altmodisches Hawai‘i. **Zimmer:** *10*
AE MC V ●

MOLOKA‘I UND LĀNA‘I

KALUAKO‘I (MOLOKA‘I): *Kaluako‘i Villas* $$
1131 Kaluako'i Rd, PO Box 350, HI 96770. *(808) 552-2721, (800) 367-5004.* FAX *(808) 552-2201.* W www.castleresorts.com Im Kaluako‘i Resort am Kepuhi Beach. Kein Telefon, keine Klimaanlage. **Einheiten:** *42*
AE MC V ●

KALUAKO‘I (MOLOKA‘I): *Ke Nani Kai Resort* $$$
Kaluako'i Rd, PO Box 289, HI 96770. *(808) 553-3666, (800) 600-4158.* FAX *(808) 533-3867.* W www.marcresorts.com Ebenfalls im Kaluako‘i Resort gelegene Apartmentanlage mit verschiedenen Einheiten (1 und 2 Schlafzimmer) unweit vom Kepuhi Beach. Keine Klimaanlage. **Einheiten:** *57*
AE MC V ●

KALUAKO‘I (MOLOKA‘I): *Paniolo Hale Resort Condominiums* $$$
Lio Place, PO Box 190, HI 96770. *(808) 553-8334, (800) 367-2984.* FAX *(808) 552-2288.* W www.molokai-vacation-rental.com Studios bei Privatvermietern und Apartments (2 Schlafzimmer) im Kaluako‘i Resort. **Einheiten:** *15*
AE MC V ●

KAUNAKAKAI (MOLOKA‘I): *Hotel Moloka‘i* $$
Mile2, Kamehameha V Hwy, PO Box 1020, HI 96748. *(808) 553-5347, (800) 367-5004.* FAX *(808) 553-5047.* W www.hotelmolokai.com Ein Hotel im polynesischen Stil direkt am Meer, das einfache, komfortable Unterkünfte und einen sehr freundlichen Service bietet. **Zimmer:** *45*
AE MC V

Zeichenerklärung siehe hintere Umschlagklappe

Preise für ein Doppelzimmer pro Nacht in der Hochsaison (Dez–Apr), inklusive Steuern:
- $ unter 85 $
- $$ 85–150 $
- $$$ 150–250 $
- $$$$ 250–400 $
- $$$$$ über 400 $

Kreditkarten
Folgende Kreditkarten werden akzeptiert: *AE* American Express; *MC* MasterCard; *V* Visa.

Meerblick
Das Hotel bietet auch Zimmer mit Meerblick.

Kinderfreundlich
Hotels mit Babysitter-Service, Kindermenüs sowie Unterhaltungsprogrammen für Kinder und/oder Video- oder Spieleraum.

Gutes Hotelrestaurant
Empfehlenswertes Restaurant im Hotel mit guter Speisekarte, oft in attraktiver Umgebung oder mit schöner Aussicht.

Hotel	Kreditkarten	Meerblick	Kinderfreundlich	Gutes Hotelrestaurant
Kaunakakai (Moloka'i): *Moloka'i Shores Suites* $$$ Mile 1, Kamehameha V Hwy, PO Box1037, HI 96748. *(808) 553-5954, (800) 535-0085.* FAX *(808) 553-3241.* W www.marcresorts.com Die komfortablen Apartments (1 und 2 Schlafzimmer) liegen in Stadtnähe. Blick vom Rasen auf Lāna'i, Walbeobachtung im Winter. Zimmer ohne Telefon und Klimaanlage. ***Suiten:*** *102*	AE MC V	●		
Lāna'i City (Lāna'i): *Hotel Lāna'i* $$ 828 Lāna'i Ave, PO Box 630520, HI 96763. *(808) 565-7211, (877) 665-2624.* FAX *(808) 565-6450.* W www.hotellanai.com Die Dole Pineapple Company baute das Haus 1923 für »wichtige« Gäste – eine Reise in die Plantagenzeit. Mitbenutzung der Einrichtungen der zwei anderen Hotels. ***Zimmer:*** *10* ***Hütten:*** *1*	AE MC V			●
Lāna'i City (Lāna'i): *The Lodge at Kō'ele* $$$$$ Keōmuku Hwy, PO Box 630310, HI 96763. *(808) 565-7300, (800) 321-4666.* FAX *(808) 565-4561.* W www.lodgeatkoele.com Elegantes, ländliches Anwesen mit historischem Flair, hohen Balkendecken und Steinkaminen. Wunderschöne Räume, exzellentes Essen und ein erstklassiger Golfplatz. Tägliche Teestunde am Nachmittag. ***Zimmer:*** *88 (14)*	AE MC V		■	●
Mānele Bay (Lāna'i): *Mānele Bay Hotel* $$$$$ 1 Mānele Bay Rd (Hwy 440), PO Box 630310, HI 96763. *(808) 565-2000, (800) 321-4666.* FAX *(808) 565-2483.* W www.manelebayhotel.com Oberhalb der schönen Hulopo'e Bay verbindet sich in diesem eleganten Resort Mittelmeer- mit Plantagenstil. Herausragende Küche. ***Zimmer:*** *224 (26)*	AE MC V	●	■	●
Maunaloa (Moloka'i): *Moloka'i Lodge & Beach Village* $$$$$ 100 Maunaloa Hwy, Maunaloa, HI 96770. *(808) 660-2848, (888) 627-8082.* FAX *(808) 552-2773.* W www.molokairanch.com Rustikal und luxuriös kann man hier in Berghütten oder Strandbungalows nächtigen. Das Hotel bietet Mountainbiking, Reiten und Kajakpaddeln an. ***Zimmer:*** *62*	AE MC V	●		●
Maui				
Hāna: *Josie's Hāna Hideaway* $$$ PO Box 265, HI 96713. *(808) 248-7727.* FAX *(808) 248-8418.* W www.hanahideaway.com Jedes Haus hat seinen speziellen Charme, einige bieten Meerblick, andere sind von Kokos-, Bananen- und Papayahainen umgeben. Alle Häuser liegen in der Nähe des malerischen Dörfchens Hāna. ***Häuser:*** *12*		●		
Hāna: *'Ekena* $$$ Kalo Rd, PO Box 728, HI 96713. *(808) 248-7047.* FAX *(808) 248-7047.* W www.maui.net/~ekena In diesem voll ausgestatteten Hotel in Hanglage findet man totale Ruhe und Entspannung. Rundumbalkone bieten einen herrlichen, unverstellten Panoramablick. ***Einheiten:*** *2*		●		
Honokōwai: *Aston at Papākea Resort* $$$$ 3543 Lower Honoapi'ilani Rd, HI 96761. *(808) 669-4848, (800) 922-7866.* FAX *(808) 665-0662.* W www.aston-hotels.com Geräumige, flache Apartmenthäuser mit Jacuzzis und Tennisplätzen in einer ruhigen, meernahen Gegend nördlich von Kā'anapali. ***Einheiten:*** *364*	AE MC V	●		
Kā'anapali: *Aston Kā'anapali Shores* $$$$ 3445 Honoapi'ilani Hwy, HI 96761. *(808) 667-2211, (800) 922-7866.* FAX *(808) 661-0836.* W www.aston-hotels.com Hochhausapartments am Strand – von einfachen Studios bis zu luxuriösen Suiten ist alles dabei. Whirlpools, Sauna, Tennisplätze mit Flutlicht. ***Einheiten:*** *463*	AE MC V	●	■	
Kā'anapali: *Kā'anapali Beach Hotel* $$$ 2525 Kā'anapali Parkway, HI 96761. *(808) 661-0011, (800) 262-8450.* FAX *(808) 667-5978.* W www.kbmaui.com Die warme Gastfreundlichkeit hat dem Hotel den Ruf als Mauis hawai'ianischstes Hotel eingebracht. Authentisches Essen, Kunsthandwerksläden und Kinderbetreuung. ***Zimmer:*** *416 (14)*	AE MC V	●	■	●

KĀʻANAPALI: *Royal Lahaina Resort* $$$ 2780 Keka'a Drive, HI 96761. *(808) 661-3611, (800) 222-5642.* FAX *(808) 661-6150.* www.hawaiihotels.com Dieses etablierte, kunstsinnige Hotel inszeniert allabendlich ein preisgekröntes *lūʻau (siehe S. 164).* ***Zimmer:*** *566 (26)*	AE MC V	●		●
KĀʻANAPALI: *The Whaler on Kāʻanapali Beach* $$$ 2481 Kā'anapali Parkway, HI 96761. *(808) 661-4861, (800) 922-7866* FAX *(808) 661-8315.* www.aston-hotels.com Zwei weithin sichtbare Zwillingstürme am Strand mit Pool am Meer. ***Einheiten:*** *360*	AE MC V	●		
KĀʻANAPALI: *Hyatt Regency Maui Resort* $$$$ 200 Nohea Kai Drive, HI 96761. *(808) 661-1234, (800) 233-1234.* FAX *(808) 667-4497.* www.maui.hyatt.com Luxusanlage mit sattgrünen Gärten. Attraktionen sind die Astronomieshow »Tour of the Stars« und das Swan Court Restaurant sowie Mauis einziges Spa am Meer, das Spa Moana. 24 ***Zimmer:*** *806*	AE MC V	●	■	●
KĀʻANAPALI: *Maui Marriott Beach Resort & Ocean Club* $$$$ 100 Nohea Kai Drive, HI 96761. *(808) 667-1200, (800) 763-1333.* FAX *(808) 667-8300.* www.marriott.com Frisch renovierte Anlage direkt am Meer mit Fitnesszentrum, Swimmingpools, Whirlpools und Tennisplätzen. ***Zimmer:*** *270*	AE MC V	●	■	●
KĀʻANAPALI: *Kāʻanapali Aliʻi* $$$$$ 50 Nohea Kai Drive, HI 96761. *(808) 667-1400.* FAX *(808) 661-5686.* www.classicresorts.com Luxuriöse Apartmentanlage mit Hotelausstattung am breitesten Strandabschnitt. ***Apartments:*** *264*	AE MC V	●		
KĀʻANAPALI: *Sheraton Maui* $$$$$ 2605 Kā'anapali Parkway, HI 96761. *(808) 661-0031, (866) 500-8313.* FAX *(808) 661-0458.* www.sheraton-maui.com Das Sheraton liegt oben auf dem Black Rock, 24 Meter über dem Strand. Außergewöhnlich schön sind die Möbel aus *Koa*-Holz und *kapa (siehe S. 18).* ***Zimmer:*** *510 (45)*	AE MC V	●	■	●
KĀʻANAPALI: *The Westin Maui* $$$$$ 2365 Kā'anapali Parkway, HI 96761. *(808) 667-2525, (888) 625-4949.* FAX *(808) 661-5764.* www.westinmaui.com Luxusresort am Meer mit fünf Pools, Wasserfall und Rutschen. ***Zimmer:*** *730 (28)*	AE MC V	●	■	●
KAPALUA: *The Ritz-Carlton Kapalua* $$$$ 1 Ritz-Carlton Drive, HI 96761. *(808) 669-6200, (800) 262-8400.* FAX *(808) 669-2028.* www.ritzcarlton.com Luxushotel mit hervorragenden Golfplätzen und weißen Sandstränden in der Nähe. 24 ***Zimmer:*** *490 (58)*	AE MC V	●	■	●
KĪHEI: *Mana Kai Maui Resort* $$$ 2960 S Kīhei Rd, HI 96753. *(808) 879-1561, (800) 367-5242.* FAX *(808) 874-5042.* www.crhmaui.com Einfache achtstöckige Anlage an langem Sandstrand, ideal zum Schwimmen und Schnorcheln. ***Zimmer:*** *98*	AE MC V	●		●
KĪHEI: *Kamaʻole Sands Condominium* $$$ 2695 S Kīhei Rd, HI 96753. *(808) 874-8700, (800) 367-5004.* FAX *(808) 879-3273.* www.castleresorts.com Komplex mit Studios und Dreizimmer-Einheiten in tropischem Garten gegenüber vom Strand. ***Einheiten:*** *440*	AE MC V	●		
KĪHEI: *Maui Coast Hotel* $$$ 2259 S Kīhei Rd, HI 96753. *(808) 874-6284, (800) 895-6284.* FAX *(808) 875-4731.* www.mauicoasthotel.com Modernes Hotel mitten in Kīhei in großartiger Lage gegenüber vom Strand. ***Zimmer:*** *265 (114)*	AE MC V			●
KĪHEI: *Maui Lū Resort* $$ 575 S Kīhei Rd, HI 96753. *(808) 879-5881, (800) 922-7866.* FAX *(808) 879-4627.* www.aston-hotels.com Einfache, komfortable Unterkunft. Strand, Läden und Restaurants liegen in der Nähe. ***Zimmer:*** *120*	AE MC V	●		
KULA: *Bloom Cottage and House* $$ 229 Kula Highway (Hwy 37), HI 96790. *(800) 398-6284.* FAX *(808) 579-9953.* www.hookipa.com An Haleakalās Hängen, nahe an Sehenswürdigkeiten Mauis. Himmelbetten, hawaiʻianische Quilts und *Koa*-Holzmöbel. ***Hütten:*** *1* ***Haus:*** *1*	AE MC V			
LAHAINA: *Lahaina Inn* $$ 127 Lahainaluna Rd, HI 96761. *(808) 661-0577, (800) 669-3444.* FAX *(808) 667-9480.* www.lahainainn.com Liebevoll restaurierte viktorianische Eleganz findet man in den individuell eingerichteten Räumen mit privatem *lānai*, wo auch das Frühstück serviert wird. ***Zimmer:*** *9 (3)*	AE MC V	●		

Zeichenerklärung siehe hintere Umschlagklappe

Preise für ein Doppelzimmer pro Nacht in der Hochsaison (Dez–Apr), inklusive Steuern:

- $ unter 85 $
- $$ 85–150 $
- $$$ 150–250 $
- $$$$ 250–400 $
- $$$$$ über 400 $

KREDITKARTEN
Folgende Kreditkarten werden akzeptiert: *AE* American Express; *MC* MasterCard; *V* Visa.

MEERBLICK
Das Hotel bietet auch Zimmer mit Meerblick.

KINDERFREUNDLICH
Hotels mit Babysitter-Service, Kindermenüs sowie Unterhaltungsprogrammen für Kinder und/oder Video- oder Spieleraum.

GUTES HOTELRESTAURANT
Empfehlenswertes Restaurant im Hotel mit guter Speisekarte, oft in attraktiver Umgebung oder mit schöner Aussicht.

Hotel	Kreditkarten	Meerblick	Kinderfreundlich	Gutes Hotelrestaurant
LAHAINA: *Lahaina Shores Beach Resort* $$$ 475 Front St, HI 96761. ☎ *(808) 661-4835, (800) 642-6284.* FAX *(808) 661-4696.* W www.lahainashores.com Siebenstöckige Anlage im Plantagenstil, das einzige Strandhotel der Stadt. ***Zimmer:** 184 (15)*	AE MC V	●		
LAHAINA: *Puamana* $$$ 34 Pua'ilima Place, HI 96761. ☎ *(808) 667-2712, (800) 669-6284.* FAX *(808) 661-5875.* W www.klahani.com Ein Komplex individueller Apartments mit drei Pools, südlich von Lahaina am Strand gelegen. ***Einheiten:** 230*	AE MC V	●		
MAKAWAO: *Olinda Country Cottages & Inn* $$$ 2660 Olinda Rd, HI 96768. ☎ *(808) 572-1453, (800) 932-3435.* FAX *(808) 573-5326.* W www.mauibncottages.com Oberhalb von Makawao 1200 Meter hoch gelegene Pension im englischen Tudorstil und private Cottages, mit schönen Antiquitäten möbliert. Traumhafter Ausblick. ***Zimmer:** 2 (1)* ***Hütten:** 2*		●		
MĀKENA: *Maui Prince Hotel at Mākena* $$$$ 5400 Mākena Alanui, HI, 96753. ☎ *(808) 874-1111, (800) 321-6248.* FAX *(808) 879-8763.* W www.mauiprincehotel.com Eine Oase fernab des Trubels, die komfortable Zimmer mit Meerblick und dazu einen erstklassigen Strand bietet. ***Zimmer:** 291 (19)*	AE MC V	●	■	●
NĀPILI: *Nāpili Kai Resort* $$$ 5900 Honoapi'ilani Rd, HI 96761. ☎ *(808) 669-6271, (800) 367-5030.* FAX *(808) 669-0086.* W www.napilikai.com Flacher Komplex mit hellen Zimmern an der schönen Nāpili Bay. Hier lernen die Kinder der Angestellten alles über hawai'ianische Kultur und führen Shows auf. ***Zimmer:** 161 (51)*	AE MC V	●	■	●
NĀPILI: *Outrigger Nāpili Shores Resort* $$$ 5315 Lower Honoapi'ilani Rd, HI 96761. ☎ *(808) 669-8061, (800) 688-7444.* FAX *(808) 669-5407.* W www.outrigger.com Die Apartments in diesem familienorientierten Komplex blicken auf die Nāpili Bay. Das Fish & Poi Restaurant serviert bezahlbare pazifische Gerichte. ***Einheiten:** 100*	AE MC V	●		●
WAILEA: *Destination Resorts Hawai'i* $$$ 3750 Wailea Alanui, HI 96753. ☎ *(808) 879-1595, (800) 367-5246.* FAX *(808) 874-3554.* W www.drhmaui.com Private Apartments in der Nähe von Strand und Golfplätzen in sechs verschiedenen »Apartmentdörfern«. Voll ausgestattete Küchen und Swimmingpools. ***Einheiten:** 300*	AE MC V	●		
WAILEA: *The Fairmont Kea Lani Maui* $$$$ 4100 Wailea Alanui, HI 96753. ☎ *(808) 875-4100, (800) 659-4100.* FAX *(808) 875-2250.* W www.fairmont.com Das Äußere dieses luxuriösen Suitenhotels erinnert an einen arabischen Palast. Das Hotel bietet erstklassige Zimmer in schöner Umgebung direkt am Strand. ***Suiten:** 413* ***Villen:** 37*	AE MC V	●	■	●
WAILEA: *Renaissance Wailea Beach Resort* $$$$ 3550 Wailea Alanui, HI 96753. ☎ *(808) 879-4900, (800) 468-3571.* FAX *(808) 891-7086.* W www.renaissancehotels.com Das bekannte Strandhotel bietet zahllose Sportmöglichkeiten. Zu den Restaurants gehört das Maui Onion, das die besten Maui-Zwiebelringe serviert. ***Zimmer:** 342 (12)*	AE MC V	●	■	●
WAILEA: *Wailea Marriott Resort* $$$$ 3700 Wailea Alanui, HI 96753. ☎ *(808) 879-1922, (800) 688-7444.* FAX *(808) 875-4878.* W www.marriott.com Komplett renoviertes Grandhotel auf tropischem Grundstück am Meer. Die berühmte hawai'ianische Gastfreundlichkeit lässt Gäste immer wieder gerne kommen. ***Zimmer:** 423 (48)*	AE MC V	●	■	●
WAILEA: *Four Seasons Resort Maui at Wailea* $$$$$ 3900 Wailea Alanui, HI 96753. ☎ *(808) 874-8000, (800) 468-3571.* FAX *(808) 891-7086.* W www.fourseasons.com Hübsches und elegantes Hotel mit einem neuen Spa und tadellosem Service. Das Abendrestaurant Spago genießt einen internationalen Ruf. 24 ***Zimmer:** 301 (79)*	AE MC V	●	■	●

WAILEA: *Grand Wailea Resort, Hotel & Spa* $$$$$
3850 Wailea Alanui, HI 96753. *(808) 875-1234, (800) 888-6100.* FAX *(808) 874-2411.* W www.grandwailea.com 1991 als Hawai'i's teuerste Hotelanlage mit Opulenz und Glamour erbaut: drei Pools, ein riesiges Spa und eine 30 Millionen Dollar teure Kunstsammlung. ***Zimmer:*** *780 (52)*
AE MC V

WAILUKU: *Old Wailuku Inn at Ulupono* $$
2199 Kaho'okele St, HI 96793. *(808) 244-5897, (800) 305-4899.* FAX *(808) 242-9600.* W www.mauiinn.com Persönlicher Service ist das Markenzeichen dieser Pension in einem Wohnhaus von 1924 im Inland von Maui. Jeder Raum ist nach einem Blumenthema gestaltet. ***Zimmer:*** *7. Zwei Nächte Minimum*
MC V

BIG ISLAND

HILO: *Hawai'i Naniloa Hotel* $$
93 Banyan Drive, HI 96720. *(808) 969-3333, (800) 367-5360.* FAX *(808) 969-6622.* W www.naniloa.com Mehr Luxus als im Naniloa findet man in Hilo nicht. Zwei Pools, ein Gesundheitsspa und ein Restaurant auf dem Gelände; ein 9-Loch-Golfplatz über die Straße. ***Zimmer:*** *318 (7)*
AE MC V

HILO: *Hilo Hawaiian Hotel* $$
71 Banyan Drive, HI 96720. *(808) 935-9361, (800) 367-5004.* FAX *(808) 961-9642.* W www.castleresorts.com Die Aussicht aus den Zimmern ist die beste in ganz Hilo. Ein Restaurant und Läden. ***Zimmer:*** *265 (18)*
AE MC V

HILO: *Hilo Seaside Hotel* $$
126 Banyan Drive, HI 96720. *(808) 935-0821, (800) 560-5557.* FAX *(808) 969-9195.* W www.hiloseasidehotel.com Das Seaside, in den 1950er Jahren erbaut, bietet einfache, günstige Zimmer. ***Zimmer:*** *135*
AE MC V

HILO: *Uncle Billy's Hilo Bay Hotel* $$
87 Banyan Drive, HI 96720. *(808) 935-0861, (800) 367-5102.* FAX *(808) 935-7903.* W www.unclebilly.com Ein flaches polynesisches Familienhotel mit abendlicher *Hula*-Show. ***Zimmer:*** *143*
AE MC V

HŌLUALOA: *Hōlualoa Inn* $$$
76-5932 Māmalahoa Highway (Hwy 180), PO Box 222, HI 96725. *(808) 324-1121, (800) 392-1812.* FAX *(808) 322-2472.* W www.holualoainn.com An den Hängen des Mount Hualālai gelegene Pension mit Eukalyptusholzböden und einer tollen Aussicht auf die Küste von Kona. ***Zimmer:*** *6 (2)*
AE MC V

KAILUA-KONA: *King Kamehameha's Kona Beach Hotel* $$$
75-5660 Palani Rd, HI 96740. *(808) 329-2911, (800) 367-6060.* FAX *(808) 329-4602.* W www.konabeachhotel.com In schöner Umgebung mit einem kleinen Strand und Zugang zum Kailua-Kona-Pier. Hawai'ianische Gastfreundschaft und erstklassiges *lū'au* *(siehe S. 164)*. ***Zimmer:*** *460 (15)*
AE MC V

KAILUA-KONA: *Royal Kona Resort* $$$
75-5852 Ali'i Drive, HI 96740. *(808) 329-3111, (800) 222-5642.* FAX *(808) 329-9532.* W www.rkona.com Historische Anlage mit hawai'ianischen Stilelementen wie *Koa*-Holzgeländern, handgeschnitzten Bettgestellen und der Steinbadewanne Kamehamehas des Großen. ***Zimmer:*** *452*
AE MC V

KAILUA-KONA: *Kona Village Resort* $$$$$
Queen Ka'ahumanu Hwy, PO Box 1299, HI 96745. *(808) 325-5555, (800) 367-5290.* FAX *(808) 325-5124.* W www.konavillage.com Einzigartiges Hotel nördlich von Kailua-Kona mit *hale* (Häusern) in verschiedenen Pazifikstilen. Kein Telefon und Fernsehen. Erstklassiger Service. ***Hale:*** *125*
AE MC V

KEAUHOU: *Kanaloa at Kona Condominiums* $$$$
78-261 Manukai St, HI 96740. *(808) 322-9625, (800) 688-7444.* FAX *(808) 322-3818.* W www.outrigger.com Komplex an der Keauhou Bay. Drei Pools, Tennisplätze und Edwards Restaurant *(siehe S. 174)*. ***Suiten:*** *166*
AE MC V

KEAUHOU: *Outrigger Keauhou Beach Resort* $$$
75-6740 Ali'i Drive, HI 96740. *(808) 322-3441, (800) 688-7444.* FAX *(808) 322-3117.* W www.outrigger.com Resort in hawai'ianischem Stil am Kahalu'u Beach, wo man herrlich schnorcheln kann. Kamaaina-Terrasse unter freiem Himmel. ***Zimmer:*** *305 (6)*
AE MC V

KOHALA COAST: *Waikoloa Beach Marriott Resort* $$$
69-275 Waikoloa Beach Drive, HI 96738. *(808) 886-6789, (800) 922-5533.* FAX *(808) 886-7852.* W www.marriott.com In Waikoloa, mit Sportmöglichkeiten und Läden. Schöne, bequeme Zimmer. ***Zimmer:*** *545 (10)*
AE MC V

Preise für ein Doppelzimmer pro Nacht in der Hochsaison (Dez–Apr), inklusive Steuern:

- $ unter 85 $
- $$ 85–150 $
- $$$ 150–250 $
- $$$$ 250–400 $
- $$$$$ über 400 $

KREDITKARTEN
Folgende Kreditkarten werden akzeptiert: *AE* American Express; *MC* MasterCard; *V* Visa.

MEERBLICK
Das Hotel bietet auch Zimmer mit Meerblick.

KINDERFREUNDLICH
Hotels mit Babysitter-Service, Kindermenüs sowie Unterhaltungsprogrammen für Kinder und/oder Video- oder Spieleraum.

GUTES HOTELRESTAURANT
Empfehlenswertes Restaurant im Hotel mit guter Speisekarte, oft in attraktiver Umgebung oder mit schöner Aussicht.

	Kreditkarten	Meerblick	Kinderfreundlich	Gutes Hotelrestaurant
KOHALA COAST: *Hāpuna Beach Prince Hotel* $$$$ 62-100 Kauna'oa Drive, HI 96743. *(808) 880-1111, (800) 882-6060.* FAX *(808) 880-3142.* W www.hapunabeachprincehotel.com Stilvolle, unaufdringliche Anlage am besten Strand der Insel. ***Zimmer:*** *350 (36)*	AE MC V	●	■	●
KOHALA COAST: *Hilton Waikoloa Village Resort* $$$$ 425 Waikoloa Beach Drive, HI 96738. *(808) 886-1234, (800) 445-8667.* FAX *(808) 886-2902.* W www.hiltonwaikoloavillage.com Der Gigant unter den Anlagen an der Kohala Coast. Golf, Tennisplätze, sieben Restaurants und das »Dolphin Encounter«. ***Zimmer:*** *1240 (57)*	AE MC V	●	■	●
KOHALA COAST: *Mauna Kea Beach Hotel* $$$$ 62-100 Mauna Kea Beach Drive, HI 96743. *(808) 882-7222, (800) 882-6060.* FAX *(808) 882-5700.* W www.maunakeabeachhotel.com Dieses erste Megaresort von 1965 gleicht einem riesigen privaten Anwesen. ***Zimmer:*** *310 (10)*	AE MC V	●	■	●
KOHALA COAST: *Fairmont Orchid Hawai'i* $$$$$ 1 North Kanikū Drive, HI 96743. *(808) 885-2000, (800) 845-9905.* FAX *(808) 885-5778.* W www.fairmont.com/orchid Schönes Anwesen mit einem 36-Loch-Golfplatz. ***Zimmer:*** *483 (54)*	AE MC V	●	■	●
KOHALA COAST: *Mauna Lani Bay Hotel and Bungalows* $$$$$ 68-1400 Mauna Lani Drive, HI 96743. *(808) 885-6622, (800) 367-2323.* FAX *(808) 885-1484.* W www.maunalani.com Große Räume und Bungalows mit Pool und Butler. ***Zimmer:*** *350 (10)* ***Bungalows:*** *5*	AE MC V	●	■	●
VOLCANO VILLAGE: *Kīlauea Lodge* $$ Old Volcano Rd, PO Box 116, HI 96785. *(808) 967-7366.* FAX *(808) 967-7367.* W www.kilauealodge.com Die aufgemöbelte Lodge wurde 1938 als YMCA Camp 1,5 km vom Volcanoes National Park erbaut. ***Zimmer:*** *11* ***Hütten:*** *3*	MC V			●
VOLCANO VILLAGE: *Chalet Kīlauea-The Inn at Volcano* $$$ Wright Rd & Laukapu Rd, PO Box 998, HI 96785. *(808) 967-7786, (800) 937-7786.* FAX *(808) 967-8660.* W www.volcano-hawaii.com Die individuell ausgestatteten Räume liegen auf 1200 Metern Höhe. ***Zimmer:*** *2 (4)*	AE MC V			
WAIMEA: *Kamuela Inn* $$ Kawaihae Rd (Hwy 19), PO Box 1994, HI 96743. *(808) 855-4243.* FAX *(808) 885-8857.* W www.hawaii-bnb.com Komfortables Gasthaus im reizvollen Waimea in der Nähe des Merriman's Restaurant *(siehe S. 174).* ***Zimmer:*** *30 (11)*	AE MC V			
WAIMEA: *Waimea Gardens Cottage* $$$ PO Box 758, HI 96785. *(808) 985-7488, (800) 262-9912.* W www.bestbnb.com Dieses Anwesen neben einem Bergfluss war über sieben Generationen im Familienbesitz. Teile des originalen, 100 Jahre alten Badehauses gehören dazu. ***Hütten:*** *3. Drei Nächte Mindestaufenthalt.*	AE MC V			

KAUA'I

	Kreditkarten	Meerblick	Kinderfreundlich	Gutes Hotelrestaurant
HANALEI: *Hanalei Colony Resort* $$$ 5-7130 Kūhiō Hwy, PO Box 206, HI 96714. *(808) 826-6235, (800) 628-3004.* FAX *(808) 826-9893.* W www.hcr.com Das Hotel am Meer ist das letzte kurz vor Ende der Straße. Ohne Telefon, Klimaanlage und TV. ***Einheiten:*** *48*	AE MC V	●		
KAPA'A: *Kaua'i Coast Resort at the Beachboy* $$ 4-484 Kūhiō Hwy, HI 96746. *(808) 822-3441, (877) 977-4355.* FAX *(808) 822-0843.* W www.kauaicoastresort.com Moderne Wohneinheiten an einem langen Strandabschnitt. ***Zimmer:*** *108*	AE MC V	●		
KAPA'A: *Aloha Beach Resort* $$$ 3-5920 Kūhiō Hwy, HI 96746. *(808) 823-6000, (888) 523-5111.* FAX *(808) 823-6666.* W www.alohabeachresortkauai.com Zentral gelegen, nahe am Flughafen und an vielen Attraktionen der Insel. ***Zimmer:*** *216*	AE MC V	●		

KAPA'A: *Courtyard by Marriott Kaua'i* $$$
Coconut Plantation, PO Box 830, Mile 7, Kūhiō Hwy, HI 96746.
(808) 822-3455, (800) 222-5642. FAX *(808) 822-1830.* W www.courtyard.com
Das einzige Strandhotel der Coconut Coast, frisch renoviert, gut ausgestattet, Kaua's bestes *lū'au* *(siehe S. 164).* **Zimmer:** *277 (30)*
AE MC V

KŌKE'E STATE PARK: *Kōke'e Lodge* $
Kōke'e Rd (Hwy 550), PO Box 819, HI 96796. *(808) 335-6061.*
Wanderwege mit atemberaubendem Ausblick und eine Hütte mit Holzfeuer. Reservierung nötig. Einfache Hütten mit allem Notwendigen. Restaurant mit solider Küche. **Hütten:** *12*
MC V

KŌLOA: *Victoria Place Bed & Breakfast* $$
3459 Lāwa'i Loa Lane, PO Box 930, HI 96765. *(808) 332-9300, (800) 695-8284.* FAX *(808) 332-9465.* W www.hshawaii.com/vacplanner Hübsche Zimmer und tropisches Frühstück, der Besitzer weiß alles über versteckte Strände, Restaurants und Geschäfte. **Zimmer:** *4*

LĪHU'E: *Kaha Lani Resort* $$$
4460 Nehe Rd, HI 96766. *(808) 822-9331, (800) 367-5004.* FAX *(808) 822-2828.* W www.castleresorts.com Das Aston Kaha Lani Resort, wenige Minuten nördlich der Stadt, verfügt über hübsche Apartments mit Küche in ruhiger Strandlage. **Einheiten:** *74*
AE MC V

LĪHU'E: *Radisson Kaua'i Beach Resort* $$$
4331 Kaua'i Beach Drive, HI 96766. *(808) 245-1955, (888) 805-3843.* FAX *(808) 246-3956.* W www.radissonkauai.com Das 1986 erbaute Luxushotel hat eine Pool-Landschaft mit Höhlen, Wasserfällen und Brunnen, außerdem Whirlpool-Spa und Tennisplätze. **Zimmer:** *349 (7)*
AE MC V

LĪHU'E: *Kaua'i Marriott Resort & Beach Club* $$$$
3610 Rice St, HI 96766. *(808) 245-5050, (800) 228-9290.* FAX *(808) 245-5049.* W www.marriott.com Eine Luxusanlage an der Nāwiliwili Bay verwöhnt mit 400 Meter langem weißem Sandstrand und Hawai'is größtem Swimmingpool. Zu den Restaurants gehört u.a. der Duke's Canoe Club *(siehe S. 175).* **Zimmer:** *232*
AE MC V

PO'IPŪ: *Po'ipū Kai Condominium Resort* $$$
1941 Po'ipū Rd, HI 96756. *(808) 742-7400, (800) 367-8020.* FAX *(808) 742-9121.* W www.suite-paradise.com Sechs flache Apartmentgebäude jeweils mit eigenem Swimmingpool und geräumige Wohnungen. **Einheiten:** *200*
AE MC V

PO'IPŪ: *Hyatt Regency Kaua'i Resort & Spa* $$$$$
1571 Po'ipū Rd, HI 96756. *(808) 742-1234, (800) 233-1234.* FAX *(808) 742-1557.* W www.kauai-hyatt.com Die Rezeption dieses opulenten Strandhotels ist mit *Koa*-Holz ausgestattet, das Hotel wirkt wie das Hawai'i der 1920er Jahre. **Zimmer:** *600 (37)*
AE MC V

PO'IPŪ: *Sheraton Kaua'i Resort* $$$$$
2442 Ho'ooani Rd, Po'ipū Beach, HI 96756. *(808) 742-1661.* FAX *(808) 742-9777.* W www.sheraton-kauai.com Erstklassige Anlage am Strand mit allem Service und bester Ausstattung in schöner tropischer Umgebung. **Zimmer:** *414 (13)*
AE MC V

PRINCEVILLE: *Hanalei Bay Resort & Suites* $$$
5380 Honoiki Rd, HI 96722. *(808) 826-6522, (800) 827-4427.* FAX *(808) 826-6680.* W www.hanaleibayresort.com Oberhalb von Hanalei Bay befindet sich dieses Schmuckstück, vom Condé Nast Traveler Magazine zu den Top 30 Tropical Resorts der Welt gewählt. Lagunenpool mit Wasserfällen und Tennisplätzen. Ein großartiger Golfplatz liegt ganz in der Nähe. **Zimmer:** *182 (49)*
AE MC V

PRINCEVILLE: *Princeville Hotel and Resort* $$$$$
5520 Ka Haku Rd, PO Box 3069, HI 96722. *(808) 826-9644, (800) 826-4400.* FAX *(808) 826-1166.* W www.princeville.com Elegantes Hotel auf einem Felsvorsprung mit Blick auf Hanalei Bay. Panoramablick, geräumige Zimmer, sehr gutes Abendessen. 24 **Zimmer:** *252 (10)*
AE MC V

WAIMEA: *Waimea Plantation Cottages* $$$
9400 Kaumuali'i Hwy, PO Box 367, HI 96796. *(808) 338-1625, (800) 922-7866.* FAX *(808) 338-2338.* W www.aston-hotels.com In diesen wunderbar restaurierten Plantagenhütten fühlt man sich wie im alten Hawai'i. In einem Kokospalmenhain am Weg zum Waimea Canyon. **Hütten:** *50*
AE MC V

Zeichenerklärung siehe hintere Umschlagklappe

Restaurants

Hawai'i bietet unzählige Möglichkeiten, gut und exotisch zu essen: Von Drive-in-Lokalen bis hin zu eleganten Restaurants findet man auf den Inseln wirklich alles. Neben Restaurants jeglicher Art gibt es Straßenstände, amerikanische Delis und Cafés, die günstige und leichte Gerichte verkaufen. In großen Einkaufszentren findet man eine gute Auswahl exotischer und amerikanischer Küche. Nachtschwärmer können in Supermärkten rund um die Uhr einkaufen. In vielen Lokalen speist man unter freiem Himmel, fast alle Restaurants haben eine Klimaanlage. Und wer nicht gerade in den Fastfood-Filialen hängen bleibt, kann überall in die exotische, würzige Vielfalt der Küche Hawai'is eintauchen.

Buntes Schild in Kaua'i

Beach Bar im Sheraton Moana Surfrider Hotel *(siehe S. 153)*

Essenszeiten

So mancher Besucher mag von Hawai'is frühen Essenszeiten überrascht sein. Man kann bereits um 5 Uhr morgens frühstücken, Mittagessen gibt es ab 11 Uhr, Abendessen ab 17 Uhr und oft nur bis 21 Uhr. Viele Restaurants servieren kein Abendessen und schließen um 14 Uhr.

Die Cocktailstunde beginnt schon um 16 Uhr. Die meisten Restaurants servieren *pūpū* (hawai'ianische Vorspeisen) mit Getränken, manchmal sogar ohne Aufpreis.

Viele Restaurants sind sonntags und montags geschlossen, oft wechseln die Ruhetage. Rufen Sie vorher an und reservieren Sie grundsätzlich.

Regionale Küche

Hawai'i ist schon längst keine gastronomische Wüste mehr, dank der Bewegung »Hawai'i Regional Cuisine«: Peter Merriman *(siehe S. 174)* gilt bis heute als Pionier unter den Köchen, die Hawai'i kulinarisch nach vorne brachten. Küchenchefs wie Roy Yamaguchi auf O'ahu *(siehe S. 168)*, Bev Gannon *(siehe S. 172)* auf Maui und Jean-Marie Josselin auf Kaua'i *(siehe S. 175)* folgten, und so entstand eine Gruppe von zwölf Köchen, die in ihrer nicht-kommerziellen Vereinigung die hawai'ianische Küche förderten und weiterentwickelten.

Diese Küche bezieht ihre Zutaten direkt von lokalen Farmen und aus dem Meer, dabei ist sie von den vielen ethnischen Gruppen Hawai'is geprägt: Das Ergebnis sind Gerichte wie Brotfrucht-Vichysoisse, Tempura aus Keāhole-Babyhummer und Kona-Kaffeekäsekuchen und ein gesteigertes Interesse an regionaler Küche. Wie immer man sie auch nennt – Hawai'i Regional, Island Regional, East Meets West oder Pacific Rim –, die neue Küche macht aus allem, was die Insel zu bieten hat, das Beste, sehr zur Freude der Produzenten, der Köche und natürlich der Einheimischen und der Gäste.

Hawai'i-Spezialitäten

Die Spezialitäten Hawai'is sind so vielfältig wie die multikulturelle hawai'ianische Bevölkerung. Die meisten Gerichte machen satt, sind nicht teuer und nicht nur für die Einheimischen einfach unschlagbar.

Der »Lunchteller« ist das traditionellste einheimische Gericht, mit Fleisch oder Geflügel als Hauptgang – so z. B. Teriyaki-Rind, Klebreis, Nudel- oder Kartoffelsalat. Diese Mittagsmahlzeiten gibt es an Straßenständen oder in Lokalen, sie kosten meist zwischen 5 und 8 Dollar. Die

Roy Yamaguchi in seinem Restaurant in Honolulu *(siehe S. 168)*

David Paul's Lahaina Grill an der Lahainaluna Road ***(siehe S. 172)***

Auswahl ist riesig: japanisch, chinesisch, philippinisch und sogar amerikanisch.

Poi (eine graue Paste aus gestampfter Tarowurzel mit sehr speziellem Geschmack); *Kālua*-Schwein (ganzes, in Bättern gebackenes Schwein, vor allem bei einem *lū'au*), Süßkartoffeln, *limu* (Algen) und *laulau* (Fisch, Schwein und Taroblattstängel in *Ti*-Blätter gewickelt und gedünstet) findet man überall.

Ebenso beliebt sind Sushi und *bento*, die japanische, kalt servierte Version des Mittaggerichts. *Saimin*, eine japanische Brühe mit Schweinefleisch, Fischkuchen, grünen Zwiebeln und Nudeln, wird morgens, mittags und abends gegessen. Weit verbreitet ist auch *manapua*, die hiesige Version chinesischer Dampfbrötchen, mit gewürztem Schweinefleisch gefüllt.

Eine typisch hawai'ianische Süßigkeit ist das Shave Ice (»Snow Cones«), fein zerhacktes Eis mit Sirup, Trockenfrüchten und weichen Bonbons und dem chinesischen Gewürz *li hing mui*.

Fastfood und Essen zum Mitnehmen

Wie überall in Amerika gibt es auf Hawai'i Burger King, McDonald's, Pizza Hut, Taco Bell und alle anderen Fastfood-Ketten. Hier findet man jedoch oft auch typisch hawai'iansche Gerichte, vor allem *saimin*, Klebreis und portugiesische Wurst. Regionales Fastfood verkaufen die zahlreichen Drive-ins in ganz Hawai'i und die vielen Zippy's-Filialen auf O'ahu, die oft rund um die Uhr geöffnet sind. Eine andere hawai'ianische Kette, L & L Drive-In, breitet sich mit seinen Filialen auf O'ahu ebenfalls aus. Nur wenige Restaurants haben kein Takeaway. Viele Lebensmittelgeschäfte und Supermärkte bieten Delikatessencounter mit Salat, chinesischen Speisen oder *Bento*-Bars, die auch Essen zum Mitnehmen verkaufen. Auch in Bioläden findet man oft Essensstände. All diese Mahlzeiten sind hervorragend für ein Picknick geeignet.

Pseudo-viktorianischer Burger King, Waikīkī

Nur wenige Ketten (Pizza Hut und Domino's Pizza) bieten auf Hawai'i Lieferservice.

Cafés

Wie auch auf dem amerikanischen Festland gibt es auf allen Inseln überall Coffeehouses. Allerdings sind dies auf Hawai'i selten Ketten-Cafés, so dass man hier frischen, aromatischen Konakaffee *(siehe S. 115)*. bekommt. Viele Cafés verkaufen oft selbst gebackenes Gebäck und Snacks.

Alkohol

In den meisten Restaurants gibt es Bars und Weinkarten mit guter, internationaler Auswahl. Restaurants ohne Bar erlauben ihren Gästen meist, eigenes Bier oder Wein mitzubringen: Das Öffnen der Flasche wird selten berechnet.

Vegetarier

Es gibt zwar nur wenige vegetarische Restaurants auf Hawai'i, doch fast überall stehen auch vegetarische Gerichte wie gedünstetes Gemüse und Reis oder vegetarische Nudelgerichte auf der Karte – im Zweifelsfall einfach danach fragen.

Kinder

Hawai'i ist extrem kinderfreundlich, und nur sehr formelle Abendrestaurants in den Luxushotelanlagen werden Kinder nicht mit offenen Armen empfangen. Natürlich dürfen Kinder dennoch auch hier mitkommen.

Viele Restaurants bieten spezielle Kindermenüs mit kleinen Portionen der beliebtesten Kindergerichte wie Pizza und Hamburger an.

Etikette

In fast allen Restaurants ist das Rauchen nicht gestattet. Nur selten gibt es Raucherbereiche.

Als Trinkgeld gibt man in der Regel 15 Prozent des Rechnungsbetrags. Je nach Service und Art des Restaurants kann man auch mehr oder weniger geben.

Lässige Kleidung wird normalerweise akzeptiert; nur in den wenigen formellen Restaurants ist ein Jackett erforderlich.

Hawai'ianisches Diner

Hawai'is vielfältige Küche

Marktstand in Chinatown

HAWAI'IS GEWÄSSER sind voller Fische, und Liebhaber von Meeresfrüchten können den täglich frisch gefangenen Fisch, von kreativen Köchen fantasievoll zubereitet, genießen. Ein Vorteil der ethnischen Vielfalt der Inseln sind die unzähligen verschiedenen Spezialitäten: chinesisches Dim Sum, japanisches Sushi, koreanische Rippchen, Thai-Sommerrollen, portugiesische Pasteten, mexikanische Tacos, französische Schnecken, italienische Pasta, amerikanische Fleisch- und Kartoffelgerichte und vieles mehr.

***Amerikanische Küche** wie ein traditionelles Frühstück mit Eiern, Speck, Bratkartoffeln, Toast und Marmelade gibt es überall auf Hawai'i.*

***Portugiesisches Gebäck**, wie zum Beispiel die dem Doughnut ähnliche Malasada, ist sehr beliebt.*

***Japanisches Sushi** ist hauchdünner, roher Fisch auf Klebreis, mit Wasabi (grünem Meerrettich) und eingelegtem Ingwer serviert.*

***Koreanisches** kim chee oder eingelegter Kohl wird gerne zu mariniertem Rind oder Huhn mit Klebreis serviert.*

HAWAI'IANISCHES LŪ'AU

Traditionelle hawai'ianische *Lū'au* (Festessen) werden seit Jahrhunderten zu besonderen Anlässen mit Freunden und Familien gefeiert. Höhepunkt ist die Zubereitung des *Kālua*-Schweins, das langsam in einem *imu* (Erdofen) gebacken wird: Dabei wird das Schwein in einer mit heißer Kohle, Bananen und *Ti*-Blättern ausgelegten Grube, bedeckt mit Blättern und Erde, acht Stunden lang gebacken. Auch *laulau* – Rind, Schwein, Huhn oder Fisch mit Tarospitzen und in *Ti*-Blätter gewickelt – wird im *imu* gebacken. Bei keinem *lū'au* fehlt *poi*, eine dicke, rosa-braune Paste aus gestampften Tarowurzeln *(siehe S. 109)*, die man mit Fingern isst. *Lomi-lomi*-Lachs, dünne Lachsscheiben in Tomaten und grünen Zwiebeln mariniert, gibt es häufig als Beilage. Zum Dessert isst man *haupia*,

einen Kokospudding. Heute steuert jede ethnische Gruppe Hawai'is ihre eigenen, leckeren Gerichte zu einem *lū'au* bei.

Chinesisches Dim Sum *sind frittierte, gedünstete und gebackene Teigtaschen mit Rind, Schwein, Fisch oder Gemüse gefüllt, in Sojasauce getunkt und mit Stäbchen gegessen.*

Koch Sam Choy

Eigenkreationen

In letzter Zeit haben hawai'ianische Köche »Signature Dishes«, eigene Kreationen aus frischen lokalen Zutaten, kreiert. Dazu zählen Sam Choys Meeresfrüchte-*laulau*, Beverly Gannons Hunan Lammkarree, David Paul Johnsons *Kālua*-Ente und Roy Yamaguchis Schokoladensoufflé. Diese Gerichte sind auf der Speisekarte meist hervorgehoben.

Grünes Thaicurry *wird mit Reis, unterschiedlich scharf gewürzt, serviert. Eine leckere, sättigende Mahlzeit.*

Saftiges Grillsteak *ist ein beliebtes Abendessen, hier mit frischem Spargel und Röstkartoffeln angerichtet.*

Teriyaki-*Rindfleisch*, *Huhn oder Fisch wird in einem Wok mit Gemüse oder über einem Holzkohlengrill zubereitet.*

'Ahi-*Tunfisch* *wird roh mit einer Sahnepfeffersauce oder mit rotem Pfeffermantel und einer Sauce auf Sojabasis serviert.*

Tropische Früchte

Das ganze Jahr über gibt es auf Hawai'i frisches Obst wie etwa Guaven, Kokosnüsse, Ananas und Bananen.

Restaurantauswahl

DIE HIER AUFGEFÜHRTEN RESTAURANTS wurden aus allen Preiskategorien wegen ihrer ausgezeichneten Speisen und ihrer Lage ausgewählt. Einige Restaurants haben Filialen an anderen Orten. Die Einträge sind alphabetisch und nach Preiskategorien innerhalb eines Bereiches angeordnet. Die Griffmarken auf jeder Seite stehen für eine Region.

HONOLULU UND WAIKĪKĪ

Restaurant	Kreditkarten	Tische im Freien	HRC	Gute Weinkarte	Lange geöffnet
DOWNTOWN HONOLULU: *Indigo* $$ 1121 Nu'uanu Ave. **Stadtplan** 1 A2. *(808) 521-2900.* Das Indigo liegt in einer neu belebten Gegend an der Grenze zu Chinatown. Europäisches Essen mit asiatischen Einflüssen; guter Service.	MC V	●		●	
DOWNTOWN HONOLULU: *Legend Seafood* $$ Suite 108, 100 N Beretania St. **Stadtplan** 1 A2. *(808) 532-1868.* Auf der langen Speisekarte dieses Chinarestaurants findet man eine große Auswahl an Dim Sum. Beliebt am Wochenende morgens.	AE MC V				
DOWNTOWN HONOLULU: *Sunset Grill* $$ 500 Ala Moana Blvd (im Restaurant Row). **Stadtplan** 1 B4. *(808) 521-4409.* Beliebtes Bistro mit amerikanisch-internationaler Küche. Auf Grund der offenen Küche kann man dem Koch beim Arbeiten zusehen.	AE MC V	●		●	
DOWNTOWN HONOLULU: *Gordon Biersch* $$$ 1 Aloha Tower Drive (im Aloha Tower Marketplace). **Stadtplan** 1 A3. *(808) 599-4877.* Gordon Biersch rühmt sich, Hawai'is erster »Brew Pub« zu sein. Immerhin wird das Lager vor Ort gebraut. Zu den Spezialitäten gehören Knoblauchfritten und *poki* (roher Fisch).	AE MC V	●	■	●	■
DOWNTOWN HONOLULU: *Hiroshi Eurasian Tapas* $$$ 500 Ala Moana Blvd (im Restaurant Row). **Stadtplan** 1 B4. *(808) 533-4476.* Leckere kleine Gerichte, auch zum Teilen gedacht. Europäisch-asiatische Küche mit frischem Fisch und einheimischen Produkten.	AE MC V	●		●	
DOWNTOWN HONOLULU: *Ruth's Chris Steak House* $$$$ 500 Ala Moana Blvd (im Restaurant Row). **Stadtplan** 1 B4. *(808) 599-3860.* Hier regiert eindeutig das Rindfleisch: Egal in welcher Zubereitung, das Fleisch ist in Qualität und Zubereitung immer erstklassig. Dennoch gibt es auch Meeresfrüchte, Huhn und üppige Beilagen.	AE MC V	●		●	
DOWNTOWN HONOLULU: *Padovani's Bistro and Wine Bar* $$$$$ 1956 Ala Moana Blvd (im Alana Doubletree Waikiki Hotel). **Stadtplan** 2 E5. *(808) 946-3456.* Die Gebrüder Philippe und Pierre Padovani sind die Besitzer dieses Lokals. Unten im Bistro gibt es französische Küche, oben in der Weinbar ebenfalls gutes Essen und Weine.	AE MC V			●	
WAIKĪKĪ: *D.K. Steak House* $$$ 2552 Kalākaua Ave (im Waikīkī Beach Marriott). **Stadtplan** 4 F5. *(808) 931-6280.* Typisch amerikanisches Steakhouse mit köstlichen Steaks, die ihren besonderen Geschmack O'ahus einzigem Trockenraum verdanken. Die Köche wurden mit Preisen ausgezeichnet.	AE MC V	●		●	
WAIKĪKĪ: *Duke's Canoe Club.* **Stadtplan** 4 E5. $$$ 2335 Kalākaua Ave (im Outrigger Waikīkī). *(808) 922-2268.* Unweit von Duke Kahanamokus beliebtem Surfertreff (*siehe S. 53*) sind hier ein Restaurant, eine Bar und ein Museum vereint – ein beliebter Treffpunkt. Steak, Fisch und Salate.	AE MC V	●		●	
WAIKĪKĪ: *Matteo's.* **Stadtplan** 4 D4. $$$ 364 Seaside Ave (im Marine Surf Hotel). *(808) 922-5551.* Einheimische wählen dieses Waikīkī-Wahrzeichen immer wieder zum besten Italiener der Stadt. Ruhig, romantische Einrichtung. Guter Caesar's Salad und köstliche Kaffeespezialitäten.	AE MC V			●	
WAIKĪKĪ: *Sansei Seafood Restaurant & Bar* $$$ 2552 Kalākaua Ave. **Stadtplan** 4 F5. *(808) 536-6286.* Bei Einheimischen und Besuchern gleichermaßen beliebtes Restaurant mit einfallsreichem Sushi, japanischen und Pacific-Rim-Gerichten. Lockere, heitere Atmosphäre.	AE MC V			●	■

Stadtplan siehe Seiten 62–67

Preiskategorien für ein Drei-Gänge-Menü mit einem Glas Wein inklusive Steuern und Service:

- $ unter 20 $
- $$ 20–30 $
- $$$ 30–45 $
- $$$$ 45–60 $
- $$$$$ über 60 $

Kreditkarten
Folgende Kreditkarten werden akzeptiert: *AE* American Express; *MC* MasterCard; *V* Visa.

Tische im Freien
Tische im Freien, oft mit schönem Blick.

HRC (Hawai'i Regional Cuisine)
Erstklassige, aus frischen Zutaten mit Einflüssen verschiedener ethnischer Gruppen zubereitete Küche.

Gute Weinkarte
Große Auswahl an Qualitätsweinen.

Lange geöffnet
Kleine Mahlzeiten und Snacks auch zu später Stunde.

	Kreditkarten	Tische im Freien	HRC	Gute Weinkarte	Lange geöffnet
Waikīkī: *La Mer at the Halekūlani.* **Stadtplan** 4 D5. $$$$$ 2199 Kālia Rd. *(808) 923-2311.* Gerichte mit französischem Touch, formvollendet zubereitet und serviert. Großartiger Blick aufs Meer direkt am Wasser. Sommelier Randolph Ching ist ein echter Kenner. Formelle Kleidung erforderlich.	AE MC V			●	
Grossraum Honolulu: *The Contemporary Café* $ 2411 Makiki Heights Drive. *(808) 523-3362.* Passend zum Contemporary Museum hat das Café eine kleine Mittagskarte mit leckeren Suppen, Salaten und Sandwiches. *Mo.*	AE MC V	●			
Grossraum Honolulu: *Eggs 'N' Things* $ 1911-B Kalākaua Ave. **Stadtplan** 3 C4. *(808) 949-0820.* Einheimische stehen nach diesen köstlichen Omelettes und Eiern Benedikt Schlange. Diese städtische Institution hat von 23 bis 14 Uhr geöffnet. Nächtliche Hungerattacken sind kein Problem. *Mo–Mi.*					■
Grossraum Honolulu: *Hale Vietnam Restaurant* $ 1140 12th Ave. *(808) 735-7581.* Ein riesiger lachender Buddha begrüßt die Gäste in diesem Restaurant im Kaimuki-Viertel. Authentische, frische vietnamesische Küche.	AE MC V			●	
Grossraum Honolulu: *Makai Market Food Court* $ 1450 Ala Moana Blvd (im Ala Moana Center). **Stadtplan** 3 A4. *(808) 955-9517.* Viele Sitzplätze zwischen den Ständen mit Pizza bis zu koreanischen Grillspezialitäten, japanischen *Bentos* und Salaten.					
Grossraum Honolulu: *Ono Hawaiian Foods* $ 726 Kapahulu Ave. *(808) 737-2275.* Nur *tūtūs* (Großmutters) Küche kann dieses kleine Lokal übertreffen. Hawai'ianische Gerichte wie *poi*, *laulau* und *Lomi-Lomi*-Lachs. *So.*			■		
Grossraum Honolulu: *California Pizza Kitchen* $$ 4211 Wai'alae Ave (Kahala Mall). **Karte** 4 E1. *(808) 737-9446.* Ob Thai, Barbecue, italienisch oder nur Salat – diese Pizzeria befriedigt mit ihren aufregenden Kombinationen alle Geschmäcker.	AE MC V			●	
Grossraum Honolulu: *Dixie Grill BBQ and Crab Shack* $$ 404 Ward Ave. **Stadtplan** 2 D4. *(808) 596-8359.* Einem »Southern Roadhouse« nachempfundenes Lokal. Mess of crabs und Two-Pound Bust-Your-Belly Burger sind riesig.	AE MC V	●			
Grossraum Honolulu: *Keo's* $$ 2028 Kūhiō Ave (nahe dem Ambassador Hotel). **Karte** 3 C4. *(808) 951-9355.* Keo Sananikones Name steht für beste Thai-Gerichte in Hawai'i. Zu den Spezialitäten gehören die Shrimps mit Erdnusssauce.	AE MC V			●	
Grossraum Honolulu: *3660 On the Rise* $$$ 3660 Wai'alae Ave. *(808) 737-1177.* Das zurückhaltende Restaurant in einem renovierten Gebäude war Pionier der Wiederbelebung des Kaimuki-Viertels. Kreative Inselküche mit europäischem Flair; köstliche Desserts. *Mo.*	AE MC V		■	●	
Grossraum Honolulu: *Assaggio* $$$ 1450 Ala Moana Blvd (Ala Moana Shopping Center). **Stadtplan** 2 E5. *(808) 942-3446.* Eine von vier Filialen einer Kette mit süditalienischer Küche auf Hawai'i. Auf der Speisekarte stehen herzhafte Pastagerichte und gutes Brot. Besonders empfehlenswert ist der Osso Bucco.	AE MC V			●	
Grossraum Honolulu: *Kincaid's Fish, Chop & Steakhouse* $$$ 1050 Ala Moana Blvd (im Ward Warehouse). **Stadtplan** 2 D5. *(808) 591-2005.* Kincaid's bietet erstklassiges Essen und Service. Ideal für eine Pause beim Shopping; mittags ist es entsprechend sehr voll.	AE MC V		■	●	■

Zeichenerklärung siehe hintere Umschlagklappe

Preiskategorien für ein Drei-Gänge-Menü mit einem Glas Wein inklusive Steuern und Service:

- $ unter 20 $
- $$ 20–30 $
- $$$ 30–45 $
- $$$$ 45–60 $
- $$$$$ über 60 $

KREDITKARTEN
Folgende Kreditkarten werden akzeptiert: *AE* American Express; *MC* MasterCard; *V* Visa.

TISCHE IM FREIEN
Tische im Freien, oft mit schönem Blick.

HRC (HAWAI'I REGIONAL CUISINE)
Erstklassige, aus frischen Zutaten mit Einflüssen verschiedener ethnischer Gruppen zubereitete Küche.

GUTE WEINKARTE
Große Auswahl an Qualitätsweinen.

LANGE GEÖFFNET
Kleine Mahlzeiten und Snacks auch zu später Stunde

Spalten: Kreditkarten | Tische im Freien | HRC | Gute Weinkarte | Lange geöffnet

GROSSRAUM HONOLULU: *Kyo-ya Japanese Cuisine* $$$
2057 Kalākaua Ave. Stadtplan 3 C4. *(808) 947-3911.*
Einrichtung und Service vermitteln die typische heitere Gelassenheit japanischen Dinierens. Erstklassige Küche. *So mittags.*
Kreditkarten: *AE MC* · Gute Weinkarte ●

GROSSRAUM HONOLULU: *The Pineapple Room* $$$
1450 Ala Moana Blvd (im Ala Moana Center). Stadtplan 3 A4. *(808) 945-6573.*
Alan Wongs Pineapple Room ist höchst einladend. Unprätentiöses, aber elegantes Restaurant mit sehr guter einheimischer Küche.
Kreditkarten: *AE MC V* · HRC ■ · Gute Weinkarte ●

GROSSRAUM HONOLULU: *Roy's Restaurant* $$$
6600 Kalaniana'ole Highway. *(808) 396-7697.*
Geburtsort der Hawai'i Regional Cuisine, ursprünglich als Pacific Rim bekannt. Roy Yamaguchi kocht euroasiatisch.
Kreditkarten: *AE MC V* · Tische im Freien ● · HRC ■ · Gute Weinkarte ●

GROSSRAUM HONOLULU: *Ryan's Grill* $$$
1200 Ala Moana Blvd (im Ward Centre). Stadtplan 2 E5. *(808) 591-9132.*
Dieses lebendige und beliebte Bistro bietet »alles zu jeder Zeit« – von saftigen Burgern bis hin zu über *Kiawe*-Holz gegrilltem Fisch.
Kreditkarten: *AE MC V* · Tische im Freien ● · Gute Weinkarte ● · Lange geöffnet ■

GROSSRAUM HONOLULU: *Sam Choy's Breakfast, Lunch and Crab* $$$
580 N Nimitz Highway. *(808) 545-7979.*
Sam Choy, Mitbegründer der Hawai'i Regional Cuisine (HRC), ist Hawai'is offizieller kulinarischer Botschafter. In dem riesigen Lagerhaus gibt es Meeresgerichte aller Art. Angeschlossene Brauerei.
Kreditkarten: *AE MC V* · HRC ■ · Gute Weinkarte ●

GROSSRAUM HONOLULU: *Sam Choy's Diamond Head Restaurant* $$$
Suite 201, 449 Kapahulu Ave. *(808) 732-8645.*
Ein weiteres großartiges Restaurant von Sam. Toller Service und Riesenportionen köstlich angerichteter Gerichte machen dieses Lokal zu einem Knüller.
Kreditkarten: *AE MC V* · Tische im Freien ● · HRC ■ · Gute Weinkarte ●

GROSSRAUM HONOLULU: *Singha Thai Cuisine* $$$
1910 Ala Moana Blvd. Stadtplan 3 C4. *(808) 941-2898.*
Königliche Thai-Tänzer treten jeden Abend in diesem preisgekrönten, exotischen Lokal auf. Köstliche Gerichte.
Kreditkarten: *AE MC V* · Tische im Freien ● · Gute Weinkarte ●

GROSSRAUM HONOLULU: *L'Uraku* $$$
Erdgeschoss, 1341 Kapi'olani Blvd (neben Ala Moana Center). *(808) 955-0552.*
Einfache eurasische Küche in lebendiger Umgebung. Empfehlenswert ist der frische Fisch in Miso-Sahnesauce.
Kreditkarten: *AE MC V* · Gute Weinkarte ●

GROSSRAUM HONOLULU: *Alan Wong's Restaurant* $$$$
3. Stock, 1857 S King St. Stadtplan 3 B2. *(808) 949-2526.*
Für viele das beste Restaurant der Stadt. Alan Wong, HRC-Mitglied, zaubert Neuschöpfungen aus traditionellen hawai'ianischen Zutaten. Der freundliche Service entschädigt für die Lage.
Kreditkarten: *AE MC V* · HRC ■ · Gute Weinkarte ●

GROSSRAUM HONOLULU: *Chai's Island Bistro* $$$$
1 Aloha Tower Drive. Stadtplan 1 A3. *(808) 585-0011.*
Küchenchef Chai Chaowsarees wunderschön ausgestattes Restaurant bietet Hawai'ian Regional Cuisine und Hawai'is beste Entertainer.
Kreditkarten: *AE MC V* · Tische im Freien ● · HRC ■ · Gute Weinkarte ●

GROSSRAUM HONOLULU: *John Dominis Restaurant* $$$$
43 'Āhui St. Stadtplan 1 C5. *(808) 523-0955.* Dieses Restaurant am Meer hat Lavawände und einen Wasserkanal. Meist ältere Besucher genießen Fisch, Krabben und Hummer.
Kreditkarten: *AE MC V* · Gute Weinkarte ● · Lange geöffnet ■

GROSSRAUM HONOLULU: *Nick's Fishmarket Restaurant* $$$$
2070 Kalākaua Ave. Stadtplan 3 C4. *(808) 955-6333.*
Das preisgekrönte Restaurant serviert seit 1970 erstklassige Meeresfrüchte-Gerichte und Hummerspezialitäten aus der ganzen Welt.
Kreditkarten: *AE MC V* · Gute Weinkarte ●

Stadtplan siehe Seiten 62–67

GROSSRAUM HONOLULU: *Chef Mavro Restaurant* $$$$$
1969 South King St. **Stadtplan 3 B2.** *(808) 944-4714.* FAX *(808) 944-3903.* www.chefmavro.com Gepflegtes Restaurant mit regionaler hawai'ianischer Küche und französischen Einflüssen. Jeder Gang mit anderem Wein. *So, Mo mittags.*
(MC, V)

O'AHU

HALE'IWA: *Kua 'Aina Sandwich* $
66-214 Kamehameha Highway (Hwy 83). *(808) 637-6067.*
In diesem einfachen Surferschuppen an O'ahus North Shore verputzen die hungrigen Supersportler vor allem Burger und Fritten.

KA'A'AWA: *Crouching Lion Inn* $$$
51-666 Kamehameha Highway (Hwy 83). *(808) 237-8511.*
Eindrucksvolles Gebäude von 1934 mit mehreren Speiseräumen und Meerblick. Spezialitäten sind u. a. Steak und *Kālua*-Schwein.
(AE, MC, V)

KAILUA: *21 Degrees North* $$
Turtle Bay Resort, 57-091 Kamehameha Highway. *(808) 293-8811.*
Innovative Küche, die Wert auf Frische der Zutaten und Verfügbarkeit in der jeweiligen Saison legt. *mittags.*
(MC, V)

KAILUA: *Buzz's Original Steakhouse* $$$
413 Kawailoa Rd. *(808) 261-4661.*
Buzz's bietet Meerblick, Fisch und Lamm, *Kiawe*-Grillsteak und Hummer, Teriyaki-Rippchen und eine berühmte Salatbar.

PEARL CITY: *Gyotaku Japanese Restaurant* $
981226 Kaahumanu St, Pearl City. *(808) 487-0091.*
Helles, unprätentiöses Restaurant mit großer Auswahl wie z. B. Sushi Tempura und Teriyaki. Das ideale Restaurant für Neulinge, die endlich einmal japanische Küche probieren wollen.
(MC, V)

MOLOKA'I UND LĀNA'I

KAUNAKAKAI (MOLOKA'I): *Kanemitsu Bakery* $
79 Ala Malama St. *(808) 553-5855.*
Wer nicht in der Kanemitsu Bakery war, hat nichts von Moloka'i gesehen: täglich frisch gebackenes, süßes Brot. Frühstück und Mittagessen nach einheimischer Art. *Mahlzeiten bis 11.30 Uhr; Bäckerei bis 18.30 Uhr.*

KAUNAKAKAI (MOLOKA'I): *Moloka'i Pizza Café* $
Wharf Rd (im Kahua Shopping Center). *(808) 553-3288.*
Helles, gut laufendes Restaurant, besonders für Familien geeignet. Viel Pizza sowie Salate und Eiscreme. Tägliches Multikulti-Menü.

KAUNAKAKAI (MOLOKA'I): *Oceanfront Dining Room* $$
Mile 2, Kamehameha V Hwy. *(808) 553-5347.*
Restaurant im Hotel Moloka'i. Zu Rippchen und Kokos-Shrimps gibt es eine echte *kanikapila* (hawai'ianische Jamsession).

LĀNA'I CITY (LĀNA'I): *Blue Ginger Café* $
409 7th St. *(808) 565-6363.*
Reminiszenz an eine Küche der 1950er Jahre mit Wachstuchtischdecken und Hausmannskost. Beliebter Treffpunkt.

LĀNA'I CITY (LĀNA'I): *Canoes* $
419 7th St. *(808) 565-6537.*
Ein kleines Frühstücks- und Mittagslokal, das auf gute Kritiken stolz sein kann. Besonders gut sind das große Frühstück und die »Lunch Specials« wie Fisch und Rippchen.
Frühstück und Mittagessen nur 6.30–13 Uhr.

LĀNA'I CITY (LĀNA'I): *The Formal Dining Room* $$$$$
The Lodge at Kō'ele, Keōmuku Road. *(808) 565-7300.*
Neben dem Flair und dem Essen ist auch die Einrichtung eindrucksvoll. Auf der köstlichen Abendkarte steht u. a. die Hausspezialität Lāna'i-Wild mit Merlot *au jus* und Moloka'i-Süßkartoffeln.
(AE, MC, V)

MĀNELE BAY (LĀNA'I): *'Ihilani Dining Room* $$$$$
Mānele Bay Hotel, an der Mānele Rd (Hwy 440). *(808) 565-2296.*
Die wohl luxuriöseste Gourmetstätte auf Lāna'i. Alles ist hier wirklich tadellos – die mediterranen Speisen, der gediegene Service und das Ambiente. *So.*
(AE, MC, V)

Zeichenerklärung siehe hintere Umschlagklappe

Preiskategorien für ein Drei-Gänge-Menü mit einem Glas Wein inklusive Steuern und Service:

- $ unter 20 $
- $$ 20–30 $
- $$$ 30–45 $
- $$$$ 45–60 $
- $$$$$ über 60 $

KREDITKARTEN
Folgende Kreditkarten werden akzeptiert: *AE* American Express; *MC* MasterCard; *V* Visa.

TISCHE IM FREIEN
Tische im Freien, oft mit schönem Blick.

HRC (HAWAI'I REGIONAL CUISINE)
Erstklassige, aus frischen Zutaten mit Einflüssen verschiedener ethnischer Gruppen zubereitete Küche.

GUTE WEINKARTE
Große Auswahl an Qualitätsweinen.

LANGE GEÖFFNET
Kleine Mahlzeiten und Snacks auch zu später Stunde.

MAUI

Restaurant	Preis	Kreditkarten	Tische im Freien	HRC	Gute Weinkarte	Lange geöffnet
HA'IKŪ: *Pa'uwela Café* 375 West Kui'aha Rd, #37. (808) 575-9242. Ein kleines, informelles Café mit ausgezeichnetem Frühstück und Mittagessen. abends.	$		●	●		
HĀLI'IMAILE: *Hāli'imaile General Store* 900 Hāli'imaile Rd. (808) 572-2666. Wunderschön hergerichtete Lagerhalle von 1924 inmitten einer Ananasplantage an den Hängen des Haleakalā mit guten, herzhaften Gerichten.	$$$$	AE MC V		●	●	
HĀNA: *Hāna Ranch Restaurant* Hāna Ranch Center, am Hāna Highway (Hwy 360). (808) 248-8255. Man speist hier hervorragend: entweder im Speisesaal oder draußen in der Stille von Hāna. Einfache Küche mit lokalen Zutaten.	$$	AE MC V	●			
KĀ'ANAPALI: *Hula Grill* 2435 Kā'anapali Parkway (im Whalers Village). (808) 667-6636. Ein bezauberndes nachgebautes Strandhaus des Hawai'i der 1940er Jahre am Kā'anapali Beach. Mittagessen, Abendessen und Cocktails .	$$$	AE MC V	●	●	●	●
KĀ'ANAPALI: *Leilani's on the Beach* 2435 Kā'anapali Parkway (im Whalers Village). (808) 661-4495. Man kann hier, unmittelbar am Strand, herrlich Leute beobachten. Gut sind die Chicken Wings und die Frozen Cocktails.	$$$	AE MC V	●		●	●
KAHANA: *Roy's Nicolina* 4405 Honoapi'ilani Hwy (Hwy 30) (Kahana Gateway). (808) 669-5000. Direkt neben Roy's Kahana Bar & Grill hat sich das Nicolina zu einem nahezu identischen Zwilling entwickelt.	$$$	AE MC V		●	●	
KAHANA: *Reilly's Steaks and Seafood* Kahana Gateway Center. (808) 665-1881. Familenrestaurant mit warmherzigem Ambiente und herzhafter Kost. Zu den Spezialitäten gehören Filet Mignon, Hummer, Lamm und frischer Fisch.	$$$$	AE MC V				
KAHULUI: *Class Act Restaurant* 310 Ka'ahumanu Ave (Maui Community College). (808) 984-3280. Das Class Act ist in der kulinarischen Kunstabteilung des College. Das schmackhafte Mittagessen wird von Studenten zubereitet. Man kann bis sieben Tage im Voraus reservieren. Do, Sa–Di.	$	MC V	●	●		
KAHULUI: *Koho's Grill & Bar* 275 Ka'ahumanu Ave (im Ka'ahumanu Center). (808) 877-5588. Restaurant mit gutem Preis-Leistungs-Verhältnis, gute Alternative zum Fast Food Court. Tolle Burger, Salate und Mittagsteller.	$$	AE MC V				
KAHULUI: *Manaña Garage* 33 Lono Ave. (808) 873-0220. Schickes, zentral gelegenes Restaurant mit farbenfreudiger »Industrie-Schick«-Ausstattung. Hier ist aufregende lateinamerikanische Küche im Angebot.	$$$	AE MC V	●		●	●
KAPALUA: *Sansei Seafood Restaurant & Sushi Bar* 115 Bay Drive (bei Kapalua Shops). (808) 669-6286. New Wave Sushi und moderne, vom Pacific-Rim-Kochstil beinflusste japanische Spezialitäten sollten jeden Gaumen erfreuen.	$$$	AE MC V			●	

Kapalua: *The Plantation House Restaurant* $$$$
2000 Plantation Club Drive (im Plantation Course Clubhouse). *(808) 669-6299.*
Küchenchef Alex Stanislaw begeistert mit mediterraner Tradition und einer starken Prise frischer Zutaten. Toller Blick.
AE MC V

Kapalua: *Vino* $$$$
Kapalua Resort. *(808) 661-8466.*
Italienische Küche mit Inselflair. Exzellente Weine – D.K. Kodama hat sich mit Hawai'is einzigem Meister-Sommelier zusammengetan.
AE MC V

Kīhei: *Stella Blues Café* $$
1279 S Kīhei Rd. *(808) 874-3779.*
In dieses beliebte Café kommt jeder gerne, ob zum Frühstück, Mittag- oder Abendessen.
MC V

Kīhei: *The Greek Bistro* $$$
2511 S Kīhei Rd. *(808) 879-9330.*
Leckere mediterrane – griechische und italienische – Speisen in angenehmer Openair-Atmosphäre. Die Calamari sind ein Traum. Für Schwerentschlossene ist der griechische Probierteller gedacht.
MC V

Lahaina: *Cheeseburger In Paradise* $
811 Front St. *(808) 661-4855.*
Saftige Burger, knusprige Fritten und Zwiebelringe, Ozeanblick und perfekter Service – kein Wunder, dass das Lokal so beliebt ist.
AE MC V

Lahaina: *Aloha Mixed Plate* $
1285 Front St. *(808) 661-3322.*
Großartige Location am Meer mit preisgekrönter, einheimischer Küche – die Kokos-Shrimps und das Shoyu-Huhn sind ein Gedicht.

Lahaina: *Hard Rock Café – Maui* $$
900 Front St (im Lahaina Center). *(808) 667-7400.*
Filiale der Rock-and-Roll-Restaurantkette. Spareribs, Salate und Sandwiches. Gute Laune, Lärm, gutes Preis-Leistungs-Verhältnis.
AE MC V

Lahaina: *Kobe Japanese Steak House* $$
136 Dickenson St. *(808) 667-5555.*
Eine der besten Sushibars auf Maui mit messerschwingenden *Teppanyaki*-Köchen, denen man beim Zubereiten zuschaut.
AE MC V

Lahaina: *Compadres* $$$
1221 Honoapi'ilani Hwy, Lahaina Cannery Mall. *(808) 661-7189.*
Großes, betriebsames Restaurant mit durchschnittlicher mexikanischer Küche – am besten sind die üppigen Portionen und die Margaritas.
AE MC V

Lahaina: *Kimo's* $$$
845 Front St. *(808) 661-4811.*
Etabliertes Restaurant mit Riesenportionen mit frischem Fisch und Steaks. Bester Service, leises Wasserplätschern als Ambiente.
AE MC V

Lahaina: *Longhi's* $$$
888 Front St. *(808) 667-2288.*
Der »Mann, der gerne isst« (Bob Longhi) hat diese Institution kreiert. Einzigartiger Kaffee und Orangensaft. Spezialitäten sind u.a. *'ahi* (Tunfisch) Torino und Shrimp-Amaretto.
AE MC V

Lahaina: *Gerard's Restaurant* $$$$
174 Lahainaluna Rd (im Plantation Inn). *(808) 661-8939.*
Französisches Essen mit europäischem Flair und hawai'ianischem *aloha* in einer ländlichen Umgebung. Gerard Reversade verwendet für seine Originalrezepte nur Produkte von den Inseln.
AE MC V

Lahaina: *I'o Restaurant* $$$$
505 Front St. *(808) 661-8422.*
Preisgekröntes Restaurant mit hawai'ianischer Küche und einem modernen Look. Elegantes Essen in entspannter Atmosphäre.
AE MC V

Lahaina: *Pacific'O Restaurant* $$$$
505 Front St. *(808) 667-4341.*
Kreative, köstlich angerichtete Küche mit frischem Fisch und Zutaten der Insel. Schöne Strandlage und ausgezeichneter Service.
AE MC V

Zeichenerklärung siehe hintere Umschlagklappe

Preiskategorien für ein Drei-Gänge-Menü mit einem Glas Wein inklusive Steuern und Service:

$ unter 20 $
$$ 20–30 $
$$$ 30–45 $
$$$$ 45–60 $
$$$$$ über 60 $

Kreditkarten
Folgende Kreditkarten werden akzeptiert: *AE* American Express; *MC* MasterCard; *V* Visa.

Tische im Freien
Tische im Freien, oft mit schönem Blick.

HRC (Hawai'i Regional Cuisine)
Erstklassige, aus frischen Zutaten mit Einflüssen verschiedener ethnischer Gruppen zubereitete Küche.

Gute Weinkarte
Große Auswahl an Qualitätsweinen.

Lange geöffnet
Kleine Mahlzeiten und Snacks auch zu später Stunde.

Restaurant	Preis	Kreditkarten	Tische im Freien	HRC	Gute Weinkarte	Lange geöffnet
Lahaina: *David Paul's Lahaina Grill* 127 Lahainaluna Rd. *(808) 667-5117.* Bereits zehnmal von den Lesern des *Honolulu*-Magazins zum »Best Maui Restaurant« gewählt. Eine ruhige Oase mit häufig wechselnder Karte. Köstlich: *Kālua*-Ente, Tequila-Shrimps und Beerenkuchen.	$$$$$	AE MC V		■	●	
Lahaina: *Old Lahaina Lū'au* 1251 Front St. *(808) 667-1998.* Authentisches und mehrfach preisgekröntes *lū'au (siehe S.164)*. Fast so gut wie ein hawai'ianisches Familienfest, mit großartiger Show und traditionellen einheimischen Gerichten.	$$$$$	AE MC V	●			
Mā'alaea: *Mā'alaea Grill* 300 Mā'alaea Rd, Harbor Village. *(808) 243-2206.* Die Innendekoration dieses Restaurants am Hafen ist einfach und einladend (privater Partyraum vorhanden). Dana and Michael Pastula kochen eine moderne Inselküche zu bezahlbaren Preisen.	$$$	AE MC V	●		●	
Mā'alaea: *The Waterfront Restaurant* 50 Hau'oli St. *(808) 244-9028.* Frischen Fisch auf neun unterschiedliche Arten zubereitet gibt es jeden Abend in dieser Institution am Meer. Es gibt auch Wild auf der Karte. Professioneller Service und gute Weinkarte.	$$$$	AE MC V	●		●	
Makawao: *Casanova Italian Restaurant and Deli* 1188 Makawao Ave. *(808) 572-0220.* Leckere Frühstücksomelettes und Cappuccino. Schmackhafter Picknicklunch im Deli und echt italienische Speisen.	$$	AE MC			●	■
Makawao: *Makawao Steak House* 3612 Baldwin Ave. *(808) 572-8711.* In diesem Holzgebäude von 1927 an Makawaos Hauptstraße gibt es Hausmannskost – Brot und Butter, sättigende Salate und wirklich viel Fleisch oder Fisch, Kartoffeln und Gemüse.	$$$	MC V				
Pā'ia: *Charley's Restaurant and Saloon* 142 Hāna Highway (Hwy 36). *(808) 579-9453.* Vor der gewundenen Straße nach Hāna kann man sich hier noch ein großartiges und sättigendes Frühstück gönnen. Auch Pizzen und Burger sind gut. Charley ist übrigens die schwarz-weiße Dogge.	$$	AE MC V				
Pā'ia: *Milagros Food Co.* 3 Baldwin Ave. *(808) 579-8755.* Dieses schlichte, legere Restaurant bietet Abendessen im Southwest-Stil, verfeinert mit einem Hauch Hawai'i an. Ein Muss sind die angebratenen *'Ahi*(Tunfisch)-Tacos und die besten Fisch-Tacos der Stadt.	$$$	MC V	●		●	■
Pā'ia: *Mama's Fish House* 799 Poho Place. *(808) 579-8488.* Das Essen mit Mama in ihrem Strandhaus bietet eine Erinnerung an Maui im bilderbuchgleichen Kū'au östlich von Pā'ia. Kreativ zubereiteter Fisch mit Beilagen der Insel und fantastischen Desserts.	$$$$$	AE MC V		■	●	
Pukalani: *Aha 'Aina* 7–2 Āewa Place. *(808) 572-2395.* Einheimischer Stil mit modernem Flair – das gilt für die Einrichtung und die Speisen. Große Frühstücks- und Mittagsgerichte, sehr gutes Abendessen. Einfach und gut.	$	MC V				
Wailea: *Joe's Bar & Grill* 131 Wailea Iki Place (im Wailea Tennis Center). *(808) 875-7767.* »Paradiesische Hausmannskost« ist das Motto von Beverley Gannons Freiluftrestaurant. Köstliche Gerichte in großen Portionen.	$$$$	AE MC V			●	

WAILEA: *The Seawatch Restaurant* $$$$
100 Wailea Golf Club Drive. *(808) 875-8080.*
Jeder Tisch in diesem Restaurant im Wailea Gold Course Clubhouse hat einen besonderen Blick. Frischer Fisch und gute Weinkarte. P
AE MC V

WAILUKU: *A Saigon Café* $
1792 Main St. *(808) 243-9560.*
Äußerst schmackhaftes Essen mit vielen Gerichten für Vegetarier. Gut sind u. a. vietnamesisches Burrito oder gefüllter Tofu. P
MC V

WAILUKU: *A.K.'s Cafe* $$
1237 Lower Main St. *(808) 244-8774.*
Leckere einheimische, gesunde Küche in angenehmer, unprätentiöser Umgebung. Hell, heiter und freundlich.
MC V

WAILUKU: *Tokyo Tei* $$
1063 Lower Main St, #C101. *(808) 242-9630.*
In diesem kleinen und günstigen Lokal essen vor allem Einheimische. Leckere Gemüse-Tempura, Schweine-Teriyaki und Fisch. P
MC V

BIG ISLAND

HILO: *Bear's Coffee* $
106 Keawe St. *(808) 935-0708.*
Hilos schickster kleiner Treff, wo sich die Einheimischen zum Schwatzen, Zeitunglesen, Kaffeetrinken und Frühstücken treffen – belgische Waffeln, ein schnelles Mittagessen wie z. B. Burrito Supremo. P *So mittags.*

HILO: *Café 100* $
969 Kīlauea Ave. *(808) 935-8683.*
Das Café 100 serviert an den Picknicktischen im Freien schon seit über 50 Jahren Rinder-Teriyaki, Rindercurry, *laulau* und *Kālua*-Schwein. Sehr freundlich, sehr authentisch. P *So.*

HILO: *Ken's House of Pancakes* $
1730 Kamehameha Ave. *(808) 935-8711.*
Dieses 24-Stunden Diner ist bekannt für das ganztägige, unglaubliche Frühstück – Spitzenomelettes, starker Kaffee, guter Service. P
AE MC V

HILO: *Nihon Restaurant & Cultural Center* $$
123 Lihiwai St. *(808) 969-1133.*
Japanisches Design und Sushi mit Kultur. Vom oberen Speiseraum hat man einen herrlichen Blick auf Hilo Bay und Lili'uokalani Gardens. Ebenso unverfälschtes wie köstliches Essen. P *So.*
AE MC V

HILO: *Restaurant Miwa* $$
1261 Kīlauea Ave (im Hilo Shopping Center). *(808) 961-4454.*
In einer Ecke des Einkaufszentrums befindet sich dieses japanische Restaurant. Sauber, mit Holztischen und Sushibar. P
AE MC V

HILO: *Café Pesto* $$$
308 Kamehameha Ave. *(808) 969-6640.*
Ein Gebäude von 1910, das mehr als einen Tsunami überlebt hat. Das Café an der Hilo Bay serviert einfallsreiche Pizzen und Pasta.
AE MC V

HILO: *Harrington's Restaurant* $$$
135 Kalaniana'ole Ave. *(808) 961-4966.*
Dieses romantische Restaurant am Reed's Pond hat eine abwechslungsreiche Speisekarte mit frischem Fisch im Meunière-Stil. P
MC V

KAILUA-KONA: *Big Island Grill* $
75-5702 Kuakini Highway. *(808) 326-1153.*
Amerikanische Hausmannskost zu vernünftigen Preisen: Wer es eilig hat, bestellt direkt am Drive-in-Fenster. P
MC V

KAILUA-KONA: *Basil's Pizzeria* $$
75-5707 Ali'i Drive. *(808) 326-7836.*
Einfallsreiche und günstige Pizzen und Pasta. Zwei große Speiseräume mit Meerblick. P
MC V

KAILUA-KONA: *Huggo's* $$$
75-5828 Kahakai Rd. *(808) 329-1493.*
Speisesaal mit Fackelbeleuchtung (1969 erbaut) direkt am Meer. Fisch- und Rindfleischspezialitäten. P
AE MC V

Zeichenerklärung siehe hintere Umschlagklappe

Preiskategorien für ein Drei-Gänge-Menü mit einem Glas Wein inklusive Steuern und Service:

- $ unter 20 $
- $$ 20–30 $
- $$$ 30–45 $
- $$$$ 45–60 $
- $$$$$ über 60 $

KREDITKARTEN
Folgende Kreditkarten werden akzeptiert: *AE* American Express; *MC* MasterCard; *V* Visa.

TISCHE IM FREIEN
Tische im Freien, oft mit schönem Blick.

HRC (HAWAI'I REGIONAL CUISINE)
Erstklassige, aus frischen Zutaten mit Einflüssen verschiedener ethnischer Gruppen zubereitete Küche.

GUTE WEINKARTE
Große Auswahl an Qualitätsweinen.

LANGE GEÖFFNET
Kleine Mahlzeiten und Snacks auch zu später Stunde.

Restaurant	Preis	Kreditkarten	Tische im Freien	HRC	Gute Weinkarte	Lange geöffnet
KAILUA-KONA: *Jameson's By the Sea* 77-6452 Ali'i Drive. (808) 329-3195. Meerblick und Abendessen im Freien am Wasser in einem beliebten Restaurant. Zu den Spezialitäten gehören Filet Mignon, pochierter *'ōpakapaka* (rosa Snapper) und Chiffon-Pasteten. P	$$$	AE MC V	●		●	
KAILUA-KONA: *Kona Inn Restaurant* 75-5744 Ali'i Drive (im Kona Inn Shopping Village). (808) 329-4455. Gute Wahl zum Abendessen im Freien im Herzen von Kailua. Dieses historische Anwesen wurde 1928 von der Inter-Island Steam Navigation Company erbaut. Fisch, Steak und Huhn. P	$$$	AE MC V	●		●	■
KAILUA-KONA: *O's Bistro* Suite 102, 75-1027 Henry St. (808) 329-9222. In diesem Original mit echter hawai'ianischer Küche von Amy Ferguson-Ota kann man 40 verschiedene Nudelgerichte oder etwas Vegetarisches bestellen. P	$$$	AE MC V	●	■	●	
KAILUA-KONA: *Restaurant La Bourgogne* 77-6400 Nālani St, #101. (808) 329-6711. Französische Landküche in ländlicher Brasserie-Atmosphäre. Küchenchef/Besitzer Ron Gallaher kocht Speisen burgundischer Art. Bei nur zehn Tischen empfiehlt es sich zu reservieren. P *So, Mo.*	$$$$	AE MC V			●	
KEAUHOU: *Edward's at Kanaloa* 78-261 Manukai St. (808) 324-1434. Kleiner Dinnerpatio mit dem Pazifik im Hintergrund. Abends zaubert der gefeierte Küchenchef Waimearind oder Lammkarree. P	$$$	MC V	●		●	
KOHALA COAST: *The Canoe House.* 68-1400 Mauna Lani Drive (im Mauna Lani Bay Hotel). (808) 885-6622. Das Canoe House vereint ein herrliches Freiluftambiente mit eindrucksvoller Pacific-Rim-Küche und beschwört Bilder eines Hawai'i in einfacheren Zeiten herauf. Ein *Koa*-Kanu hängt von der Decke. P	$$$$$	AE MC V	●		●	
WAIMEA: *Merriman's Restaurant* Kawaihae Rd (Hwy 19) und Opelo Rd (Opelo Plaza). (808) 885-6822. Peter Merriman, der »Pied Piper of Hawai'i Regional Cuisine«, sucht immer nach neuen Zutaten aus der Region. Für eine perfekte Suppe ist er schon einmal nach Seeigeln getaucht. P	$$$$	AE MC V		■	●	
KAUA'I						
ANAHOLA: *Duane's Ono Char-Burgers* Kūhiō Highway (Hwy 56). (808) 822-9181. Alle waren erleichtert, als dieser Straßenimbiss nach der Zerstörung durch den Hurrikan Iniki restauriert wurde. Die wohl besten Burger Hawai'is. P	$		●			
HANAMĀ'ULU: *Hanamā'ulu Restaurant & Teahouse* 3-4291 Kūhiō Highway (Hwy 56). (808) 245-2511. Abseits gängiger Rezepte wird hier ungewöhnlicherweise japanische und chinesische Küche serviert. Typisches Teehaus. P *Mo.*	$$	MC V	●			
HANAPĒPĒ: *Green Garden Restaurant* Kaumuali'i Highway (Hwy 50). (808) 335-5422. Dieses Wahrzeichen von Kaua'i ist innen und außen mit tropischem Blattwerk verziert. Die leckeren Mittagsgerichte sind extrem preiswert. Unbedingt probieren: *Liliko'i*(Maracuja)-Kuchen. P *Di.*	$	AE MC V				
KAPA'A: *The Eggbert's* 4-484 Kūhiō Highway (Hwy 56) (am Coconut Marketplace). (808) 822-3787. In diesem schönen Restaurant kann man seine Eier Benedikt oder Omelettes nach eigenen Wünschen zubereiten lassen. P	$	MC V	●			

KAPA'A: *Kountry Kitchen* 1485 Kūhiō Highway (Hwy 56). (808) 822-3511. Die Kundschaft schwärmt von den Bananenpfannkuchen. Heimeliges Lokal mit Blumentapete und Antiquitäten. *abends.*	$	MC V				
KAPA'A: *Papaya's* 4-831 Kūhiō Highway (Hwy 56) (im Kaua'i Village). (808) 823-0190. Der einzige Ort mit Health Food auf Kaua'i. Alles ist frisch und günstig. Draußen sitzt man unter Schirmen. *So.*	$	AE MC V D	●			
KAPA'A: *A Pacific Café* 4-831 Kūhiō Highway (Hwy 56) (im Kaua'i Village). (808) 822-0013. Das erste Restaurant des bekannten Küchenchefs Jean-Marie Josselin. Innovative Gerichte wie im Wok gewendetes *Mahimahi* werden in einem tropischen Speiseraum serviert.	$$$	AE MC V		■	●	
KĪLAUEA: *The Kīlauea Bakery & Pau Hana Pizza* 2484 Keneke St (im Kong Lung Center). (808) 828-2020. Tom und Katie Pickett sind für besonders gutes Brot, Kaffee und Pizzen bekannt. Wer früh kommt, hat die beste Brotauswahl.	$	MC V	●			
LĪHU'E: *Hamura Saimin Stand* 2956 Kress St. (808) 245-3271. Für viele gibt es hier Hawai'is beste Nudeln. Man sitzt am Tresen, und auch an sehr heißen Tagen schmeckt das *Saimin* unbeschreiblich.	$					
LĪHU'E: *Kaua'i Chop Suey* 3501 Rice St (in der Harbor Mall). (808) 245-8790. In diesem Restaurant zahlt man bar. Viele chinesische Gerichte; Take-away möglich. Bei Einheimischen beliebt. *Mo.*	$					
LĪHU'E: *Tip Top Café & Motel* 3173 'Akāhi St. (808) 245-2333. Ein sauberer, riesiger Speiseraum mit 1950er Nischen und Orchideentischschmuck. Herzhaftes Frühstück und Mittagessen. *Mo.*	$	MC V				
LĪHU'E: *Café Portofino* 3610 Rice St (im Kaua'i Marriott Hotel). (808) 245-2121. Man könnte denken, man sei am Mittelmeer. Gekachelte Böden, Brokatstühle, rosa und graue Tischdecken und die authentische Küche vermitteln das Lebensgefühl einer italienischen Villa.	$$	AE MC V	●		●	
LĪHU'E: *Duke's Canoe Club.* 3500 Rice St (auf dem Grundstück des Kaua'i Marriott Hotel). (808) 246-9599. Wie in Honolulu werden in diesem »Museum« für Duke Kahanamoku große Portionen amerikanischer Küche serviert.	$$$	AE MC V	●			
LĪHU'E: *Gaylord's at Kilohana* 3-2087 Kaumuali'i Highway (Hwy 50). (808) 245-9593. Gaylord's liegt auf dem berühmten Plantagenanwesen von Kaua'i. Im Freien werden einem gemächlich Gerichte von Pasta bis Prime rib serviert. Das Anwesen lohnt eine Besichtigung *(siehe S. 134).*	$$$	AE MC	●	■	●	
LĪHU'E: *JJ's Broiler* 3416 Rice St (im Anchor Cove Shopping Center). (808) 246-4422. Der Duft von gegrillten Steaks liegt in der Luft. JJ's gibt der Inselgastfreundschaft einen Namen. Großartiger Meerblick.	$$$	MC V	●		●	
PO'IPŪ: *Casa Di Amici* 2301 Nalo Rd. (808) 742-1555. Ein Freiluftrestaurant, das eine besondere Kombination aus internationaler Küche und frischen Inselzutaten bietet.	$$$	AE MC V	●		●	
PO'IPŪ: *Roy's Po'ipū Bar and Grill* 2360 Kiahuna Plantation Drive. (808) 742-5000. Die Speisekarte ist wie in anderen Lokalen von Roy's Restaurants *(siehe S. 170).* Durch eine Glaswand kann man den Köchen beim Arbeiten zusehen. Unsteter Service, aber köstliches Essen.	$$$	AE MC V		■	●	
PO'IPŪ: *The Beach House* 5022 Lāwa'i Rd. (808) 742-1424. Das aufgewertete Restaurant unter neuer Leitung liegt direkt am Meer. Fantastischer Blick, exzellenter Service und hervorragende regionale Küche mit viel frischem Fisch.	$$$$	AE MC V	●	■	●	

Zeichenerklärung siehe hintere Umschlagklappe

Läden und Märkte

Ananas, Kona-Kaffee, Macadamianüsse, Hawai'i-Hemden, T-Shirts und tropische Blumen stehen auf der Einkaufsliste der Besucher ganz oben und sind auch leicht zu finden. Traditionelle Handwerksarbeiten wie *Kapa*-Stoffe, Pandanusskörbe und Ni'ihau-Muschel-*lei* sind seltener und teurer, aber wegen ihrer Schönheit und Einzigartigkeit das Geld wert. Viele Produkte wirken hawai'ianisch, kommen aber in Wirklichkeit aus Taiwan, Hongkong oder den Philippinen. Wer authentische Produkte sucht, muss genau hinschauen. Adressen und Telefonnummern aller Läden, die im Text erwähnt werden, stehen auf Seite 179.

Logo von Hilo Hattie Moden

Das elegante Ala Moana Center ist von Waikīkī aus leicht erreichbar

Einkaufszentren

Einkaufszentren sind in Hawai'i nicht so allgegenwärtig wie sonst in den USA, man findet sie jedoch in den größeren Städten: Die Malls, oft luftig und offen gebaut, bieten vom Kaufhaus bis zum Baumarkt alles.

Die größten Malls befinden sich auf O'ahu, wie das **Royal Hawaiian Shopping Center** und das **Ala Moana Center** in Honolulu. Mauis **Whalers Village** in Kā'anapali bietet einige interessante Läden, das größte Zentrum der Insel ist jedoch das **Queen Ka'ahumanu Center** in Kahului. In Hilo auf Kaua'i geht man am besten in die **Prince Kūhiō Plaza**. **Kaua'i Village** ist eine Mall im Plantagenstil und eines der kleineren und angenehmeren Einkaufszentren. Supermärkte, Lebensmittelläden, Longs Drogeriemärkte und Discounter wie die ABC Stores und K-Mart sind bei Artikeln wie Macadamianüssen, Marmeladen und Kaffee preislich unschlagbar. Hier gibt es auch günstige Souvenirs. Museumshops haben oft gute hawai'ianische Handwerksarbeiten.

Wer Secondhand-Läden liebt, sollte darin unbedingt nach Sammlerstücken (»Hawai'iana«) wie Hawai'i-Hemden oder alten Postkarten stöbern. Secondhand-Läden und »Garagenverkäufe« sind auch auf Hawai'i beliebt. In der Freitagszeitung findet man die aktuellen »Garagenverkäufe«, Kunsthandwerksmessen und die Markttage aufgeführt.

Öffnungszeiten

Wie überall in den USA kann man 24 Stunden am Tag einkaufen, einige Supermärkte haben durchgehend geöffnet. Einkaufszentren und größere Läden sind meist montags bis samstags von 10 bis 21 Uhr und (meist kürzer) sonntags geöffnet; kleine Läden haben montags bis samstags von 9 bis 17 oder 18 Uhr offen, am Sonntag sind sie zu.

Bezahlen

Reiseschecks in US-Dollar und Kreditkarten werden fast überall angenommen *(siehe S. 194)*. An Straßenständen und in kleineren Läden wird meist nur Bargeld (keine zu großen Scheine) akzeptiert. Denken Sie daran, dass alle Preise nur netto angegeben sind; an der Kasse werden allen Artikeln 4,17 Prozent Mehrwertsteuer auf die Rechnung aufgeschlagen.

Obst und Blumen

Viele Besucher nehmen gerne den Duft von Hawai'i mit nach Hause. Kokosnüsse, Ananas und Papayas (aber keine anderen Früchte) dürfen, sofern sie vom **US Department of Agriculture (USDA)** kontrolliert wurden, durch den Zoll.

Am besten kauft man diese Früchte verpackt am Flughafen oder in anderen auf Obst »zum Mitnehmen« spezialisierten Läden wie dem **Maui Tropical Plantation & Country Store** in der Nähe von Wailuku. In diesen Geschäften kann man auch sterile Schösslinge und Samen tropischer Pflanzen, die vom USDA genehmigt worden

Straßenstand mit hawai'ianischen Tropenfrüchten in Hāna an Mauis Nordküste

sind, erstehen. Man kann diese Einkäufe zum Abflughafen oder auch direkt an die Heimatadresse liefern lassen.

Frische Schnittblumen kann man nach entsprechender Kontrolle, abgesehen von Ausnahmen wie Gardenien und *Maunaloa*, ausführen. Auf Big Island findet man die besten Anthurien; Protea und exotische Gewächse kauft man am besten auf Maui. *Lei* kann man auch exportieren, sie sind aber – trotz der angebotenen Kühlboxen – nicht sehr lange haltbar, einige sehen jedoch auch in getrocknetem Zustand noch schön aus. Eine Alternative sind *lei* aus Nüssen, Federn, Samen oder Muscheln *(siehe S. 19)*. Blumen-*lei* kauft man am besten in kleinen Läden in Chinatown in Honolulu, aber auch am Flughafen findet man schöne Exemplare.

Macadamianüsse, praktisch verpackt

Wer unsicher ist, ob man ein bestimmtes Produkt ausführen darf, sollte sich vorher beim USDA informieren.

Essen und Trinken

Auch wenn Mangos, Guaven und *Liliko'i* (Maracujas) nicht zum Export zugelassen sind, kann man sie in konservierter Form als Marmeladen oder Chutneys mitnehmen.

Der weltberühmte Kona-Kaffee kommt von Big Island, er wird heute aber auch auf Maui und Kaua'i angebaut. Alle Kaffeesorten gibt es gemahlen oder als Bohnen, aromatisiert, in Instant- oder entkoffeinierter Form.

Auch Macadamianüsse werden in unterschiedlichen Varianten, geröstet und gesalzen oder mit Schokoladeüberzug verkauft. Versuchen sollte man auch Tarochips und »crack seed«, eingemachte und gewürzte Nüsse, Samen und Bonbons. Diese Produkte gibt es in Supermärkten, Lebensmittel- und Spezialitätenläden auf allen Inseln. **Shirokiya** (Honolulu), ein japanisches Kaufhaus, verkauft ebenfalls ungewöhnlich eingemachte Früchte. Auf Hawai'i gibt es zwei Weinkellereien. Die **Tedeschi Winery** auf Maui produziert guten roten Tafelwein, eine Sektsorte und den bekannten Maui Blanc – einen leichten Ananaswein. Die **Volcano Winery** auf Big Island stellt während der Rebenreifezeit interessante Weine aus tropischen Früchten her.

Kunst

Wie Gauguin sind viele Künstler ihrer Muse in den Pazifikraum gefolgt. Im Gegensatz zu Gauguin sind viele Künstler allerdings nicht besonders gut.

Zwar gibt es meist in Ferienzentren viele Kunstgalerien, die sich aber auf teure Kunst ohne echten Wert spezialisiert haben – was auch immer Ihnen der einheimische »Kenner« weismachen möchte. Im Hotel kennt man Kunstsachverständige, auch Museen können Rat geben.

Dabei bietet Hawai'i wundervolle Kunst, meist in Form von bezahlbaren Lithografien, Postern und Karten: Dietrich Varez aus Volcano (Big Island) gestaltet z.B. sehr schöne, erdbraune Linoleumdrucke mit Insellegenden. Sie sind einfach großartig und mit etwa 20 Dollar pro Stück erschwinglich. Seine Arbeiten findet man im **Volcano Art Center**. Eine weitere Kunstgalerie mit gutem Ruf ist das **Studio 7** auf Hōlualoa.

Die **Viewpoints Gallery** in Makawao (Maui) ist ein Kollektiv lokaler Künstler. Gute Qualität gibt es auch in der **Village Gallery** und in der **Lahaina Arts Society** in Lahaina und in der **Avalene Gallery** in Makanao. Interessante Arbeiten bietet die **Nohea Gallery** in Honolulu.

Eine der vielen Kunstgalerien an der Front Street in Lahaina, Maui

Sammlerstücke

Alles Hawai'ianische der 1940er bis 1970er Jahre gilt heute als sammelwürdig: Postkarten, Speisekarten der Dampfer der Matson-Reederei, kitschige *Hula*-Mädchen aus Keramik und alte Hawai'i-Hemden, die »Silkies«.

All dies findet man in kleinen Geschäften in Wailukus Market Street sowie in Läden wie etwa **Bailey's Antiques** und **Aloha Antiques & Collectibles** in Honolulu, **The Only Show in Town** in Kahuku (O'ahu), **Mauna Kea Galleries** in Kamuela, **Seconds to Go** in Honoka'a (Big Island) und in der **Pā'ia Trading Company** auf Maui. Auch in Secondhand-Läden und bei Garagenverkäufen wird man fündig.

Mundgeblasene Glasvasen und andere Objekte in einer Galerie, Maui

Ein Hut wird aus Kokosblättern gewebt, Straße auf Big Island

Kunsthandwerk

In Hawai'i gibt es unzählige Kunsthandwerker. Handgefertigte Schalen aus Mango-, Monkeypod- oder *Koa*-Holz sind wertvolle Geschenke. *Koa*-Holz wird auch für Haarschmuck, Essstäbchen und Schlüsselanhänger verwendet.

Es gibt auch sehr talentierte Weber. Häufig verwenden sie Kokosblätter, *hala* (Pandanuss) ist qualitativ jedoch besser. Matten, Taschen und Hüte sind beliebte Souvenirs. Keramikschüsseln, Vasen und Teller sind ebenfalls populär. Eine gute Adresse ist **The Island's Best** in Honolulu.

Alte hawai'ianische Quilts, meist gut gehütetes Familienerbe, kann man fast nirgendwo kaufen. Neue Quilts und das Werkzeug zu ihrer Herstellung findet man im **Maui Crafts Guild** in Pā'ia und in der **Gallery of Great Things** auf Big Island. Hawai'ianisches *kapa* (Rindentuch) ist schwer zu finden, meist stammt es aus Samoa oder Tonga.

Ein Bummel über die Kunsthandwerksmärkte macht Spaß und hilft bei der Auswahl. Museumsläden und Fachgeschäfte wie **Sand & Sea** auf Maui und **Ola's Hanalei** auf Kaua'i sind ebenfalls gute Adressen.

Schmuck

Modeschmuck wird aus allen denkbaren Materialien hergestellt, z.B. aus Keramik, Papier, Plastik oder Metall. Meist findet man ihn auf Kunsthandwerksmärkten. Wertvoller Schmuck aus Perlen, Korallen, Jade, Silber und Gold wird in Kaufhäusern und Fachgeschäften wie **Precision Goldsmiths** in Wailuku und **Jim Saylor Jewelers** auf Kaua'i verkauft.

Beliebt und ebenso teuer ist »Erbschmuck«, meist viktorianischer Goldschmuck mit in schwarzem Email eingravierten Namen und Mustern.

Die wertvollsten hawai'ianischen Schmuckstücke sind jedoch Muschel-*lei* von der Insel Ni'ihau. Am besten kauft man sie auf Kaua'i, wo man sie sich jedoch genau ansehen sollte. Eine kleine Halskette kostet nur 25 Dollar; mehrsträngige, taillenlange *lei* oft Tausende von Dollars.

Bücher und Musik

Grosse Buchhandlungen wie **Barnes & Noble** (O'ahu), **Borders** (O'ahu, Maui, Kaua'i und Big Island) und **Waldenbooks** (überall) bieten die beste Auswahl an Büchern über Hawai'i. Borders verfügt auch über ein gutes Sortiment hawai'ianischer Musik. **Native Books Na Mea Hawaii** in Honolulu hat eine große Auswahl an Büchern in hawai'ianischer Sprache.

Die meisten Musikläden, einheimische wie **Request** und Ketten wie **Tower Records**, bieten traditionelle und moderne hawai'ianische Musik.

Holzschale der Maui Crafts Guild

Kleidung und Stoffe

Die Tage, als Besucher in Polyester-*mu'umu'u* und Hawai'i-Hemden durch die Straßen schlenderten, sind vorbei. Selbst der größte einheimische Hersteller von Hawai'i-Hemden, **Hilo Hattie**, verkauft heute in seinen zahlreichen Filialen schöne Baumwoll- oder Baumwollmischwaren. **Sig Zane Designs** (Hilo und Wailuku, Maui) sowie **Reyn's** und **Macy's** (beide landesweit vertretene Kaufhäuser) bieten schicke und stilvolle, teilweise sehr elegante Hawai'i-Mode.

Mamo Howell ist die hawai'ianische Nobelboutique – fraglich nur, ob man sein teures *mu'umu'u* auch zu Hause tragen möchte.

Sarongs sind bei einheimischen Männern und Frauen eine beliebte Strandmode. Man bekommt sie überall für 10 bis 35 Dollar, je nach Stoff und Design. Die meisten Verkäufer zeigen ihren Kunden gerne, wie man diese Tücher trägt und modisch rafft.

Auf Hawai'i kann man hervorragend Badeanzüge tragen und relativ günstig kaufen – außerdem scheinen die Inseln die T-Shirt-Zentrale der Welt zu sein, denn es gibt sie überall, in allen erdenklichen Designs und mit jedem möglichen Logo. Die Kette **Crazy Shirts**, mit Läden auf allen Inseln, bietet die qualitativ besten Shirts mit den reizvollsten Designs an.

Sarongs in einem Laden am North Shore von O'ahu

Auf einen Blick

Einkaufszentren

Ala Moana Center
1450 Ala Moana Blvd, Honolulu, O'ahu. **Stadtplan** 3 A4. *(808) 955-9517.* www.alamoana.com

Queen Ka'ahumanu Center 275 Ka'ahumanu Ave, Kahului, Maui. *(808) 877-4325.* www.queenkaahumanucenter.com

Kaua'i Village
4-831 Kūhiō Hwy, Kapa'a, Kaua'i. *(808) 822-4904.*

Prince Kūhiō Plaza
111 E Pū'ainakō St, Hilo, Big Island. *(808) 959-3555.* www.princekuhioplaza.com

Royal Hawaiian Shopping Center
2201 Kalākaua Ave, Waikīkī, O'ahu. **Stadtplan** 4 D5. *(808) 922-0588.*

Whalers Village
2435 Kā'anapali Parkway, Kā'anapali, Maui. *(808) 661-4567.* www.whalersvillage.com

Obst und Blumen

Maui Tropical Plantation & Country Store
1670 Honoapi'ilani Hwy, Wailuku, Maui. *(808) 244-7643.* www.mauitropicalplantation.com

US Department of Agriculture (USDA)
Honolulu International Airport, Honolulu, O'ahu. *(808) 861-8492.*

Essen und Trinken

Shirokiya
Ala Moana Center, Honolulu, O'ahu. **Stadtplan** 3 A4. *(808) 973-9111.* www.shirokiya.com

Tedeschi Winery
'Ulupalakua, Maui. *(808) 878-6058.* www.mauiwine.com

Volcano Winery
35 Pi'imauna Drive, Volcano, Big Island. *(808) 967-7772.* www.volcanowinery.com

Kunst

Avalene Gallery
1156 Makawao Ave, Makawao, Maui. *(808) 572-8500.*

Lahaina Arts Society
Old Lahaina Courthouse, Lahaina, Maui. *(808) 661-0111.*

Nohea Gallery
Ward Warehouse, 1050 Ala Moana Blvd, Honolulu, O'ahu. **Stadtplan** 2 D5. *(808) 596-0074.* www.noheagallery.com

Studio 7
Māmalahoa Hwy, Hōlualoa, Big Island. *(808) 324-1335.*

Viewpoints Gallery
3620 Baldwin Ave, Makawao, Maui. *(808) 572-5979.* www.viewpointsmaui.com

Village Gallery
120 Dickenson St, Lahaina, Maui. *(808) 661-4402.* www.villagegallerymaui.com

Volcano Art Center
Hawai'i Volcanoes National Park, Big Island. *(808) 967-7565.* www.volcanoartcenter.org

Sammlerstücke

Aloha Mahalo Antiques & Collectibles
920 Maunakea St, Honolulu, O'ahu. **Stadtplan** 1 A2. *(808) 536-1828.*

Bailey's Antiques
517 Kapahulu Ave, Honolulu, O'ahu. *(808) 734-7628.*

Mauna Kea Galleries
65-1298 Kawaihae Rd, Kamuela, Big Island. *(808) 887-2244.* www.maunakeagalleries.com

The Only Show in Town
56-901 Kamehameha Hwy, Kahuku, O'ahu. *(808) 293-1295.*

Pā'ia Trading Company
106 Hāna Hwy, Pā'ia, Maui. *(808) 579-9472.*

Seconds to Go
Mamani St, Rickard Place, Honoka'a, Big Island. *(808) 775-9212.*

Kunsthandwerk

Gallery of Great Things
Parker Square, Waimea, Big Island. *(808) 885-7706.*

Maui Crafts Guild
43 Hāna Hwy, Pā'ia, Maui. *(808) 579-9697.* www.mauicraftsguild.com

Ola's Hanalei
5016 Kūhiō Hwy, Hanalei, Kaua'i. *(808) 826-6937.*

Sand & Sea
83A Hāna Hwy, Pā'ia, Maui. *(808) 579-9377.*

The Island's Best
Ala Moana Center, Honolulu, O'ahu. *(808) 949-5345.*

Schmuck

Jessica's Gems
Whalers Village, Kā'anapali, Maui. *(808) 661-4223.*

Jim Saylor Jewelers
1318 Kūhiō Hwy, Kapa'a, Kaua'i. *(808) 822-3591.*

Precision Goldsmiths
16 N Market St, Wailuku, Maui. *(808) 986-8282.* www.precisiongoldsmiths.com

Bücher und Musik

Barnes & Noble
Kahala Mall, 4211 Wai'alae Ave, Honolulu, O'ahu. *(808) 737-3323.*

Borders
Ward Centre, 1200 Ala Moana Blvd, Honolulu, O'ahu. **Stadtplan** 2 E5. *(808) 591-8995. Viele Filialen.*

Native Books Na Mea Hawaii
Ward Warehouse, 1050 Alamoana Blvd, Honolulu O'ahu. **Stadtplan** 2 D5. *(808) 596-8885.*

Request
10 N Market St, Wailuku, Maui. *(808) 244-9315.*

Tower Records
611 Ke'eaumoku St, Honolulu, O'ahu. **Stadtplan** 2 F3. *(808) 941-7774. Viele Filialen.*

Waldenbooks
Kahala Mall, 4211 Wai'alae Ave, Honolulu, O'ahu. *(808) 737-9550. Viele Filialen.* www.waldenbooks.com

Kleidung und Stoffe

Crazy Shirts
Ala Moana Center, Honolulu, O'ahu. **Stadtplan** 3 A4. *(808) 973-4000. Viele Filialen.* www.crazyshirts.com

Hilo Hattie
700 N Nimitz Hwy, Honolulu, O'ahu. *(808) 535- 6500.* www.hilohattie.com

Macy's
Ala Moana Center, Honolulu, O'ahu. *(808) 941-2345. Viele Filialen.*

Mamo Howell
Ward Warehouse, 1050 Ala Moana Blvd, Honolulu, O'ahu. **Stadtplan** 2 D5. *(808) 591-2002.* www.mamohowell.com

Reyn's
Ala Moana Center, Honolulu, O'ahu. **Stadtplan** 3 A4. *(808) 949-5929. Viele Filialen.* www.reyns.com

Sig Zane Designs
122 Kamehameha Ave, Hilo, Big Island. *(808) 935-7077.*

Stadtplan siehe Seiten 62–67

Unterhaltung

Musik, Lieder und Tanz sind den Hawai'ianern so wichtig wie Essen und die Luft zum Atmen. Von den Musikern in den Hotelbars bis hin zum Merrie Monarch Festival, bekannt als »Olympische Spiele des *hula*«: Überall erklingt Musik. Neben hawai'ianischen Rhythmen hört man alle Stilrichtungen von Country über Rock, Jazz und Reggae bis hin zu Klassik, Oper und Broadway-Musicals.

Hawai'ianische *Hula*-Tänzerin

In den Nachtklubs Honolulus und in einigen Orten auf Maui kann man die ganze Nacht durchtanzen – auf den anderen Inseln beschränkt sich die Abendunterhaltung auf die Hotels und endet früh.

Veranstaltungsmagazine für Urlauber

Informationsquellen

Die Freitagsausgabe des *Honolulu Advertiser* bietet den umfangreichsten Veranstaltungskalender. Die Zeitungen der Nachbarinseln veröffentlichen einmal wöchentlich eine Programmseite. Radiosender, Plakate und Gratiszeitungen wie das *Honolulu Weekly* sind weitere Informationsquellen.

Kartenvorverkauf

Für Grossveranstaltungen wie Broadway-Shows auf Tournee in Honolulu sollte man frühzeitig Karten reservieren, z. B. telefonisch oder online über **Ticket Master**.

Wer Karten vor Ort kaufen möchte, findet meist in Hotelnähe eine Vorverkaufsstelle; oft kann auch das Hotel selbst weiterhelfen. CD- und Musikläden verkaufen meist auch Konzertkarten.

Die Hawai'ianer planen selten lange im Voraus, deshalb bekommt man für kleinere Veranstaltungen zumeist auch an der Abendkasse noch Eintrittskarten.

Wollen Sie eine der wirklich großen Veranstaltungen wie beispielsweise das Merrie Monarch Festival im April oder den NFL Pro Bowl im Februar besuchen, dann müssen Sie die Karten schon einige Monate im Voraus reservieren. Denken Sie auch daran, dass zu diesen Großereignissen die Hotelpreise oft recht hoch sind und Hotelzimmer daher schwer zu bekommen sind.

Hawai'ianische Musik, Hula und Lū'au

Ein Grossteil hawai'ianischer Unterhaltung, ob traditionelle Gesänge, Slack-key-Gitarren *(kī hō'alu)* oder einheimische Gerichte und *Hula*-Kostüme – sind dem westlichen Geschmack angepasst worden. Doch dank der kulturellen Renaissance traditioneller hawai'ianischer Unterhaltung in den letzten 20 Jahren ist diese Unterhaltung heute in fast jedem Hotel manchmal täglich in Form von Konzerten oder *Hula*-Shows zu erleben. Die Shows in den Hotels sind meist gratis.

Die **Waikīkī Shell** im Kapi'olani Park in Honolulu ist ein großartiger Veranstaltungsort im Freien, an dem ganzjährig hawai'ianische Musik und *hula* aufgeführt werden. »The Shell« war einst der Ort der berühmten Kodak Hula Show, die das Unternehmen Kodak 1939 erstmals auf die Bühne brachte. Die Show gibt es zwar nicht mehr, die Waikīkī Shell ist aber bis heute eine Legende und noch immer eine der besten Adressen auf O'ahu.

Sehr authentisch sind oft die kleinen Shows in den Einkaufszentren, da hier meist Studenten hawai'ianischer Musik und der *hālau hula* (*Hula*-Schulen) auftreten.

In einer der besten Shows auf Hawai'i kann man die Brüder Cazimero erleben, deren wunderschöne Stimmen und außergewöhnlichen Spielkünste auf der Gitarre und dem Bass seit Jahren begeistern. Ort und Zeiten der Konzerte entnimmt man der Presse.

Die meisten großen Hotels inszenieren ein *lū'au*, das traditionelle hawai'ianische

Auf einem traditionellen hawai'ianischen Fest, einem *lū'au* in Lahaina auf Maui

Historienspiel im Polynesian Cultural Center auf O'ahu ***(siehe S. 78)***

Festessen *(siehe S. 164)*. Diese Events kosten für Erwachsene 50 bis 80 Dollar, Kinder zahlen die Hälfte. Auf O'ahu lohnt sich das **Paradise Cove Lū'au** in 'Ewa, etwa 40 Kilometer von Waikīkī entfernt; die Busfahrt von der Stadt ist im Ticketpreis inbegriffen. Das beste *lū'au* auf Maui, wenn nicht sogar aller Inseln, ist zweifellos das authentische **Old Lahaina Lū'au** am Meer.

Das einzige *lū'au* im Hafen von Kailua-Kona (Big Island) wird im **King Kamehameha's Kona Beach Hotel** abgehalten; das Fest im abgelegeneren **Kona Village Resort** gilt als besonders stilvoll. Auf Kaua'i, sollte man rechtzeitig für das **Tahiti Nui Lū'au** in Hanalei jeweils am Mittwoch reservieren.

Wer es noch authentischer und dabei günstiger möchte, sollte in den Tageszeitungen nach *lū'au* unabhängiger Organisationen suchen. Wer das Glück hat und zu einem echten großen hawai'ianischen Familienfest eingeladen ist, kann eine unvergessliche Erfahrung machen.

Polynesische Shows

Diese polynesischen Shows muss man einfach erlebt haben. Oft umfassen sie ein *lū'au*-artiges Essen bei Musik- und Tanzvorführungen aus Tahiti, Samoa, Tonga und Fidschi. Shows gibt es auf jeder Insel, in Qualität und Größe sehr unterschiedlich.

Das **Polynesian Cultural Center** in Lā'ie (O'ahu) zeigt täglich mehrere Shows, darunter *»mana!«*, eine Abendrevue mit über 100 Mitwirkenden, sowie eine neue, ausgesprochen hawai'ianische Show, das *ali'i lū'au*.

Eine Alternative auf O'ahu ist **Creation: A Polynesian Odyssey** im Sheraton Princess Ka'iulani Hotel in Waikīkī.

Das Hyatt Regency Maui zeigt **Drums of the Pacific**, und auch das *lū'au* im **Royal Lahaina Resort** bietet eine polynesische Show. Das **Hilton Waikoloa Village Resort** auf Big Island hat ebenfalls eine eigene Show.

Nachtleben

In Hawai'i geht man früh schlafen und steht früh auf. Doch Nachtschwärmer werden in Honolulu, vor allem in Waikīkī und in Lahaina auf Maui, ausreichend Unterhaltung finden. Auf Big Island, Kaua'i und den kleineren Inseln gibt es dagegen kaum ein Nachtleben.

Viele Bars und Hotel-Lounges bieten abends Live-Unterhaltung und Karaoke. Auf O'ahu und Maui kann man jeden Abend zwischen Pop, Jazz, Country, Reggae und hawai'ianischer Musik wählen – live oder von einem DJ aufgelegt.

In Honolulu reicht das Angebot von der Entertainment-Legende **Don Ho**, dessen leichte Songs eher ältere Fans begeistern, bis hin zu **Magic of Polynesia**, einer multimedialen Show mit wirklich mitreißender Musik. Um Imitation geht es auch in der Show der **Society of Seven**, einer Revue wie in Las Vegas, die seit 25 Jahren im Outrigger Waikīkī Hotel inszeniert wird.

Frank DeLima, ein Meister verspielter Ethno-Comedy, tritt regelmäßig auf den Inseln auf, oft unterstützt von der Sängerin Glenn Medeiros aus Kaua'i. Ort und Zeit von Auftritten kann man der Presse entnehmen.

Große internationale Stars – von Tony Bennett über Sting bis hin zu Rockbands wie den Eagles – treten auf O'ahu in großen Konzertsälen wie dem **Hawai'i Theatre**, der **Neal Blaisdell Concert Hall** und dem **Aloha Stadium** auf.

Maui's Top-Adresse ist das 31 Millionen Dollar teure **Maui Arts & Cultural Center** mit verschiedenen Auditorien für Konzerte, Theater und Kino. Das **Casanova Italian Restaurant** in Makawao präsentiert auf seiner Bühne gelegentlich bekannte Stars wie Willie Nelson, Los Lobos und Richie Havens, aber auch einheimische Bands. Alle großen Hotelanlagen bieten jeden Tag irgendwo auf ihrem Gelände Musik oder andere Unterhaltung – im Restaurant, im Klub, in der Lounge oder in der Lobby.

Eintrittskarten für große Veranstaltungen

Waikīkīs Tanzklubs sind lange geöffnet, manche sogar bis 4 Uhr früh. Zu den beliebtesten gehört der **Wave Waikīkī**, ein großer Klub, in dem eher progressive Rockbands jeden Abend (außer montags) spielen. Ein anderer beliebter Treffpunkt ist der **Ocean Club** in Downtown Honolulu in der Restaurant Row. Nachtschwärmer sind auch im **Tsunami**, einer Hightech-Diskothek im Grand Wailea Resort auf Maui, gut aufgehoben.

Auf Kaua'i sowie an der Kona und der Kohala-Küste auf Big Island bieten die Hotelresorts die beste Abendunterhaltung, viele unterhalten auch eigene Klubs oder Diskotheken.

Der Honolulu Boy Choir tritt häufig auf O'ahu auf

Theater

Wer etwas anderes als kleine Gemeindetheater erleben möchte, muss nach Honolulu. Dort gibt es jedes Jahr einige Broadway-Musicals, meist in der **Neal Blaisdell Concert Hall**. In den letzten Jahren wurden *Les Miserables*, *Cats* und *Phantom of the Opera* gezeigt. Das **Mānoa Valley Theatre** bietet Produktionen vom Broadway und vom Off-Broadway. Hawai'is ältestes Ensemble, das **Diamond Head Theatre**, zeigt ein bunt gemischtes Programm. Das **Kumu Kahua Theatre** führt auch einige auf Hawai'i entstandene Stücke auf.

Auf Maui kann man ganzjährig am Wochenende Aufführungen von zumindest einer der vier Theatergruppen der Insel sehen – der Maui Academy of Performing Arts, dem Maui Community Theatre, der Baldwin Theater Guild und dem Studio Hāmākua Poko. Meist finden die Aufführungen in einem der beiden Theater im **Maui Arts & Cultural Center** in Kahului statt; das Maui OnStage Theater bespielt das restaurierte **'Īao Theater** in Wailuku.

Auf Big Island spielen lokale Theatertruppen wie das Akebono Theater, die Aloha Community Players und die Hilo Community Players. Sehr schön ist das **Kahilu Theatre** in Waimea.

Auf der Garteninsel zeigen die Kaua'i Community Players fast ganzjährig ein Programm. Es gibt ein wunderschönes neues Performing Arts Center auf dem Campus des **Kaua'i Community College**.

Oper, Klassische Musik und Tanz

Das staatliche Opernensemble, das **Hawai'i Opera Theatre**, bringt jährlich von Januar bis April drei bis vier Opern auf die Bühne. Diese werden in Honolulus **Neal Blaisdell Concert Hall**, gezeigt, wo häufig zwischen Oktober und Mai klassische Konzerte des **Honolulu Symphony Orchestra** stattfinden. Interessant sind auch die Aufführungen der **Hawai'i Youth Symphony Association** mit Musikstudenten aller Inseln. Der **Honolulu Boy Choir** genießt ebenfalls einen guten Ruf: Der Chor gibt zur Eröffnung der Weihnachtssaison ein Konzert im Ala Moana Center und tritt an Heiligabend und am ersten Weihnachtsfeiertag im Royal Hawaiian Hotel in Waikīkī auf.

Logo des besten Kulturzentrums auf Maui

Jedes Jahr tourt zumindest eine der besten Balletttruppen des US-Festlands durch Hawai'i und tritt meist in der Neal Blaisdell Concert Hall auf. Das **Ballet Hawai'i**, die älteste Balletttruppe der Insel, präsentiert jeden Winter die *Nussknackersuite* sowie ein weiteres Ballett im Sommer. Das **Honolulu Dance Theatre** präsentiert einzigartige Aufführungen, die Tanz und Theater kombinieren.

Das **Maui Arts & Cultural Center**, auch als »MACC« bekannt, ist Mauis Top-Adresse für darstellende und visuelle Künste. Der Komplex beherbergt zwei Theater, ein Freilufttheater und eine Galerie. Gezeigt werden Klassik, Musik, Rock, Pop national und international bekannter Künstler.

Das Classical Music Festival findet immer im Juni im Kapalua auf Westmaui statt. An zwei Wochenenden werden verschiedene Klassikkonzerte präsentiert.

Kinos und Filmfestivals

Alljährlich im November findet das **Hawai'i International Film Festival** statt, für dessen Veranstaltungen der Eintritt meist frei ist. Zahlreiche Filme werden in der ersten Woche in verschiedenen Kinos auf O'ahu gezeigt und in der zweiten Woche auf den Nachbarinseln, selbst in kleinsten Orten.

Neue Filme starten in Honolulu fast zeitgleich mit dem US-Festland. Neben den vielen Kinos für Hollywood-Hits zeigen die **University of Hawai'i**, Colleges und andere Häuser gutes Programmkino mit internationalen Filmen und Klassikern. Das aktuelle Programm findet man in der Freitagsausgabe des *Honolulu Advertiser*.

Auf den anderen Inseln ist die Filmauswahl eher begrenzt. Erst vor wenigen Jahren öffnete auf Maui das erste Multiplexkino. Das **Maui Arts & Cultural Center** zeigt internationale und Arthouse-Filme. Auf den Nachbarinseln gibt es Spezialveranstaltungen mit anspruchsvollen Filmen, die meist von Gemeinde-Colleges, städtischen Organisationen und verschiedenen freien Gruppen oder Kulturzentren organisiert werden.

AUF EINEN BLICK

KARTENVORVERKAUF

Ticket Master
📞 *(808) 521-2101.*
W www.ticketmaster.com

VERANSTALTUNGSORTE

Aloha Stadium
99-500 Salt Lake Blvd, 'Aiea, O'ahu. 📞 *(808) 486-9300.* W www.alohastadiumhawaii.gov

Hawai'i Theatre
1130 Bethel St, Honolulu, O'ahu. **Stadtplan** 1 A2. 📞 *(808) 528-0506.* W www.hawaiitheatre.com

Maui Arts & Cultural Center
One Cameron Way, Kahului, Maui. 📞 *(808) 242-7469.* W www.mauiarts.org

Neal Blaisdell Concert Hall
777 Ward Ave, Honolulu, O'ahu. **Stadtplan** 2 D3. 📞 *(808) 591-2211.* W www.blaisdellcenter.com

Waikīkī Shell
2805 Monsarrat Ave, Kapi'olani Park, Honolulu, O'ahu. 📞 *(808) 591-2211.* W www.blaisdellcenter.com

HAWAI'IANISCHE MUSIK, HULA UND LŪ'AU

King Kamehameha's Kona Beach Hotel
75-5660 Palani Rd, Kailua-Kona, Big Island. 📞 *(808) 329-2911.* W www.konabeachhotel.com

Kona Village Resort
Queen Ka'ahumanu Hwy, Ka'ūpūlehu-Kona, Big Island. 📞 *(808) 325-5555.* W www.konavillage.com

Old Lahaina Lū'au
1251 Front St, Lahaina, Maui. 📞 *(808) 667-1998.* W www.oldlahainaluau.com

Paradise Cove Lū'au
92-1089 Ali'inui Drive, Kapolei, O'ahu. 📞 *(808) 842-5911.* W www.paradisecove hawaii.com

Tahiti Nui Lū'au
5-5134 Kūhiō Highway, Hanalei, Kaua'i. 📞 *(808) 826-6277.*

POLYNESISCHE SHOWS

Drums of the Pacific
Hyatt Regency Maui, 200 Nohea Kai Drive, Kā'anapali, Maui. 📞 *(808) 667-4420.* W www.mauihyatt.com

Hilton Waikoloa Village Resort
425 Waikoloa Beach Drive, Kohala Coast, Big Island. 📞 *(808) 886-1234.* W www.hiltonwaikoloavillage.com

Polynesian Cultural Center
55-370 Kamehameha Hwy, Lā'ie, Oahu. 📞 *(808) 293-3333.* W www.polynesia.com

Royal Lahaina Resort
2780 Keka'a Drive, Kā'anapali, Maui. 📞 *(808) 661-3611.* W www.royallahainaluau.com

Creation: A Polynesian Odyssey
Sheraton Princess Ka'iulani Hotel, 120 Ka'iulani Ave, Waikīkī, O'ahu. **Stadtplan** 4 E4. 📞 *(808) 931-4660.*

NACHTLEBEN

Casanova Italian Restaurant
1188 Makawao Ave, Makawao, Maui. 📞 *(808) 572-0220.*

Don Ho
Waikīkī Beachcomber Hotel, 2300 Kalākaua Ave, Waikīkī, O'ahu. **Stadtplan** 4 E5. 📞 *(808) 923-3981.*

Tsunami
Grand Wailea Resort, 3850 Wailea Alanui Drive, Wailea, Maui. 📞 *(808) 875-1234.*

Magic of Polynesia
Waikīkī Beachcomber Hotel, 2300 Kalākaua Ave, Waikīkī, O'ahu. **Stadtplan** 4 E5. 📞 *(808) 971-4321.*

Ocean Club
Restaurant Row, 500 Ala Moana Blvd, Honolulu, O'ahu. **Stadtplan** 1 B4. 📞 *(808) 526-9888.*

Society of Seven
Outrigger Waikīkī Hotel, 2335 Kalākaua Ave, Waikīkī, O'ahu. **Stadtplan** 4 E5. 📞 *(808) 922-6408.*

Wave Waikīkī
1877 Kalākaua Ave, Waikīkī, O'ahu. **Stadtplan** 3 B3. 📞 *(808) 941-0424 (Apparat 12).* W www.wavewaikiki.com

THEATER

Diamond Head Theatre
520 Makapu'u Ave, Honolulu, O'ahu. 📞 *(808) 733-0274.* W www.diamondheadtheatre.com

'Iao Theater
68 N Market St, Wailuku, Maui. 📞 *(808) 244-8680.* W www.mauionstage.com

Kahilu Theatre
67-1185 Māmalahoa Hwy, Waimea, Big Island. 📞 *(808) 885-6868.* W www.kahilutheatre.org

Kaua'i Community College Performing Arts Center
3-1901 Kaumuali'i Hwy, Līhu'e, Kaua'i. 📞 *(808) 245-8270.* W www.kauaiarts.org

Kumu Kahua Theatre
46 Merchant St, Honolulu, O'ahu. **Stadtplan** 1 A3. 📞 *(808) 536-4441.* W www.kumukahua.com

Mānoa Valley Theatre
2833 E Mānoa Rd, Honolulu, O'ahu. 📞 *(808) 988-6131.* W www.manoavalleytheater.com

OPER, KLASSIK UND TANZ

Ballet Hawai'i
650 Iwiler Rd, Honolulu, O'ahu. 📞 *(808) 521-8600.* W www.ballethawaii.com

Hawai'i Opera Theatre
987 Waimanu St, Honolulu, O'ahu. **Stadtplan** 2 E4. 📞 *(808) 596-7858.* W www.hawaiiopera.org

Hawai'i Youth Symphony Association
Suite 201, 1110 University Ave, Honolulu, O'ahu. **Stadtplan** 4 D1. 📞 *(808) 941-9706.* W www.hiyouthsymphony.org

Honolulu Boy Choir
Suite 1901, 615 Pi'ikoi Street, Honolulu, O'ahu. **Stadtplan** 2 E3. 📞 *(808) 596-7464.* W www.honoluluboychoir.org

Honolulu Dance Theatre
3041 Mānoa Rd, Honolulu, O'ahu. 📞 *(808) 988-3202.* W www.honoluludancetheatre.com

Honolulu Symphony Orchestra
Suite 202, 650 Iwilei Rd, Dole Cannery, Honolulu, O'ahu. **Stadtplan** 1 B5. 📞 *(808) 792-2000.* W www.honolulusymphony.com

FILMFESTIVALS

Hawai'i International Film Festival
Suite 745, 1001 Bishop St, Honolulu, O'ahu. **Stadtplan** 1 A3. 📞 *(800) 528-3456.* W www.hiff.org

Maui Film Festival
16 Baldwin Ave, Pā'ia, Maui. 📞 *(808) 572-5456.* W www.mauifilmfestival.com

Stadtplan siehe Seiten 62–67

Sport und Aktivurlaub

Dank des warmen Klimas eignet sich Hawai'i hervorragend für alle Arten des Sport- und Aktivurlaubs. Im Mittelpunkt steht dabei das Meer: Überall und zu jeder Tageszeit wird gesurft, geschwommen, gepaddelt, geangelt oder Windsurfen betrieben. Die Fülle von Korallen und exotischen Meeresbewohnern ist für Schnorchler und Taucher überwältigend. An Land gibt es viele ausgezeichnete Wander- und Reitwege, auf denen man die herrliche Landschaft genießen kann. Hawai'i ist außerdem ein Mekka des Golfsports. Vielerorts findet man ausgezeichnete Golfplätze – von preiswerten öffentlichen Plätzen bis hin zu Profiplätzen, die zu den schwierigsten der Welt zählen.

Gelber Hawai'i-Doktorfisch

Ein Schnorchler beobachtet einen Trompetenfisch

Schnorcheln

Hawai'i ist ein Schnorchelparadies. Überall sieht man Schmetterlings- und Papageifische, Gelbe Hawai'i-Doktorfische und Meeresschildkröten. Gute Schnorchelplätze sind Shark's Cove und Hanauma Bay auf O'ahu, Honolua Bay auf Maui und die Küste von Molokini sowie die Kahalu'u Bay auf Big Island. Manche Schnorchelplätze sind bei hohen Wellen gefährlich.

Preiswerte Ausrüstung kann man in den Filialen von **Snorkel Bob's** auf O'ahu, Maui, Kaua'i und Big Island mieten.

Tauchen

Tauchen ist auf Hawai'i sehr beliebt, am besten geeignet sind die windabgewandten Küsten, die man oft nur per Boot erreicht.

Die »Lāna'i Cathedrals« an Lāna'is Südküste bieten spektakuläre Felsformationen mit vielen Durchlässen. Mauis Honolua Bay ist voller grüner Meeresschildkröten und bietet eine Korallenwand. Auch in den »Mākaha Lava Tubes« an der Wai'anae-Küste tummeln sich Meeresschildkröten. Der Red Hill an der Kona-Küste von Big Island ist eine exotische Lavafelslandschaft. Gute Tauchläden sind **Bubbles Below** (Kaua'i), **Extended Horizons** (Maui), **Dive Makai Charters** (Big Island) und **Captain Bruce's Scuba Charters** (O'ahu).

Schwimmen

Hawai'is Gewässer sind einladend und kühl. Die schönsten Strände bieten Maui, vor allem an der Kā'anapali Coast, und die Süd- und dem Wind zugewandten Küsten von O'ahu. Der weltberühmte Waikīkī Beach ist einer der besten Plätze zum Schwimmen, die Einheimischen ziehen den nahe gelegenen Sans Souci Beach vor. Auf O'ahus Luvseite sind der Kailua Beach und der Lanikai Beach schön und nicht überlaufen. Der Kea Beach auf Big Island ist ebenfalls empfehlenswert.

Wer kräftige Wellen liebt, kann an Wettbewerben wie der »North Shore Roughwater Swim Series« im Sommer auf O'ahu teilnehmen.

Das Meer birgt zahlreiche Risiken; Sicherheitshinweise finden Sie auf Seite 192.

Surfen, Bodysurfen und Windsurfen

Sportler aus aller Welt pilgern nach Hawai'i, um ihr Können in einigen der besten Surfgebiete der Welt unter Beweis zu stellen. Mit ihren Surf-Orten am legendären North Shore auf O'ahu ist die Insel so etwas wie die Surf-Dorado der Welt – kein Wunder, bei elf Kilometer langen Surf-Revieren zwischen Hale'iwa und Sunset Beach. Dort wird alljährlich der Triple-Crown-Wettbewerb abgehalten *(siehe S. 21)*. Erstklassig surfen kann man auch auf den anderen Inseln.

In Waikīkīs sanfte Wellen können sich auch Anfänger trauen. Beachboys geben Surfstunden und verleihen

Ein Surfer ruht sich am Strand aus

Surfunterricht für Anfänger im Kailua Beach Park auf O'ahu

Surfbretter. Chun's Reef an O'ahus North Shore ist ein guter Platz für Anfänger. **Surf-n-Sea** vermietet Surfbretter und bietet Kurse an.

Der Lahaina Breakwall östlich von Lahaina ist ein weiteres Surfrevier für Anfänger. Surfboards kann man bei **Honolua Surfco**, **Local Motion** und anderen Läden auf Maui mieten. Die **Nancy Emerson School of Surfing** bietet Kurse an; **Windsurf Kaua'i** vermietet Surfbretter und gibt ebenfalls Unterricht. Das **Surf News Network** ist eine gute Informationsquelle für günstige Angebote.

In Hawai'i kann man das ganze Jahr über surfen. Die Wellen sind zwischen November und April am höchsten; dann ist es an den Nordküsten aller Inseln auch für erfahrene Surfer nicht ungefährlich: Die Wucht der Brandung und die Gefahren des Meeres sollte man nie unterschätzen. Viele Surfer geraten in Gefahr, weil sie sich zu weit hinauswagen. Auch sollte man niemals alleine surfen.

Bodysurfen, bei dem man mit Schwimmflossen auf einem Body- oder Boogieboard liegt *(siehe S. 20)*, ist in Hawai'i weit verbreitet: Der Makapu'u Beach und der Sandy Beach sowie Point Panic in Honolulu sind dafür beliebt. Alle drei Plätze sind gefährlich, für Zuschauer jedoch faszinierend schön.

Anfänger können ihre Flossen am besten an O'ahus Bellows Beach und am Waikīkī Beach, an Mauis Wailea Beach und am Shipwreck Beach auf Kaua'i überziehen. Bodyboards kann man bei **Turbo Surf** in Waikīkī, **Local Motion** in Lahaina und **Progressive Expressions** auf Kaua'i mieten.

Zum Windsurfen ist Mauis Nordküste, der Ho'okipa Beach (nur für Profis) oder für Anfänger auf O'ahu die Kailua Bay gut geeignet. Wind und Wellen sind am Diamond Head immer ideal. Bei starkem Wind lohnt auch der Sunset Beach.

Ausrüstung und Unterricht gibt es bei: **Naish Hawai'i** (O'ahu), **Secondwind** und **Hi-Tech Surf Sports**, beide auf Maui, sowie **Windsurf Kaua'i** in Hanalei auf Kaua'i.

SEGELN, KAJAK- UND KANUSPORT

KAJAKSPORT IST auf Hawai'i fast ein Muss, vor allem in O'ahus Kailua Bay und im Wailua River auf Kaua'i. Mit dem Kajak kann man auch die Nā Pali Coast auf Kaua'i erkunden. Kajaks kann man bei **Go Bananas** oder **Twogood Kayaks Hawai'i** (O'ahu), **South Pacific Kayaks** (Maui) und **Outfitters Kaua'i** (Kaua'i) leihen.

Das traditionelle hawai'ianische Paddeln in Auslegerbooten ist so etwas wie der Nationalsport der Inseln: Der im Oktober stattfindende Wettkampf Nā Moloka'i Hoe *(siehe S. 23)* ist der wichtigste seiner Art weltweit. Regatten, an denen meist nur Klubmitglieder teilnehmen dürfen, werden an verschiedenen Orten am Wochenende abgehalten. Die Beachboys von Waikīkīs Moana Hotel *(siehe S. 52)* bieten Fahrten im Outriggerkanu auch für Besucher an.

Hawai'i ist ein bedeutender Sporthafen im Pazifik und hat eine eigene Seefahrertradition mit zwei der größten Regatten der Welt, dem Kenwood Cup und dem Trans Pacific Race.

Zum Segeln mit kleinen Booten eignen sich am besten Kāne'ohe Bay auf O'ahu oder Waikīkī. Der **Hawai'i Yacht Club** und der **Waikīkī Yacht Club** nehmen beim wöchentlichen Champagne Race (die Sieger erhalten Champagner) am Freitagnachmittag erfahrene Segler mit.

ANGELN

HAWAI'I IST BERÜHMT für das Hochseeangeln, vor allem vor Kona, mit oft rekordverdächtigen Fängen von Schwertfisch, Tunfisch und anderen Fischarten. Das Revier ist sicher eines der besten. Angelausflüge kann man auch für alle anderen Inseln chartern. **Sea Verse** bedient Honolulu, **Blue Hawai'i Sportfishing** ist in Kailua-Kona, Big Island. Auf Maui kann man Angeltouren bei **Hinatea Charters** und **Aerial Sportfishing Charters** buchen. In den *Hawai'i Fishing News* kann man sich über Angebote informieren.

Hawai'is Küste bietet auch gute Chancen, kleinere Fische wie Snapper und Riesen-*ulua* (Makrelenbarsch) zu fangen. Achten Sie auf dem Meer immer auf das Wetter.

Kajaktraining für Frauen im Ala Wai Canal in Waikīkī

Radfahrer im landschaftlich reizvollen Ala Moana Park in Waikīkī, fernab des überfüllten Strandes

Radfahren und Mountainbiking

Auf Grund der schmalen Seitenstreifen und wechselnden Straßenqualität eignet sich Hawai'i nicht sehr gut zum Radfahren. Es gibt auch nur wenige, wenn auch hervorragende Mountainbike-Strecken: Besonders beliebt ist jene oberhalb von Pūpūkea an O'ahus North Shore

Südlich von Kula auf Maui, in der Polipoli Springs Recreation Area, schlängeln sich einige Meilen durch Schluchten, Eukalyptuswälder und Riesenfarne. Besonders beliebt ist die Sonnenaufgangsabfahrt vom Haleakalā, eine 61 Kilometer lange Tour durch den Haleakalā National Park *(siehe S. 106f)* mit 21 Serpentinen und toller Aussicht. Mountainbikes verleihen **Raging Isle Sports** in Hale'iwa, O'ahu, **Haleakalā Bike Co**, **West Maui Cycle and Sports** und **South Maui Bicycles** auf Maui.

Wandern

Ein grosses Netz von Staats- und Nationalparks mit vielen Wanderwegen macht Hawai'i zu einem einzigartigen Wandergebiet. Das Terrain reicht von vulkanischer Ödlandschaft bis zu sattgrünen Regenwäldern mit Farnen, Wasserfällen und Badestellen.

Die Wanderwege sind unterschiedlich schwierig und lang: Zwei der besten sind der Kaua'i's Kalalau Trail an der Nā Pali Coast *(siehe S. 142f)* und der Kaupō Trail von der vulkanischen Mondlandschaft des Haleakalā in die üppigen Regenwälder des Kīpahulu Valley *(siehe S. 109)*.

Klubs und Umweltorganisationen, darunter **Sierra Club**, **Nature Conservancy** und **Hawai'i Nature Center**, organisieren Wanderungen auf mehreren Inseln. In einigen Staats-, National- und Bezirksparks kann man campen *(siehe S. 151)*.

Wechselhaftes Wetter kann beim Wandern unangenehm sein; Sturzfluten in Schluchten sind häufig. Wandern Sie daher niemals alleine, informieren Sie jemanden über Ihre Route und die Zeit Ihrer geplanten Rückkehr. Wasser, Taschenlampe, warme Kleidung und eine Decke gehören zur Standardausrüstung.

Unberührte Natur im Haleakalā National Park auf Maui

Golf

Mit 75 Plätzen ist Hawai'i ein Paradies für Golfer. Dank des Klimas und der großen Anzahl an Plätzen finden auf Hawai'i mehr Profigolfturniere statt als irgendwo sonst in den USA. Den **Ko'olau Golf Club** auf O'ahu erklärte die US Golfing Association zum »schwierigsten Golfplatz Amerikas«.

Maui ist die beste Insel zum Golfen. Schön sind die drei Plätze im **Kapalua Resort** am Meer mit langen Fairways und hohen Nadelbäumen. Auf Kaua'i sind der **Prince Golf Course** und das **Po'ipū Bay Resort** Weltklasse.

Auf öffentlichen städtischen Plätzen beträgt die Gebühr für eine Runde meist 30 Dollar, auf den edleren Resortplätzen 100 Dollar und mehr.

Man sollte möglichst Tage oder besser Wochen im Voraus buchen. Waikīkīs **Ala Wai Golf Course** ist zum Beispiel so beliebt, dass er ständig ausgebucht ist.

Der Princeville Golf Course ist einer der Top-Plätze Hawai'is

Andere Aktivitäten

Hawai'is mildes Klima eignet sich für jeden Sport: Inlineskating und Joggen sind weit verbreitet, u.a. auf den Wegen im Ala Moana und Kapi'olani Park auf O'ahu. Auf den vier Hauptinseln gibt es öffentliche, meist gut besuchte Tennisplätze.

Auch Pferde kann man auf allen Inseln mieten, vielerorts werden Reitausflüge arrangiert. Zwei gute Reitwege verlaufen entlang der Klippen von Moloka'i und durch das Kīpahulu Valley von Maui. Pferde und Ausritte organisieren u.a. **CJM Country Stables**, **Molo-ka'i Mule Ride** und **Paniolo Riding Adventures**.

AUF EINEN BLICK

SCHNORCHELN

Snorkel Bob's
700 Kapahulu Ave, Honolulu, O'ahu. (808) 735-7944. www.snorkelbob.com

75-5831 Kahakai Rd, Kailua-Kona, Big Island. (808) 329-0770.

5425 Lower Honoapi'ilani Rd, Lahaina, Maui. (808) 669-9603.

3236 Po'ipū Rd, Kōloa, Kaua'i. (808) 742-2206.

TAUCHEN

Bubbles Below
PO Box 157, Eleele, Kaua'i. (808) 332-7333. www.bubblesbelowkauai.com

Captain Bruce's Scuba Charters
Ost- und West-O'ahu. (808) 373-3590.

Dive Makai Charters
PO Box 2955, Kailua-Kona, Big Island. (808) 329-2025. www.divemakai.com

Extended Horizons
94 Kupuohi St, Suite A-1, Lahaina, Maui. (808) 667-0611. www.extendedhorizons.com

SURFEN, BODY-SURFEN UND WINDSURFEN

Hi-Tech Surf Sports
425 Kōloa St,Kahului, Maui. (808) 877-2111. www.htmaui.com

Honolua Surfco
845 Front St, Lahaina, Maui. (808) 661-8848. www.honolulusurf.com

Local Motion
1295 Front St, Lahaina, Maui. (808) 661-7873. www.localmotionhawaii.com

Naish Hawai'i
155A Hāmākua Drive, Suite A, Kailua, O'ahu. (808) 262-6068. www.naish.com

Nancy Emerson's School of Surfing
PO Box 463, Lahaina, Maui. (808) 244-7873.

Progressive Expressions
5428 Kolōa Rd, Kōloa, Kaua'i. (808) 742-6041.

Secondwind
111 Hana Hwy, Kahului, Maui. (808) 877-7467. www.secondwindmaui.com

Surf-n-Sea
62-595 Kamehameha Hwy, Hale'iwa, O'ahu. (808) 637-9887. www.surfnsea.com

Surf News Network
Aktuelle Infos über Wasserbedingungen, Wetter etc. (808) 596-7873. www.surf-news.com

Turbo Surf
870 Kapahulu Ave, Honolulu, O'ahu. (808) 738-8726. www.turboworld.com

Windsurf Kaua'i
PO Box 323, Hanalei, Kaua'i. (808) 828-6838.

SEGELN, KAJAK- UND KANUSPORT

Go Bananas
799 Kapahulu Ave, Honolulu, O'ahu. (808) 737-9514. www.gobananaskayaks.com

Hawai'i Yacht Club
1739-C Ala Moana Blvd, Suite C, Honolulu, O'ahu. (808) 944-9666. www.hawaiiyachtclub.org

Outfitters Kaua'i
2827A Po'ipū Rd, Kōloa, Kaua'i. (808) 742-9667. www.outfitterskauai.com

Paragon Charters
5229 Lwr Kula Rd, Kula, Maui. (808) 244-2087. www.sailmaui.com

South Pacific Kayaks
2439 S Kihei Rd, Kīhei, Maui. (808) 875-4848. www.southpacifickayaks.com

Twogood Kayaks Hawai'i
345 Hahani St, Kailua, O'ahu. (808) 262-5656. www.twogoodkayaks.com

Waikīkī Yacht Club
1599 Ala Moana Blvd, Honolulu, O'ahu. (808) 955-4405. www.waikikiyc.com

ANGELN

Aerial Sportfishing Charters
Slip #9, Lahaina, Maui. (808) 667-9089. www.aerial-sportfishingcharters.com

Blue Hawai'i Sportfishing
Kailua-Kona, Big Island. (808) 895-2970. www.konamarlinfishing.com

Hawai'i Fishing News
6650 Hawai'i Kai Drive, Suite 201, Honolulu, O'ahu. (808) 395-4499. www.hawaiifishingnews.com

Hinatea Charters
Slip 27, Lahaina Harbor, Lahaina, Maui. (808) 667-7548.

Sea Verse
Kewalo Basin, Slip C, Honolulu, O'ahu. (808) 591-8840.

RADFAHREN UND MOUNTAINBIKING

Haleakalā Bike Co
810 Ha'ikū Rd, Suite 120, Ha'ikū, Maui. (808) 575- 9575. www.bikemaui.com

Raging Isle Sports
66-250 Kamehameha Hwy, Building B, Hale'iwa, O'ahu. (808) 637-7707.

South Maui Bicycles
1993 S Kīhei Rd, #5, Kīhei, Maui. (808) 874-0068.

West Maui Cycles
1087 Limahana Place, #6, Maui. (808) 661-9005. www.westmauicycles.com

WANDERN

Hawai'i Nature Center
2131 Makiki Heights Drive, Honolulu, O'ahu. (808) 955-0100. www.hawaiinaturecenter.org

Nature Conservancy
923 Nu'uanu Ave, Honolulu, O'ahu. (808) 537-4508. www.nature.org

Sierra Club
1040 Richards St, Rm 306, Honolulu, O'ahu. (808) 538-6616. www.sierraclub.org

GOLF

Ala Wai Golf Course
404 Kapahulu Ave, Waikīkī, O'ahu. (808) 296-2000.

Kapalua Resort
300 Kapalua Drive, Lahaina, Maui. (808) 661-8044.

Ko'olau Golf Club
45-550 Kionaole Rd, Kāne'ohe, O'ahu. (808) 236-4653.

Po'ipū Bay Resort
2250 Ainako St, Kōloa, Kaua'i. (808) 742-9489.

Prince Golf Course
Princeville, Kaua'i. (808) 826-5070.

REITEN

CJM Country Stables
Kōloa, Kaua'i. (808) 742-6096. www.cjmstables.com

Moloka'i Mule Ride
(808) 567-6088. www.muleride.com

Paniolo Riding Adventures
Kawaihae, Big Island. (808) 889-5354. www.panioloadventures.com

GRUND-INFORMATIONEN

Praktische Hinweise

Der Tourismus ist Hawai'is bedeutendste Einkommensquelle. Von den strahlenden Lichtern in Waikīkī und Honolulu bis zu den idyllischen Wasserfällen bei Hāna auf Maui bieten die Inseln für jeden etwas. Das Paradies ist allerdings nicht ganz billig: Die Lebenshaltungskosten sind über 40 Prozent höher als im Rest der USA. Wer nicht aufs Geld schauen muss, kann auf den Hawai'i-Inseln vielfältigen Luxus genießen. Doch auch mit einem bescheideneren Budget kann man hier einen unvergesslichen Urlaub erleben. Hawai'i ist das ganze Jahr über ein lohnendes Urlaubsziel, wenn auch die Nebensaison zwischen April und Dezember günstiger ist. Unabhängig von der Saison kann man viele Stätten kostenlos besuchen. Viele Nationalparks und Museen verlangen nun weniger Eintritt.

Logo des Hawai'i Visitors and Convention Bureau

Einreise

Seit dem 30. September 2004 gelten neue Einreisebestimmungen für die USA. Von allen Besuchern werden am Einreiseflughafen (oder Seehafen) digital Fingerabdrücke genommen und ein digitales Porträtfoto erstellt. Seit 2005 müssen die europäischen Fluglinien dem Zoll Reservierungslisten vorlegen; Passagiere müssen Reisedaten bekannt geben (Adresse der Übernachtung, Mietwagen etc.). Dies ist Voraussetzung für den Antritt des Flugs (Formulare unter www.barig.org oder www.drv.de).

Deutsche, Österreicher und Schweizer benötigen zur Einreise einen maschinenlesbaren Reisepass, der mindestens für die Dauer des Aufenthalts gültig ist. (Reisepässe, die nach dem 25. Oktober 2005 ausgestellt wurden, müssen ein digitales Foto haben, Reisepässe mit Ausstellungsdatum nach dem 25. Oktober 2006 zusätzlich biometrische Daten.) Wichtig: Alle Reisenden, auch Kinder jeglichen Alters, benötigen jeweils einen eigenen maschinenlesbaren Pass.

Deutsche, Österreicher und Schweizer nehmen am Permanent Visa Waiver Programm der USA teil, d.h., sie dürfen als Urlauber oder Geschäftsleute bis zu einer Dauer von 90 Tagen ohne Visum einreisen, wenn sie (maschinenlesbarer Reisepass vorausgesetzt) mit einer regulären Fluglinie (oder Schifffahrtsgesellschaft) einreisen und ein Rückflugticket vorweisen können.

Hawai'ianischer Wein

Informationen

Auf jeder Insel gibt es eine Filiale des **Hawai'i Visitors and Convention Bureau** (HVCB). Infos vor der Reise geben die auf S. 191 genannten Institutionen.

Öffnungszeiten

Läden sind werktags von 9 bis 17 Uhr geöffnet (Banken *siehe S. 194*). Einkaufszentren haben montags bis samstags von 10 bis 21 Uhr geöffnet. Sonntags ist die Öffnungszeiten zwar kürzer, aber einige Supermärkte und die meisten Tankstellen haben rund um die Uhr geöffnet.

Alkohol und Rauchen

Das gesetzliche Mindestalter für Alkoholkonsum liegt wie überall in den USA bei 21 Jahren. In Staats- und Nationalparks ist Alkoholgenuss oder das Mitführen von Alkohol im Auto verboten.

Rauchen ist in allen öffentlichen Gebäuden, in Aufzügen, Läden und Theatern verboten. Die meisten Restaurants haben getrennte Raucher- und Nichtraucherbereiche.

Mit Surrey-Pferden und Kutsche bei der Waipi'o Valley Wagon Tour *(siehe S. 121)*

Organisierte Reisen und Führungen

Wer Hawai'is Naturschönheiten entdecken möchte, die Organisation aber lieber anderen überlässt, kann über Veranstalter wie **Gorp Travel**, **Sierra Club** und **Nature Conservancy of Hawai'i** seine Reise buchen.

Viele Organisationen bieten Führungen zu Sehenswürdigkeiten auf einzelnen Inseln an. Die größten und besten dieser Tourveranstalter sind **Roberts Hawai'i** und **Pleasant Island Holidays**. Zu ihren Paketangeboten gehören u.a. Flüge zwischen den Inseln, Unterkunft, Busfahrten und Mietautos. Der Portier oder die Gästeinformation Ihres Hotels kennt die entsprechenden Adressen und kann Ihnen bei der Auswahl und Buchung einer Tour oder Führung behilflich sein.

◁ **Am Waikīkī Beach kann man bunte Bretter zum Wellenreiten ausleihen**

Hochzeiten

Der Traumhochzeit auf Hawai'i steht nichts im Wege: Braut und Bräutigam benötigen nur eine Heiratserlaubnis vom **Department of Health**, der Gesundheitsbehörde. Das **HVCB** hält Informationen über Hochzeitsveranstalter auf Hawai'i bereit.

Elektrizität

Die Stromversorgung in den USA beträgt 120 Volt, Wechselstrom. Auch die Steckdosen passen nicht für europäische Stecker. Aus beiden Gründen brauchen Sie einen Adapter, den Sie sich vor Reiseantritt besorgen sollten, z. B. auf dem Flughafen vor dem Abflug.

US-Standardstecker

Etikette, Trinkgeld und Steuern

Die Hawai'ianer sind sehr freundlich und ungezwungen und begrüßen sich oft mit Wangenkuss oder Umarmung. Selten sind die Insulaner in Eile.

Auch die Kleidung ist informell: Sandalen, Turnschuhe, kurze Hosen und legere Abendkleidung reichen aus. Im Winter und für Bergwanderungen benötigt man lange Hosen und Pullover oder Jacke sowie feste Schuhe.

Als Trinkgeld gibt man in Restaurants 15 Prozent der Rechnung, Taxifahrer erhalten 10 bis 15 Prozent des Fahrpreises; Gepäckträger 1 Dollar pro Gepäckstück und Parkwächter 2 Dollar.

Hawai'i erhebt eine Umsatzsteuer von 4,17 Prozent auf alle Waren und Dienstleistungen, sowie eine Hotelsteuer von 11,42 Prozent.

Alleinreisende

Kleine Hotels, B&Bs und Campingplätze eignen sich gut für Alleinreisende. Auf Führungen lernt man rasch neue Leute kennen. Hawai'ianer sind gastfreundlich – vielleicht wird man in eine Familie eingeladen.

Senioren

Personen über 62 Jahre erhalten bei Vorlage des Ausweises Preisnachlässe bei vielen Sehenswürdigkeiten sowie in einigen Hotels, Restaurants und Läden. Fragen Sie stets nach Rabatten und erkundigen Sie sich beim **Department of Parks and Recreation** *(siehe S. 151)* nach speziellen Veranstaltungen.

Reisen mit Kindern

Hawai'i ist gut für Familien geeignet. In den meisten Hotels schlafen Kinder ohne Aufschlag im Zimmer der Eltern, oft sind auch Familiensuiten verfügbar. Große Hotels bieten Kinderprogramme und Babysitter an. Restaurants sind kinderfreundlich; auch wenn sie keine Kinderspeisekarte haben, bereiten sie kleine Gerichte zu.

Behinderte Reisende

Hawai'i ist behindertenfreundlich. Die meisten Hotels und Restaurants sowie viele Sehenswürdigkeiten verfügen über Rollstuhlrampen, behindertengerechte Parkplätze und Toiletten. Die Website des **Disability and Communication Access Board** informiert über Zugänge zu Stränden, Parks, Einkaufszentren und Sehenswürdigkeiten. Auch Details über Einrichtungen und Angebote für Behinderte findet man dort.

Behindertenparkplatz

Auf einen Blick

Hawai'i/US Visitors and Convention Bureau

Visit USA Committee Germany e.V.
Wiechmann Tourism Service, Scheidswaldstr. 73, 60385 Frankfurt am Main
(07000) 396 84 11.
www.vusa-germany.de

Hawai'i Tourism Europe
Mangum Management GmbH, Sonnenstr. 9, 80331 München.
(089) 23 66 21 77.
www.hawaii-tourism.de

Hawai'i (Zentrale)
Suite 801, Waikīkī Business Plaza, 2270 Kalākaua Ave, Honolulu, O'ahu, HI 96815.
(808) 923-1811.
www.gohawaii.com

Organisierte Reisen und Führungen

Gorp Travel
www.gorptravel.com

Nature Conservancy of Hawai'i
(808) 537-4508.
http://nature.org

Pleasant Island Holidays
(808) 922-1515, (800) 654-4586.

Roberts Hawai'i
(808) 539-9400, (800) 831-5541.
www.robertshawaii.com

Sierra Club
(415) 977-5522. www.sierraclub.org/outings/national

Behinderte Reisende

Disability and Communication Access Board
919 Ala Moana Blvd, Room 101, Honolulu, O'ahu, HI 96814.
(808) 586-8121.
www.hawaii.gov/health/dcab

Hochzeiten

Department of Health
Marriage License Office, 1250 Punchbowl St, Honolulu, O'ahu, HI 96813.
(808) 586-4545.
www.hawaii.gov/doh

Gesundheit und Sicherheit

Rettungsschwimmer-Logo

Obwohl Hawai'i in den Tropen liegt, gibt es erstaunlich wenig Gesundheitsrisiken (der Bundesstaat hat die höchste Lebenserwartung der USA). Impfungen sind nicht erforderlich, es gibt keine Schlangen und nur sehr wenige unangenehme Insekten. An mögliche Gefahren beim Wandern oder Campen sollten Sie zwar denken, aber die größten Gesundheitsrisiken sind die Sonne und das Meer. Auf Hawai'i gibt es wenig Kriminalität, so dass etwas Vorsicht und gesunder Menschenverstand völlig ausreichend sind.

Sicherheit im Wasser

Der Pazifik ist schön und gewaltig, aber auch gefährlich. Auch gute Schwimmer sollten auf Meeresströmungen und Wetter achten. Wer zum ersten Mal surft, sollte dies nie ohne Anleitung tun.

Am Strand sollten Sie sich immer beim Rettungsschwimmer nach der aktuellen Meeresströmung erkundigen. Wer gefährliche Strömungen nicht erkennen kann, sollte unbeaufsichtigte Strände meiden. Manche Strände sind im Sommer absolut sicher, aber im Winter sehr gefährlich.

Im Wasser sollten Sie vom Strand abgewandt schwimmen. So genannte »Rogue Waves« tauchen oft aus dem Nichts auf und ziehen Badende ins offene Meer. Wird man von einer unerwarteten Strömung ergriffen, sollte man mit ihr mitschwimmen, bis sie schwächer wird, meist 45 bis 90 Meter von der Küste entfernt. Schwimmen Sie nie alleine, achten Sie auf die Surfer im Wasser und passen Sie am Strand gut auf Ihre Kinder auf. Unter der Wasseroberfläche sind Felsen und Korallen potenzielle Gefahrenquellen. Am besten tragen Sie auch im Wasser Badeschuhe.

Wer sich an einer Koralle verletzt, sollte die Wunde unbedingt gut desinfizieren.

Wenn Sie auf einen Seeigel treten, dann bohren sich die Stacheln in die Haut. Mit ein wenig Essig löst sich der Stachel leichter aus der Haut.

Im Meer gibt es viele Quallen, die oft auch an den Strand gespült werden. Das Brennen nach einer Berührung reicht von leicht bis heftig. Am besten reibt man Essig und Lotion auf die Stelle.

Haie kommen nur selten an die Küsten Hawai'is. Achten Sie unbedingt auf die Warnschilder am Strand.

Warnung vor gefährlicher Strömung und Brandung

Sonne, Hitze und andere Gefahren

Ob heller oder dunkler Hauttyp – gegen die starke hawai'ianische Sonne muss sich jeder schützen. Hut, Sonnenbrille und Sunblocker gehören hier einfach dazu. Wer länger schnorchelt oder surft, sollte ein T-Shirt tragen.

Gewöhnen Sie sich und Ihre Haut langsam an die Sonne. Meiden Sie pralle Sonne zwischen 11 und 14 Uhr – selbst an bewölkten Tagen, da die UV-Strahlen dennoch durchkommen. Hitze kann auch gefährlich sein, daher sollten Sie viel trinken und Ihren Körper nicht zu lange dem Sonnenschein aussetzen.

Die auf Hawai'i seltenen Moskitos übertragen zwar keine Malaria, aber sie sind lästig. In freier Wildbahn sind Schwarze Witwen und Skorpione bei Wanderungen (mit Übernachtungen) manchmal eine Gefahr.

Sicherheit

Obwohl es auch in Hawai'i Kriminalität gibt, sind die Inseln sehr sicher, es gibt kaum Gewaltverbrechen. Am besten lässt man gesunden Menschenverstand walten.

Trampen ist illegal: Alleine sollten Sie nie trampen, auch nicht abends und in einsamen Gegenden. Im Zweifelsfall fragen Sie im Hotel, ob eine Gegend gefährlich ist.

Beim Ausgehen sollten Sie nur das nötigste Bargeld und nie den Reisepass mitnehmen, außer Sie wollen Reiseschecks einlösen. Teurer Schmuck bleibt besser zu Hause, Wert-

Rettungsschwimmer im Kūhiō Beach Park, Waikīkī

Feuerwehrwagen sind zum Einsatz bereit

sachen im Safe im Zimmer oder an der Rezeption. Lassen Sie auf keinen Fall im Mietwagen Wertsachen zurück.

Diebstahl

Die Chance, gestohlenes Eigentum wiederzubekommen, ist minimal. Trotzdem sollten Sie Anzeige erstatten. Für die Versicherung brauchen Sie eine Kopie des Polizeiberichts.

Kreditkarten-Gesellschaften bieten Hotlines, wo Sie einen Verlust der Karte sofort melden sollten *(siehe rechts)*. Wenden Sie sich bei Verlusts Ihres Passes an die Botschaft Ihres Landes.

Reiseversicherung

Auf Grund der hohen Kosten in den USA ist eine Reiseversicherung von mindestens einer Million US-Dollar ein Muss. Die Versicherung sollte medizinische Behandlung, Tod, Reisestornierung und Verlust von Gepäck oder Reisepass abdecken.

Medizinische Versorgung

Auch die kleinsten Orte auf Hawai'i bieten medizinische Zentren. Auf Moloka'i und auf Lāna'i ist die Behandlung preiswerter als auf den großen Inseln. Über die besten medizinischen Einrichtungen verfügt man jedoch in der Hauptstadt Honolulu.

Wer einen Arzt, Zahnarzt oder andere medizinische Versorgung benötigt, fragt am besten im Hotel. Medizinische Versorgung ist teuer: Selbst ein einfacher Arztbesuch kann über 100 US-Dollar kosten. Krankenhäuser nehmen Kreditkarten, Ärzte und Zahnärzte nur Bargeld. Wer keine (Reise-)Versicherung nachweisen kann, muss im Voraus bezahlen. Wer regelmäßig Medikamente einnehmen muss, sollte einen Vorrat mitführen. Überall gibt es Apotheken (Long's Drugs hat Filialen auf jeder Insel), manche Medikamente gibt es auch im Supermarkt.

Sonnenschutzmittel kann man überall kaufen

Trinkwasser

Generell kann man das Leitungswasser trinken, nur in einigen Teilen von Maui und Big Island kann Wasser durch sauren Regen verunreinigt sein.

Auf langen Wanderungen oder Fahrten sollte man Wasser in Flaschen mitnehmen. Nie Wasser aus Süßwasserflüssen oder -teichen trinken! Es besteht die Gefahr, sich mit Leptospirose zu infizieren – durch die Wasseraufnahme oder auch kleinere Verletzungen der Haut.

Notfälle

Im Notfall ruft man Polizei, Rettungswagen oder Feuerwehr unter 911. Bei Wasserunfällen wendet man sich an die **Coast Guard, Search and Rescue**. Die **Suicide and Crisis Line** ist rund um die Uhr besetzt. Dringend benötigtes Bargeld kann von Ihrer Bank oder den **Moneygram**-Service von American Express überwiesen werden.

Auf einen Blick

Kreditkartenverlust

Allgemeine Notrufnummer
☎ *(011) 49 116 116.*

American Express
☎ *(888) 598-76 87.*

Diners Club
☎ *(800) 234-6377.*

MasterCard
☎ *(800) 223-99 20.*

Visa
☎ *(800) 847-2911.*

Maestro-/EC-Karte
☎ *(011) 49 69 740 987.*

Medizinische Versorgung

Hilo Medical Center
1190 Waiānuenue Ave.
☎ *(808) 974-4700.*

Kona Community Hospital
79-1019 Haukapila St, Kealakekua, Kona.
☎ *(808) 322-4413.*

Lāna'i Community Hospital
7th St, Lāna'i City.
☎ *(808) 565-6411.*

Maui Memorial Medical Center
221 Mahalani St, Wailuku.
☎ *(808) 244-9056.*

Moloka'i General Hospital
Kaunakakai. ☎ *(808) 553-5331.*

Queen's Medical Center
1301 Punchbowl St, Honolulu.
☎ *(808) 538-9011.*

Wilcox Memorial Hospital
3420 Kūhiō Highway, Līhu'e.
☎ *(808) 245-1100.*

Notfälle

Alle Notfälle
☎ *911 für Polizei, Feuerwehr und Krankenwagen.*

Coast Guard, Search and Rescue
☎ *(808) 541-2450.*

Moneygram
☎ *(800) 926-9400.*

Suicide and Crisis Line
☎ *(808) 832-3100.*

Banken und Kommunikation

Tastatur eines Geldautomaten

GELDANGELEGENHEITEN auf Hawai'i werden wie im Rest der USA geregelt. Die einzige (und offizielle) Währung ist der US-Dollar. Da Kreditkarten und Reiseschecks Hauptzahlungsmittel sind, kann man auf größere Bargeldmengen verzichten. Das Kommunikationsnetz ist sehr gut, und selbst die Postdienste sind trotz der isolierten Lage Hawai'is recht schnell.

Banken

BANKEN SIND montags bis freitags 8.30 bis 15 Uhr geöffnet, manche freitags bis 18 Uhr. Einige Banken haben längere Öffnungszeiten und sind auch am Samstag geöffnet. Die beiden größten Banken – First Hawaiian Bank und Bank of Hawai'i – haben auf jeder Insel Filialen. Banken mit Zweigstellen auf allen Inseln sind American Savings Bank, Central Pacific Bank und Territorial Savings.

Kreditkarten

OHNE KREDITKARTE fühlt man sich in Hawai'i leicht als Außenseiter. Man bezahlt mit ihr fast alles – von Eintrittskarten bis zur Krankenhausrechnung. Mietwagenfirmen und Hotels nehmen auch oft eine Kreditkartenkopie als Sicherheit; Autovermieter fordern von Besuchern ohne Kreditkarte ansonsten eine größere Menge Bargeld als Sicherheit.

Am weitesten verbreitet sind Visa and MasterCard. American Express und Diners Club werden vielerorts akzeptiert. Die Kreditkartenfirmen haben für den Verlustfall Notrufnummern *(siehe S. 193)*.

Mit der Kredit- und der Maestro-/EC-Karte kann man auch an den ATMs (Geldautomaten) Geld abheben. Man findet sie meist in Banken und Einkaufszentren. Sie sind dem Maestro- oder Cirrussystem, außerdem MasterCard und Visa angeschlossen.

Reiseschecks

REISESCHECKS SIND das sicherste Zahlungsmittel, zumal sie bei Verlust oder Diebstahl leicht ersetzt werden. Meist kann man sie wie Bargeld benutzen: Dollar-Reiseschecks werden in vielen Läden als Bezahlung akzeptiert. Das Wechselgeld erhält man dann bar zurück. In Bargeld werden Reiseschecks in Banken umgetauscht. Reiseschecks in anderen Währungen als US-Dollar (auch Euro) empfehlen sich nicht.

Hawai'i-Zeit

Hawai'i hat seine eigene Zeitzone – die Hawai'i Standard Time (HST). Die amerikanische Westküste ist Hawai'i um zwei Stunden voraus, für jede Zeitzone weiter östlich muss man eine Stunde dazurechnen. Im Gegensatz zum Rest der USA hat Hawai'i keine Sommerzeit, so dass einige Zeitunterschiede in der Liste noch um eine Stunde zunehmen, wenn dieses Land Sommerzeit hat. Auf der Nordhalbkugel ist dies meist von März oder April bis Oktober.

Stadt (Staat)	HST+Std	Stadt (Staat)	HST+Std
Athen (Griechenland)	+12	München (Deutschland)	+11
Auckland (Neuseeland)	+22	New York (USA)	+5
Beijing (China)	+18	Paris (Frankreich)	+11
Berlin (Deutschland)	+11	Perth (Australien)	+18
Chicago (USA)	+4	Rom (Italien)	+11
Dublin (Irland)	+10	Sydney (Australien)	+20
Hong Kong (China)	+18	Tokyo (Japan)	+19
London (GB)	+10	Toronto (Kanada)	+5
Los Angeles (USA)	+2	Vancouver (Kanada)	+2
Madrid (Spanien)	+11	Washington DC (USA)	+5
Moskau (Russland)	+13	Wien (Österreich)	+11

Öffentliche Fernsprecher nehmen Münzgeld oder Telefonkarten

Telefonieren

TELEFONIEREN IST in Hawai'i völlig problemlos. Die Vorwahlnummer ist 808. Bei Telefonaten innerhalb einer Insel kann man die Vorwahlnummer weglassen. Zwischen den Inseln gelten die Telefonate als Ferngespräch, daher muss man die 1-808 vorwählen. Bei anderen Vorwahlnummern muss man ebenfalls die 1 wählen.

Ein Ortsgespräch in einer Telefonzelle kostet 50 Cents. Ansonsten variiert die Gebühr je nach Tageszeit und Entfernung. Am günstigsten ist es montags bis donnerstags 23 bis 8 Uhr, und ab Freitag 23 Uhr bis Montag um 8 Uhr.

Die Gesprächsgebühren vom Hotelzimmer sind meist völlig überteuert, doch viele Hotels haben ein öffentliches Telefon in der Lobby. Statt Kleingeld für ein Ferngespräch zu sammeln, kauft man besser eine Telefonkarte.

Die Vorwahlen 1-800 oder 1-888 (selten 1-808)sind kostenlos. Internationale Direktwahlen beginnen mit der 011, dann Ländervorwahl.

Die Telefonauskunft für die lokale Insel ist 1-411; für alle anderen Inseln lautet sie 1-808-555-1212.

Postdienste

Postämter sind gewöhnlich montags bis freitags von 8.30 bis 16.30 Uhr sowie am Samstagmorgen geöffnet. Kleinere Postämter haben kürzere Schalterzeiten. Briefkästen stehen an vielen Straßen. Man kann auch an der Hotelrezeption Briefmarken kaufen und seine Post dort aufgeben.

Innerhalb der USA kostet ein Brief unabhängig von der Adresse dasselbe Porto. Briefe aufs Festland sind je nach Aufgabepostamt unterschiedlich lange unterwegs. Da die gesamte internationale Post über Honolulu versandt wird, braucht Post von allen anderen Inseln ca. eine Woche, in den Rest der Welt länger.

Briefmarken mit Tropenpflanzen

Wenn Sie von einer der kleineren Inseln eine Sendung per Eilpost verschicken oder einen Kurierdienst wie UPS oder FedEx nutzen, kalkulieren Sie zwei Tage zusätzlich ein.

Zeitungen und Zeitschriften

Auf Hawai'i erscheinen zwei inselweite Tageszeitungen: Der *Honolulu Advertiser* (morgens) und *The Honolulu Star-Bulletin* (morgens). Auf Big Island, Maui und Kaua'i gibt es je eine Tages- und Wochenzeitschrift. Nationale Zeitungen wie *Wall Street Journal*, *USA Today* und *The New York Times*, der *San Francisco Chronicle* und die *Los Angeles Times* findet man in Honolulu und den meisten größeren Hotels.

Hawai'is Tageszeitungen

Manche lokale Zeitungen und Magazine wie das monatliche *Honolulu* und das *Hawai'i*, das alle zwei Monate erscheint, sind lesenswert. Gratispublikationen für Besucher findet man am Flughafen oder an Straßenecken in Waikīkī sowie in vielen Einkaufszentren und Cafés auf den anderen Inseln.

Fernsehen und Radio

Alle wichtigen US-Fernsehsender wie ABC, CBS, PBS, NBC, und FOX haben Tochtersender auf Hawai'i; die Kanalübersicht in Zeitungen hilft. Daneben senden einige interessante einheimische Kabelstationen. Es gibt Dutzende lokaler und staatlicher Radiosender, allerdings ist der Empfang in der Umgebung von Vulkanen meist schlecht.

Bücher über Hawai'i

Wer sich intensiver mit Hawai'i beschäftigen will, findet interessante Literatur: *Shoal of Time* von Gavan Daws (University of Hawai'i Press) ist eine unterhaltsame Geschichte der Inseln. Lesenswert ist James Micheners Epos *Hawaii* (Random House), ein packender historischer Roman. *Paradise News* (Penguin), ein Roman von David Lodge, und Jack Londons *Stories of Hawaii* (Mutual) sind eine ebenso fesselnde Lektüre. *Hawaii: A Natural History* von Sherwin Carlquist (Doubleday) erzählt alles über Flora und Fauna; *Hawaiian Mythology* von Martha Beckwith (University of Hawai'i Press) enthält alle wichtigen Legenden.

Gottesdienste

Dank Hawai'is kultureller Vielfalt gibt es in Honolulu die unterschiedlichsten Gottesdienste von katholisch bis buddhistisch. Auch auf den anderen Inseln findet man ein breites Spektrum.

Warnung: Umweltverschmutzung durch Müll gefährdet die Meeresfauna und -flora

Nähere Informationen erhält man im Hotel, im örtlichen Fremdenverkehrsbüro oder in den lokalen Freitags- und Samstagszeitungen.

Gedenkstätten des alten Hawai'i sollte man immer mit gebührendem Respekt besuchen: Keine eigenen Opfergaben ablegen und unter keinen Umständen etwas verändern oder mitnehmen.

Naturschutz

Das Land oder *'āina* (»das welches ernährt«) ist das wichtigste Element hawai'ianischer Kultur: Die Hawai'ianer glauben, dass Menschen nur Verwalter des Landes seien, es schützen und hegen sollen, ja jedes Naturobjekt – vom Wal zum Sandkorn – habe eine Seele. Daher sollte man der Natur mit Respekt begegnen.

Man sollte nichts mitnehmen: Wenn Sie z. B. eine Muschel aufheben, so legen Sie sie nach dem Betrachten wieder zurück. Müll liegen zu lassen ist beleidigend und außerdem strafbar.

Umrechnungstabelle

US in Metrisches System

1 inch = 2,54 Zentimeter
1 foot = 30 Zentimeter
1 mile = 1,6 Kilometer
1 ounce = 28 Gramm
1 pound = 454 Gramm
1 US quart = 0,947 Liter
1 US gallon = 3,8 Liter

Metrisches in US-System

1 Zentimeter = 0,4 inch
1 Meter = 3 feet 3 inches
1 Kilometer = 0,6 mile
1 Gramm = 0,04 ounce
1 Kilogramm = 2,2 pounds
1 Liter = 1,06 US quarts

Reiseinformationen

Hawai'i ist mit jährlich sechs Millionen Besuchern, dem Sechsfachen der eigenen Bevölkerung, eines der beliebtesten Reiseziele der Welt. Auch einige Schifffahrtslinien haben Hawai'i auf ihren Routen, die meisten Urlauber reisen aber mit dem Flugzeug an, meist nach Honolulu. Doch wer nur O'ahu besucht, hat Hawai'i nicht wirklich gesehen, sagen die Einheimischen – zumal man die anderen Inseln auch leicht mit dem Flugzeug erreicht. Daneben gibt es vereinzelt noch Fährbetrieb (und einige Luxuskreuzfahrten). Auf den Inseln selbst geht es meist nicht ohne Mietwagen, denn der öffentliche Nahverkehr ist außer auf O'ahu eher bescheiden entwickelt.

Flugzeug der Hawaiian Airlines

Flüge nach Hawai'i

Da Hawai'i ein beliebtes Reiseziel ist, gibt es sehr viele Flüge, zumeist nach Honolulu. Die meisten Besucher fliegen über die USA oder Kanada; die besten Verbindungen gibt es nach Los Angeles und andere Städte an der US-Westküste. Lufthansa, United Airlines und American Airlines fliegen direkt ab Europa, natürlich muss man dabei umsteigen.

Sie sollten nicht den erstbesten Flug buchen, denn es gibt selbst in Europa ein Riesenangebot an für Hawai'i-Flügen.

Besonders günstige Flüge gibt es in der Nebensaison im Mai, Juni, September und Oktober. So genannte Discountflüge müssen rechtzeitig gebucht werden und haben verschiedene Ausschlussbedingungen, vor allem bei Stornierungen. Prüfen Sie vor der Buchung die Bedingungen genau, um keine unangenehmen Überraschungen zu erleben.

Die meisten Fluglinien bieten bei Abflug an Werktagen günstigere Tarife an. Das ist grundsätzlich ratsam, da viele Inselbewohner am Wochenende zwischen den Inseln hin- und herfliegen und die Schlangen an Flughäfen- und Hotelschaltern dann entsprechend lang sind. Flüge am Wochenende muss man außerdem lange im Voraus buchen.

Logo der Aloha Airlines, einer der größten Inselfluglinien

Die Hawai'i-Inseln sind die isolierteste Landmasse der Welt, der Flug dauert also entsprechend lange. Die kürzeste Flugzeit beträgt fünf Stunden – von Los Angeles aus. Von Europa aus ist man mindestens 18 Stunden unterwegs.

Hawai'is Flughäfen

Hawai'is Drehscheibe ist der **Honolulu International Airport**, 16 Kilometer westlich von Waikīkī auf O'ahu. Die beiden Terminals bewältigen rund 1000 Fern-, Inlands- und Inselflüge am Tag. Der **Kahului Airport** mit Inselflügen und Flügen zum US-Festland ist Mauis größter Flughafen. Einige Flüge von Kahului sind Teile der acht Tagesverbindungen zum winzigen **Hāna Airport** an Mauis Ostküste. Der **Kapalua-West Maui Airport**, zehn Kilometer nördlich von Lahaina, hat nur eine Start- und Landebahn. Er bedient Kā'anapali und Kapalua. Der kleine **Moloka'i Airport** auf Moloka liegt 13 Kilometer nördlich von der Inselhauptstadt Kaunakakai. Er bedient wöchentlich 20 Flüge zwischen den Inseln und hat nur zu Starts und Landungen geöffnet. Auf der Halbinsel Kalaupapa gibt es einen kleinen Start- und Landestreifen. Nur lokale Fluglinien benutzen den **Lāna'i Airport**, dessen Terminal 6,5 Kilometer südwestlich von Lāna'i City liegt.

Im **Keāhole-Kona Airport** bei Kailua-Kona auf Big Island befinden sich Schalter und Snackbars in strohgedeckten Hütten. Hier und im **Hilo International Airport**, fünf Kilometer östlich vom Zentrum Hilos, werden Inselflüge abgefertigt. Der **Waimea-Kohala Airport** südlich von Waimea, hat nur Trans-Air-Flüge. Der **Līhu'e Airport** wenige Kilometer von Kaua'is Hauptstadt bedient Langstreckenflüge von United Airlines. An Kaua'is Nordküste gibt es den **Princeville Airport** (kein Telefon) mit Flügen nach und von Maui, Moloka'i und Lāna'i (über Honolulu).

Flugzeug im Landeanflug auf den Honolulu International Airport

Abflughalle des Keāhole-Kona Airport auf Big Island

Pauschalreisen

Es gibt viele Pauschalreisen nach Hawai'i. Sie beinhalten Flug und Hotel, Mietwagen, Flüge zwischen den Inseln, häufig Zusatzangebote und Verpflegung. Hawai'i-Reisen sollte man nur in sachkundigen Reisebüros buchen, da Preise und Reiserouten extrem variieren.

Örtliche Reisebüros wie Robert's Hawai'i und Pleasant Island Holidays *(siehe S. 191)* bieten Pauschalreisen oft auch mit Preisnachlässen an. Solche Angebote ändern sich so oft, dass man sie erst kurz vor Abfahrt oder direkt auf Hawai'i buchen sollte.

Flüge zwischen den Inseln

Niemand sollte seinen Hawai'i-Besuch auf Honolulu und O'ahu beschränken. Ausflüge kann man per Internet oder vor Ort buchen.

Zwischen den Inseln verkehren vier Fluglinien. Die zwei größten sind **Hawaiian Airlines** und **Aloha Airlines**. Der Flugpreis für einen Rundflug zwischen zwei Inseln beträgt bei beiden Anbietern im Durchschnitt 194 Dollar.

Die zwei Airlines sind kleinere Anbieter mit Pendlerflügen. **Island Air** verbindet Honolulu mit den Flugplätzen auf Maui, Kahului und Kapalua in West-Maui, Moloka'i und Lāna'i. Die Flüge kosten ungefähr so viel wie bei Aloha Airlines.

Ni'ihau Helicopters fliegt auf die Privatinsel Ni'ihau *(siehe S. 147)*. Mit 280 Dollar pro Person ist das ein teueres Vergnügen, aber die einzige Möglichkeit, die Insel zu besuchen – immerhin genießt man dabei sehr schöne Strände. Der Hubschrauber fliegt zweimal täglich von Hanapēpē auf Kaua'i ab.

Reisemagazine für einzelne Hawai'i-Inseln

Zoll

Ausländische Besucher, die mindestens 72 Stunden bleiben, können folgende Waren zollfrei mitbringen: einen Liter Wein oder Spirituosen, 200 Zigaretten oder 100 Zigarren (außer kubanischen Zigarren) oder zwei Kilogramm Tabak und Geschenke im Wert von bis zu 100 US-Dollar. Nahrungsmittel oder Pflanzen aus anderen Ländern dürfen nicht eingeführt werden.

Jedes Gepäckstück wird bei Abreise einer landwirtschaftlichen Inspektion unterzogen: Man darf nur bestimmte Produkte und Blumen ausführen. Daher sollten Sie schon beim Kauf Ihrer Mitbringsel gezielt nachfragen. Es gibt jedoch keine Beschränkungen für den Export verarbeiteter Lebensmittel.

Auf einen Blick

Fluggesellschaften

American Airlines
(800) 223-5436.
www.aa.com

Austrian Airlines
(1-800) 843-0002.
www.aua.com

Continental Airlines
(800) 523-3273.
www.continental.com

Delta Air Lines
(800) 221-1212.
www.delta.com

Lufthansa
(800) 399 58 38.
www.lufthansa.com

Northwest Airlines
(800) 225-2525.
www.nwa.com

United Airlines
(800) 241-6522.
www.ual.com

Grosse Flughäfen

Hilo International Airport
(808) 934-5838.

Honolulu International Airport
(808) 836-6413.

Kahului Airport
(808) 872-3893.

Keāhole-Kona Airport
(808) 329-3423.

Lāna'i Airport
(808) 565-6757.

Līhu'e Airport
(808) 246-1448.

Moloka'i Airport
(808) 567-6361.

Insel-Airlines

Aloha Airlines
(808) 484-1111.
www.alohaairlines.com

Hawaiian Airlines
(808) 838-1555.
www.hawaiianair.com

Island Air
(808) 484-2222.
www.islandair.com

Ni'ihau Helicopters
(808) 335-3500.
www.niihau.us

Öffentliche Verkehrsmittel, Auto und Fähren

Vögel auf der Straße

Ein Mietwagen ist in Hawai'i fast zwingend notwendig: Ein eigenes Auto bietet Freiheit und Beweglichkeit und die Chance, spontan zu sein (die Einheimischen haben stets Badezeug und Handtuch im Wagen, um bei Lust und Laune badeb gehen zu können). Wer öffentliche Verkehrsmittel nutzen will, wird außerhalb von Städten mit Flughäfen nur wenige Orte erreichen können. Einige der schönsten Landschaften Hawai'is kann man jedoch nicht einmal mit Allradantrieb erreichen – hier muss man wandern oder bergsteigen.

Mit dem Waikīkī Trolley geht es zu Sehenswürdigkeiten Honolulus

Öffentliche Verkehrsmittel

O'ahu hat als einzige Insel ein gutes öffentliches Verkehrssystem: **TheBus**, dessen Busse für zwei Dollar überallhin fahren. Gepäck ist nicht erlaubt, so dass Fahrten von und zum Flughafen nicht empfehlenswert sind.

Andere Anbieter wie Waikīkī Trolley und Aloha Tower Trolley verkehren in Honolulu und Waikīkī. Sie halten bei Bedarf und an wichtigen Stellen. Kaua'i und Big Island haben ein begrenztes Bussystem, Moloka'i gar keines.

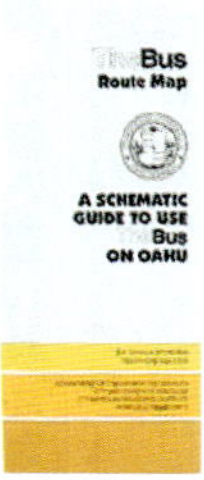

Linienplan der O'ahu-Busse

Taxis und Shuttles

Taxis findet man an den Flughäfen und vor großen Hotels; ansonsten muss man telefonisch eines bestellen. Auf Maui gibt es in Hāna und Kalaupapa überhaupt keine Taxis. Lāna'i bietet nur einen begrenzten Dienst des **Lāna'i City Service**.

Zu Beginn sollte man nach dem Fahrpreis fragen. Einfache Fahrten kosten etwa 20 Dollar vom Honolulu Airport nach Waikīkī, 15 Dollar vom Hilo Airport ins Zentrum von Hilo, 25 Dollar von Keāhole-Kona nach Kona, 55 Dollar von Kahului nach Kā'anapali, sechs Dollar von Ho'olehua nach Kaunakakai, acht Dollar vom Līhu'e Airport nach Līhu'e und 18 Dollar nördlich nach Kapa'a.

Busse und Shuttles versorgen einige Flughäfen und Resorts, für Gäste meist gratis. Auf O'ahu unterhält der **Airport Waikīkī Express** einen Shuttlebus zwischen Honolulu Airport und Waikīkī für ungefähr acht Dollar pro Person. Der **Speedi-Shuttle** verbindet Mauis Kahului Airport mit den Inselresorts. Die Fahrt kostet je nach Ziel 13 bis 32 Dollar.

Mietwagen

Um auf Hawai'i ein Auto zu mieten, muss man mindestens 21 (manchmal sogar 25) Jahre alt sein, sowie Führerschein und Kreditkarte besitzen. Die meisten Anbieter vermieten Autos, Vans und Wagen mit Vierradantrieb. Die großen Firmen **Alamo**, **Avis**, **Budget**, **Dollar**, **Hertz** und **National** unterhalten Schalter an allen großen Flughäfen. Der **Lāna'i City Service** hat ebenfalls einige Fahrzeuge im Angebot.

Am besten mietet man vor der Abreise einen Wagen – dies ist meist preiswerter als vor Ort. Dort gibt es Autos ab 35 Dollar pro Tag, aber auch Wochenrabatte. Dazu kommen Steuern von drei Dollar pro Tag und eine Vollkaskoversicherung, Loss Damage Waiver (LDW): Diese ist unbedingt erforderlich, da Sie auch bei Fremdverschulden für Schäden am Mietwagen haften. Manche Kfz-Versicherungen und Kreditkartenfirmen enthalten bereits einen LDW. Fast alle Verleiher untersagen auch bei Autos mit Allradantrieb das Befahren unbefestigter Pisten.

Fahrzeuge müssen voll getankt zurückgebracht werden, sonst wird das Nachfüllen durch den Autoverleih teuer.

Motorräder und Fahrräder

Mopeds und Motorräder kann man auf den vier großen Inseln mieten. Eine Helmpflicht besteht nicht, dennoch sind Helme empfehlenswert. Auch Fahrräder kann man leihen; sie sind vor allem in Städten beliebt.

Shuttlebus eines Autovermieters am Flughafen

Verkehrsregeln und Sicherheit

Anschnallen ist Vorschrift in Hawai'i, Kinder unter drei Jahre benötigen einen Kindersitz. Fußgänger haben immer Vorrang; nach einem Ampelhalt kann man auch bei Rot rechts abbiegen – sofern nicht anders angegeben.

Bis zu nächsten Tankstelle ist es manchmal recht weit, man sollte also den Tank immer halb voll haben und sich über den Straßenzustand erkundigen, da viele Strecken z. B. nach starkem Regen kaum befahrbar sind.

Einheimische sind kaum einmal in Eile, man sollte sich also Zeit nehmen. Die Inselbewohner hupen selten, so dass man auf engen Straßen besonders vorsichtig fahren sollte. Bei einem Unfall sollte man den Autovermieter anrufen. Fragt man nach Richtungen, werden Einheimische oft markante Punkte nennen: Auf O'ahu hört man »Go diamondhead« (südöstlich) oder »Go ewa« (nordwestlich), auf den anderen Inseln auch *mauka* (»Richtung Berg«) und *makai* (»Richtung Meer«).

Parken

Mit Ausnahme von Honolulu findet man überall auf Hawai'i leicht einen Parkplatz. Die Verkehrsschilder sind unbedingt zu beachten. Man kann auch Parkgaragen benutzen, die Gebühren werden oft von den Restaurants oder Einkaufszentren ganz oder teilweise erstattet. Viele Hotels und Restaurants verfügen über einen Parkservice.

Die Inselfähre *Expeditions* in der Mānele Bay von Lāna'i

Fähren

Hawai'i hat nur eine Fährroute, die Maui mit Lāna'i verbindet. Das Fährunternehmen **Expeditions** bietet täglich mehrere Verbindungen auf dieser Strecke an. Im Winter verdoppeln sich die Abfahrten, da es viele Whalewatching-Ausflüge gibt. Die Fähren fahren vom Lahaina Harbor ab und docken rund eine Stunde später an der Mānele Bay auf Lāna'i an. Der Preis ist um die Hälfte billiger als ein vergleichbarer Flug. Die Überfahrt kann jedoch manchmal durchaus stürmisch sein.

Kreuzfahrten

Einst wurden die ankommenden Gäste von *Hula*-Tänzerinnenn mit farbenprächtigen *Lei*-Kränzen auf den Landungsbrücken von Honolulu willkommen geheißen. Heute kommen die meisten Gäste mit dem Flugzeug. Einige Luxuslinien steuern Hawai'i dennoch an: **Crystal Cruises**, **Princess Cruises**, **Cunard**, **Holland America Line**, **Royal Caribbean International** und **Norwegian Cruise Lines**.

Hell erleuchtetes Kreuzfahrtschiff vor der Skyline von Honolulu

Auf einen Blick

Verkehrsmittel

TheBus
(808) 848-5555.
www.thebus.org

Taxis und Shuttles

Airport Waikīkī Express
(808) 566-7333.

Lāna'i City Service
(808) 565-7227.

SpeediShuttle
(808) 875-8070.

Mietwagenfirmen

Alamo
(800) 327-9633.
www.goalamo.com

Avis
(800) 321-3712.
www.avis.com

Budget
(800) 527-7000
www.budgetrentacar.com

Dollar
(800) 800-4000.
www.dollar.com

Hertz
(800) 654-3011.
www.hertz.com

National
(800) 227-7368.
www.nationalcar.com

Schiffe und Fähren

Crystal Cruises
(800) 265-3838.
www.cruisecrystal.com

Cunard
(800) 528-6273.
www.cunardline.com

Expeditions
(808) 661-3756.
www.go-lanai.com

Holland America Line
(800) 426-0327.
www.hollandamerica.com

Norwegian Cruise Lines
(800) 327-7030.
www.ncl.com

Princess Cruises
(800) 774-6237.
www.princess.com

Royal Caribbean International
(800) 327-6700.
www.royalcaribbean.com

Textregister

Seitenzahlen in **Fettdruck** bezeichnen Haupteinträge.

Danksagung und Bildnachweis

DORLING KINDERSLEY bedankt sich bei allen, die bei der Herstellung dieses Buches mitwirkten.

AUTOREN
GERALD CARR lebt auf O'ahu und ist Professor für Botanik an der University of Hawai'i, Manoa.
BONNIE FRIEDMAN hat eine PR-Agentur auf Maui, schreibt regelmäßig für hawai'ianische Veröffentlichungen und unterrichtet ehrenamtlich an einer Schule mit dem Schwerpunkt auf hawai'ianischer Sprache.
RITA GOLDMAN lebt seit 1978 auf Maui und arbeitet als freie Journalistin und Autorin.
CLEMENCE MCLAREN arbeitet als Autor und Lehrer in Honolulu.
MELISSA MILLER stammt aus Honolulu. Sie ist Lyrikerin, Geschichtenerzählerin und arbeitet ehrenamtlich als Beraterin.
ALEX SALKEVER ist Sportjournalist in Hawai'i.
STEPHEN SELF ist Professor für Geologie an der University of Hawai'i, Manoa. Er lebt auf O'ahu.
GREG WARD ist ein bekannter Reiseautor, der zahlreiche Bücher über Hawai'i geschrieben hat, u.a. *Hawaii: The Rough Guide*.
PAUL WOOD ist freiberuflicher Autor und Redakteur. Er lebt seit langem auf Maui und schrieb u.a. *Four Wheels Five Corners: Facts of Life in Upcountry Maui*.

GRAFIK UND REDAKTION
Stephen Bere, Hilary Bird, Louise Bolton, Arwen Burnett, Barbara Carr, Sherry Collins, Jane Ewart, Fay Franklin, Emily Green, Emily Hatchwell, Des Helmsley, Kim Kemp, Georgina Matthews, Simon Melia, Robert Mitchell, Mary Ormandy, Mani Ramaswamy, Lee Redmond, Mary Sutherland, Karen Villabona, Greta Walker und Stewart Wild.

WEITERE HILFE GEWÄHRTEN
Alana Waikiki, Aston Wailea Resort, Sheryl Toda und Tracey Matsushima vom Bishop Museum, Four Seasons Resort Maui at Wailea, Elizabeth Anderson vom Haleakalā National Park, Richard Rasp vom Hawai'i Volcanoes National Park, Julie Blissett von HVCB (UK), Sharon Brown vom Kalaupapa National Historical Park, Geraldine Bell vom Pu'uhonua O Hōnaunau National Historical Park, Stouffer Renaissance Wailea Beach Resort, Bill Haig und Linda Matsunaga von TheBus, der State-Parks-Verwalter des Waimea Canyon und Koke'e State Park, sowie RM Towill Corporation für die Illustrationsverweise.

ZUSÄTZLICHE FOTOGRAFIE
Philip Dowell, DK Studio/Steve Gorton, Frank Greenaway, John Heseltine, Nigel Hicks, Dave King, Neil Mersh, Andrew McKinney, David Murray und Jules Selmes, Roger Philips, Clive Streeter, Andrew Whittuck sowie Jerry Young.

GENEHMIGUNG FÜR FOTOGRAFIEN
DORLING KINDERSLEY möchte den folgenden Instittuionen für ihre freundliche Genehmigung zum Abdruck ihrer Fotoaufnahmen danken: Sharon Clark vom Hawai'i Film Office, George Applegate HVCB Big Island, Connie Wright vom HVCB Moloka'i, Department of Interior und National Park Service 106f, 116f und 128f sowie allen anderen Kirchen, Museen, Restaurants, Cafés, Hotels, Läden, Kunstgalerien und anderen Sehenswürdigkeiten und Institutionen.

BILDNACHWEIS
o = oben; ol = oben links; olm = oben links Mitte; om = oben Mitte; orm = oben rechts Mitte; or = oben rechts; mlo = Mitte links oben; mo = Mitte oben; mro = Mitte rechts oben; ml = Mitte links; m = Mitte; mr = Mitte rechts; mlu = Mitte links unten; mu = Mitte unten; mru = Mitte rechts unten; ul = unten links; u = unten; um = unten Mitte; uml = unten Mitte links; ur = unten rechts; a = Ausschnitt

Kunstwerke wurden mit der Genehmigung der folgenden Rechte-Inhaber abgebildet:

Bühnenbild für L'Enfant et les Sortileges 1981, mit freundlicher Genehmigung, Tradhart, © David Hockney 1981: 59u.

DORLING KINDERSLEY möchte sich bei den folgenden Personen, Unternehmen und Bildarchiven für die freundliche Genehmigung zum Abdruck bedanken:

AKG, London: 15o, 33o; Museum of Mankind, London 14m; ALEXANDER AND BALDWIN SUGAR MUSEUM, Maui: 105ul; ALLSPORT UK LTD.: Vandystadt/Sylvain Cazenane 21m; ARCHIVE PHOTOS: 18or, 32u, 33u; BAMBOO RIDGE PRESS: Titelillustration *Wild Meat and The Bully Burgers* mit freundlicher Genehmigung der Künstlerin Cora Yee 15u.

BIOFOTOS: Heather Angel 13mo; BISHOP MUSEUM, Honolulu: 30m, 31o, 32m, 56ur, 56mr, 57o, 128u; Charles Furneaux 115mr; Gravierung von JG Woods 1878 20ur, BRIDGEMAN ART LIBRARY, London: Museum of Mankind, London 18m, 19o; National Library of Australia, Canberra *Captain Cook, ca. 1820* by John Webber graviert von Josef Selb ca., 1820 29u; Scottish National Portrait Gallery *Robert Louis Stevenson (1850–94)* 1892 von Graf Girolamo Pieri Nerli 15m(a); PAUL J. BUKLAREWICZ: 16ml.

GERALD CARR: 12ur, 13om/um; JEAN LOUP CHARMET: aus *Voyage Autours du Monde* von Louis Choris 1822 6–7; 16or, 28o; BRUCE COLEMAN COLLECTION: Jeff Foott Productions 101u; CORBIS UK LTD: Bettman Archive 32o, /Acme 125o, /UPI 51o, 53u; CULVER PICTURES, INC, New York: 29m, 31m, 31u, 32m, 56ol; CURRENT EVENTS, Kailua-Kona: 115ml.

RON DAHLQUIST: 12m, 21ol, 13ur, 25o, 70mu, 71or, 86mu, 96mo, 102u, 103ur, 105or, 107ur. ET ARCHIVE, London; National Maritime Museum *Death of Cook* von J Cleavely 29o; EXPEDITIONS INTER-ISLAND FERRIES:199o.

PETER FRENCH: 11u, 12or, 13or, 24u, 88o, 115mlo, 142u, 144mu, 165or. CHERYL GILBERT: 115ur; RONALD GRANT ARCHIVE: Paramount Pictures *Blue Hawaii* (1961) 139.

ROBERT HARDING PICTURE LIBRARY: Nakamura 148–9; HAWAIIAN AIRLINES:196o; HAWAIIAN HISTORICAL SOCIETY: 14u, *aus Voyage Autours du Monde* von Louis Choris 1822 26; HAWAIIAN LEGACY ARCHIVE: 14ol; HONOLULU ACADEMY OF ARTS: Geschenk von Mrs. C. Montague Cooke, Jr, Charles M. Cooke III und Mrs. Heatin Wrenn in Erinnerung an Dr. C. Montague Cooke, Jr. 1951 *Nahienaena* Robert Dampier 97o; HONOLULU BOYS CHOIR:182o.

IMAGE BANK, London: 38; INTERNATIONAL COFFEE ORGANISATION, London: 115mlu. ©KAUA'I MUSEUM 143o; KOKE'E NATURAL HISTORY MUSEUM: David Boynton 144mo. LAHAINA TOWN ACTION COMMITTEE: 96u; ANTHONY LIMERICK: 96or, 98o, 103o, 129o/u, 163u, 193o, 194ol/or, 195o, 197o, 198u.

NASA, Houston: 8m; NATURE PHOTOGRAPHERS: Brinsley Burbidge 12mu/ul, 141m; James Hancock 143mr; Paul Sterry 143ml; PETER NEWARK'S AMERICAN PICTURES: Gravierung von N. Currier 1852 30o; NHPA: Stephen Krasemann 13mu.

MAUI CRAFTS GUILD: Randy Miller 178m; PACIFIC STOCK: 28m; Bob Abraham 17u, 22m, 196u; Rita Ariyoshi 178u; Joe Carini 22u; Dana Edmunds 24o; Bill Schildge 142o; Greg Vaughan 18ul, 19mu, 23u.

DOUGLAS PEEBLES: 5ol, 10m, 40mo, 70mo, 72, 81u, 105ol, 121o/u, 130, 145m, 164u, 186u; PHOTO RESOURCE HAWAI'I: David Bjorn 20–1; David Boynton 16ul, 141o; Randy Jay Braun 17m; John Callahan 1, 22o, 25u, 176m; Monte Costa 33mo; Tami Dawson 70o, 147u; David Franzen 45u; Nikiolas Konstantinou 118o; Jon Ogata 145o; Franco Salmoiraghi 71u, 111u, 131u, 119o, 162u; Joe Solem 23o; Jamie Wellner; Lani Breheme Yamasaki 20m; PHOTO TROPIC: David S Boynton 143u; PICTURES COLOUR LIBRARY: 17o; PLANET EARTH PICTURES: Pete Atkinson 77o; John Lythgoe 13ul; PRINCEVILLE HOTEL: 150m; PRIVATE COLLECTION: 7 Einklinker, 14or 27u, 30uru, 35 Einklinker, 69 Einklinker, 149 Einklinker, 189 Einklinker.

SCOTT ROWLAND: 10u; SCIENCE PHOTO LIBRARY: Royal Observatory, Edinburgh 110; Soames Summerhays 128or; THE STOCKMARKET: 16–17; SURFER PUBLICATIONS: Jeff Divine 21u; Tom Servais 20ul/um/ur, 21or; KEVIN UND CAT SWEENEY: 115ulo, 184m.

TEDESCHI VINEYARDS: 104ol, 190u; TELEGRAPH COLOUR LIBRARY: S Benbow 184u; Colorific/Jean Paul Nacivet 9o. BRETT UPRICHARD: 19mo. GREG WARD: 10o, 87o, 142m; NIK WHEELER: 180u; WORLD PICTURES: 58–9, 73u.

Umschlaginnenseite vorne: Alle Spezialfotografien außer DOUGLAS PEEBLES: ol/olm; SCIENCE PHOTO LIBRARY: Royal Observatory, Edinburgh u.

UMSCHLAG
Vorne – DK PICTURE LIBRARY: Rob Reichenfeld um, mul; GETTY IMAGES: Bruce Forster mu; Joe Solem Hauptfoto. Hinten – DK PICTURE LIBRARY: Rob Reichenfeld o; Powerstock u. Buchrücken – GETTY IMAGES: Joe Solem. KARTEN ERA-Maptech Ltd, Dublin, Ireland.

Alle anderen Fotografien © DORLING KINDERSLEY.
Weitere Informationen unter
www.dkimages.com

Sprachführer

Hawai'anisch war zunächst nur eine gesprochene Sprache. Erst die Missionare, die in den 1820er Jahren eintrafen, hielten sie in schriftlicher Form fest. Das Lehren und Sprechen dieser Sprache wurde Anfang des 20. Jahrhunderts verboten; sie geriet in Vergessenheit, bis 1978 die Renaissance der einheimischen Kultur begann. Intensive Programme sorgen für eine neue Hawai'ianisch sprechende Generation. Noch beherrschen wenige diese Sprache fließend, und Muttersprachler sind selten. In Gesprächen und in der Musik der Inseln hört man vereinzelte hawai'ianische Worte.

Ausspracheregeln

Die hawai'ianische Sprache hat nur zwölf Buchstaben: die fünf Vokale sowie h, k, l, m, n, p, und w.

unbetonte Vokale:

a	wie in »mache«
e	wie in »Bett«
i	wie y in »City«
o	wie in »Show«
u	wie in »Bulle«

betonte Vokale:

ā	wie in »klar«
ē	wie in »Gameboy«
ī	wie in »Wiese«
ō	wie in »Boot«
ū	wie in »Huhn«

Konsonanten:

h	wie in »Hut«
k	wie in »Kicker«
l	wie in »Lüge«
m	wie in »Mann«
n	wie in »Nah«
p	wie in »Pinnwand«
w	wie in »Wein«

Der *'okina* (Knacklaut) steht am Anfang eines mit einem Vokal beginnenden Wortes oder zwischen Vokalen. Er klingt wie eine winzige, abrupte Pause.

ali'i	ahli-i
liliko'i	lilikoh-i
'ohana	oh-hahnah

Der *kahakō* (Querbalken) steht nur über Vokalen und zeigt an, dass sie betont werden.

kāne	**kah**-ne
kōkua	**koh**-ku-ah
pūpū	**puh-puh**

Alltagsbegriffe

'āina	Land
aloha	hallo; auf Wiedersehen
hale	Haus
haole	Fremder; Weißer
hula	hawai'ianischer Tanz
kāhiko	alt; traditionell
kama'āina	familiär; ansässig
kāne	Mann
kapa	Rindentuch
keiki	Kind
kōkua	Hilfe
kumu	Lehrer
lānai	Veranda; Balkon
lei	Kranz
lua	Bad; Toilette
mahalo	Danke
mu'umu'u	langes Gewand
'ohana	Familie
'ono	köstlich
pau	erledigt
puka	Loch
wahine	Frau
wikiwiki	schnell

Begriffe aus Geografie und Natur

'a'ā	raue, zerklüftete Lava
kai	Meer
koholā	Buckelwal
kona	windabgewandte Seite
ko'olau	windzugewandte Seite
kukui	Kerzennussbaum
makai	Richtung Meer
mauka	Richtung Berge
mauna	Berg
nēnē	Hawai'i-Gans
pāhoehoe	glatte, dickflüssige Lava
pali	Klippe
pu'u	Hügel
wai	Süßwasser

Begriffe aus der Geschichte

ahupua'a	Landteilung von den Bergen bis zum Meer
ali'i	Häuptling; Königshaus
heiau	alter Tempel
kahuna	Priester; Experte
kapu	verboten; tabu
kupuna	die Ältesten; Ahnen
luakini	Opfertempel
maka'āinana	Untertan
mana	übernatürliche Kräfte
mele	Lied
mo'o	Echse
oli	Gesang
pili	Gras zum Dachdecken
pu'uhonua	Zufluchtsort

Nahrungsmittel

'ahi	Gelbflossenthun
aku	Echter Bonito
a'u	Schwertfisch; Marlin
haupia	traditioneller Kokospudding
imu	Erdofen
kalo	Taro
kālua	in Erdofen langsam gebackenes Schwein
kiawe	Holz zum Grillen
laulau	gedünstete und gefüllte *Ti*-Blätterpäckchen
liliko'i	Passionsfrucht
limu	Algen
lomi-lomi salmon	geriebener Lachs mit Zwiebeln und Tomate
lū'au	Festessen
mahimahi	Goldmakrele
ono	Wahoo
opah	Mondfisch
'ōpakapaka	Blue Snapper
poi	zerstampfte Taro-Wurzel
pūpū	Vorspeise
uku	Kaiserfisch
ulua	Gaffelmakrele

Pidgin (Mischsprache)

Hawai'is inoffizielle zusammengewürfelte Sprache hört man überall auf Spielplätzen, in Einkaufzentren und in Hinterhöfen. Ein paar Beispiele:

brah	Bruder; Kumpel
broke da mout'	tolles Essen
buggah	Kumpel oder Nervensäge
fo' real	wirklich!
fo' what	warum
grinds	Essen; auch: zerkleinern
howzit?	Wie geht's?
kay den	einverstanden
laydahs	später; auf Wiedersehen
li' dat	wie das da
li' dis	wie dies hier
no can	kann nicht
no mo' nahting	nichts
shoots!	yeah!
stink eye	vernichtender Blick
talk story	Schwätzchen; Klatsch

Honolulus Buslinien

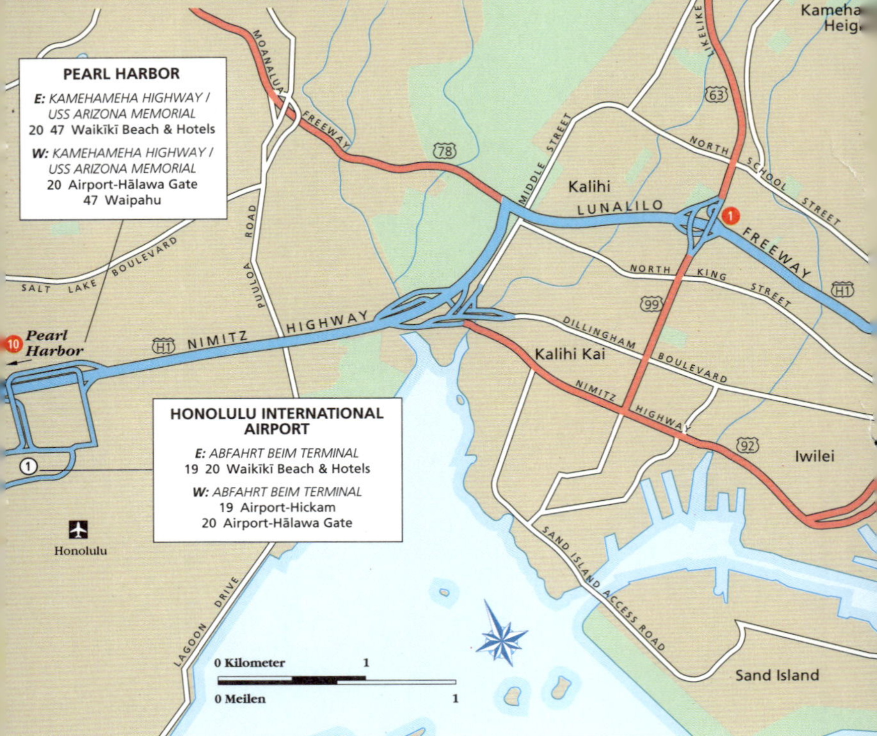

Buslinien zu Sehenswürdigkeiten

Legende

13 'A'ala Park — Busnummer — Fahrtziel steht auf dem Bus

Downtown Honolulu

(siehe S. 38ff)

CAPITOL DISTRICT –

1 **Kamehameha Statue**
2 **Kawaiaha'o Church**
3 **Mission Houses Museum**
4 **'Iolani Palace**
5 **State Capitol**
6 **St. Andrew's Cathedral**

mit dem Bus: 2 School-Middle, 2 13 'A'ala Park, 13 Liliha-Pu'unui

7 **Fort Street Mall**: 2 School-Middle, 2 13 'A'ala Park, 13 Liliha-Pu'unui

WATERFRONT –

8 **Aloha Tower and Marketplace**
9 **Hawai'i Maritime Center**

mit dem Bus: 19 Airport-Hickam, 20 Airport-Hālawa Gate, 47 Waipahu

10 **Chinatown**: 2 School-Middle, 2 'A'ala Park, 13 Liliha-Pu'unui, 13 'A'ala Park

Waikīkī

(siehe S. 48ff)

1 **Royal Hawaiian Hotel**
2 **International Market Place**
3 **Moana Hotel**
4 **King's Village**
5 **Kūhiō Beach**

mit dem Bus: 2 Waikīkī-Kapi'olani Park, 4 University-Waikīkī, 13 Waikīkī-Campbell Ave, 2 8 13 19 20 47 Waikīkī Beach & Hotels, 22 58 Hawai'i Kai-Sea Life Park

Grossraum Honolulu

(siehe S. 54ff)

1 **Bishop Museum**: 2 School-Middle
2 **O'ahu Cemetery**
3 **Royal Mausoleum**
4 **Queen Emma Summer Palace**

Alle drei werden angefahren von: 4 Nu'uanu-Dowsett

5 **National Memorial Cemetery of the Pacific**: 2 School-Middle, 2 13 'A'ala Park, 13 Liliha-Pu'unui umsteigen an Alapa'i St in 15 Pacific Heights

6 **Honolulu Academy of Arts**: 2 School-Middle, 2 13 'A'ala Park, 13 Liliha-Pu'unui

7 **The Contemporary Museum**: 2 School-Middle, 2 13 'A'ala Park, 13 Liliha-Pu'unui, umsteigen an Alapa'i St in 15 Pacific Heights

8 **Lyon Arboretum**: 8 Ala Moana Center, dann Bus 5 Ala Moana-Mānoa

9 **Kapi'olani Park**: 4 University-Waikīkī, 8 19 20 47 Waikīkī Beach & Hotels

10 **Pearl Harbor**: 20 Airport-Hālawa Gate, 47 Waipahu

Andere Ziele

(1) **Honolulu International Airport**: 19 Airport-Hickam, 20 Airport-Hālawa Gate (nur Handgepäck)

(2) **Ala Moana Center**: 8 Ala Moana Center, 8 Ala Moana Center-Ward Ave, 19 Airport-Hickam, 20 Airport-Hālawa Gate, 47 Waipahu, 58 Waikīkī-Ala Moana Center

(3) **University of Hawai'i**: 4 Nu'uanu-Dowsett

(4) **Makiki-Tantalus Trails**: 2 School-Middle, 2 13 'A'ala Park, 13 Liliha-Pu'unui, umsteigen an Alapa'i St in 15 Pacific Heights